理屈でわかる 英文法講義＆まとめnote

坂本訓隆

Logical Lectures & Notes on
English Grammar

ベレ出版

参考文献

本書作成にあたっては、以下の辞書・書籍等を参考にさせていただきました。
ここに謹んで謝意を表します。（順不同）

ジーニアス英和辞典　第5版（大修館書店）
オーレックス英和辞典　第2版（旺文社）
ウィズダム英和辞典　第3版（三省堂）
英語語義語源辞典（三省堂）
英語語源辞典（研究社）
現代英語語法辞典（三省堂）
オックスフォード実例現代英語用法辞典　第3版（研究社 / Oxford）
英文法解説　改訂3版（金子書房）
英文法総覧　改訂版（開拓社）
現代英文法講義（開拓社）
英文法詳解（Gakken）
要点明解アルファ英文法（研究社）
ロイヤル英文法　改訂新版（旺文社）
表現のための実践ロイヤル英文法（旺文社）
新装版　基礎と完成新英文法（開拓社）
英文法の核（東進ブックス ／ ナガセ）
わかるから使えるへ　表現英文法　増補改訂第2版（コスモピア）
総合英語 Ultimate（新興出版社啓林館）
ZESTAR 総合英語（Z会）
Vintage 英文法・語法 3rd Edition（いいずな書店）
英語の歴史から考える英文法の「なぜ」（大修館書店）
実は知らない英文法の真相75（プレイス）
英文法の鬼100則（明日香出版社）
英熟語の鬼100則（明日香出版社）
日本の「英文法」ができるまで（研究社）
動詞革命（三友社出版）
THE ENGLISH VERB（THOMSON HEINLE）
時制・態・法の重点31（日本英語教育協会）
ビーコン基礎　わかる英語 I（三省堂）

はじめに

　この本は、ひととおり中学・高校で英語を習ってきた人に向けて、また中学での英語の基本はまあまあ理解している人に対して、中学・高校6年間で習う英語の重要な文法ポイントを復習・理解してもらうために書いたものです。

　本の構成としては、右のページに「まとめnote」として、その単元の要点をまとめています。これは授業でホワイトボードに板書するような部分ですので、ここをさっと見るだけでも忘れていたような重要ポイントを確認することができるでしょう。

　左のページには、できるだけ、普段、授業で私が生徒に言っているような口調でその単元や関連する内容を説明しています。

　私が学生だった頃のウン十年昔の英文法と比べると、当時は「ただ覚えなさい」とされていた文法事項なども大分進歩して、今では少しずつその理屈が解明されてきたように思われます。

　しかし、それでもまだ英文法は発展途上ではないかと私は考えています。それは、物理学や生物学、医学なども新たな発見があって発展していくことを考えれば、当然の成り行きなのかもしれません。

　この本の中では、従来の英文法をまとめていますが、動詞の変化形とそれに関連する仮定法などのあたりは、授業中にときどき生徒に話している私の考えなども含めてみました。

　実はこの部分は、30年以上前、英語教師として駆け出しの頃に、偶然、訪れた書店で手にした『動詞革命』（マイケル・ルイス著、黒川泰男監訳、梅本裕訳、三友社出版、原著『THE ENGLISH VERB』）や、『時制・態・法の重点31』（若林俊輔著、日本英語教育協会）に啓発されて以来、ずっと考え続けてきたところです。そして、この2冊の本は、英文法は一つではないし完成されてない、ということを私に教えてくれたとても貴重な本です。（現在入手不可）

大学受験生や医学部をめざす浪人生たちに英語を教えていると、物理や数学などは答えが一つに決まっていて論理的で納得できるのに、英語は和訳にしても答えが一つに決まらないし、文法も例外があったりして、理路整然としていないように感じて、どうもよくわからないところが多いから、あんまり好きではない、という痛烈なことばを英語ぎらいの生徒からたまにもらったりします。

　たしかに、私も高校に入ったばかりの頃、would は will の過去形なのに would like to ～ になると「～したいものだ」となる、と英語の先生が教えることに対して、どうしてそうなるのか、とても不思議に思ったものです。そして、その明確な理由の説明もないことに、なんでだろう、ただ覚えるだけなのかと困惑したものです。

　こうしたふつうに考えて理屈に合わないところを、学習する人たちに少しでもわかりやすく説明する、どうしてもつじつまが合わない場合は、従来の文法体系自体さえも組み換えることを厭わないのが、まがりなりにも英語を教えようとする者の責務の一つではないかと私は思います。

　少し話は変わりますが、私たちは日本語に関してはこれを日頃使いこなしているネイティブ・スピーカーですが、次の文の違いが言えるでしょうか。

　①「私が犯人なんです。」　　②「私は犯人なんです。」

　「が」と「は」だけの違いですが、この微妙な違いをことばで説明するのは難しいかもしれません。しかし、どんな状況でそれぞれを使うのか、についてはなんとなく私たちはわかっているはずです。

　たとえば、テレビの2時間サスペンスドラマではないですが、犯人ではない、あなたの大事な人を警察が疑っている。そのとき、その人をかばって、あなたは自分が犯人であることを警察に初めて告白しようとするとき、「彼は犯人ではありません。」その次に①と②のどちらを言いますか。①の「私が犯人なんです。」と言うのがふつうです。

　また別の状況で、何年も昔の時効になった犯罪の、あなたは犯人だとします。

今は真面目に暮らしているあなたに、それを知っていながら、それでも親切にしてくれる人に対して、感謝しながらも遠慮して「そんなに親切にしないでください。」と言ったあと、①と②のどちらを言いますか。②の「私は犯人なんです。」と言うほうがふつうなはずです。

このように、日本語ネイティブの私たちは、日本語に対して「語感」がありますので、こういう状況ならこちらを使う、またはこの場合ならどちらでも使える、とだいたい判断できるはずです。しかし、その他のさまざまな状況での使われ方の違いを全てことばで定義するのはとても難しい。

さて、本題はここからで、この「が」と「は」は日本語の文法の品詞では「助詞」になります。そして、この助詞は、さらにその働きから、次のように 4 つに分類されています。

日本語の助詞の分類
(1) 格助詞
　　主に体言（名詞などのことです）に付いて語と語の関係を表す。「を」や「に」など。
(2) 接続助詞
　　主に活用のある語（動詞や形容詞など）に付いて、前後の文節をつなぐ。「〜けれど」「〜ながら」など。
(3) 副助詞
　　いろんな語について、さまざまな意味を添える。「〜でも」「〜ばかり」「〜だけ」など。
(4) 終助詞
　　主に文末に付いて、さまざまな意味を表す。「や」「よ」「わ」「ね」など。

では、この「が」と「は」は日本語の文法では、上のどの助詞に分類されているでしょうか。

ほとんどの人は、「が」も「は」も、主語に付いているので「格助詞」だと考えるはずです。私も最初、そう思っていました。

しかし、実は正解は、「が」は格助詞ですが、「は」は副助詞に今の日本語の文法では分類されているのです。

　このことに、日本語ネイティブの私たちは十分に納得できるでしょうか。
　「が」も単に主語についているだけではなくて、ある特定の意味をふくんでいる場合があるのではないかと思わないですか？「は」も単に主語に付いている場合もあるのじゃないかと思いませんか？

　実は、これは古文、日本語の昔のことばですが、この古文の文法の「係助詞」（今の日本語にはこんな助詞はありません）との関係で、こんな分類になっているようなのです。その詳細の解説は国語の専門家に任せておきたいと思いますが、このように、今ある文法が、誰もが納得できるぐらい全てにおいて満足いくものだとはどうも言えないのではないかな、とこのようなことからも私は思っているのです。

　これは日本語の文法の話でしたが、英語においても、多くの中学生・高校生や大人で学習し直している人が英文法に困惑している状況なら、同じように、これからも発展していく部分がまだまだ残されているはずだと考えています。

　「はじめに」が大分長くなってしまいましたが、この本では、基本的には従来の英文法をまとめています。しかし、「基本時制」や「仮定法」の単元などでは、既存の英文法が染みついてしまった読者にはやや戸惑う説明があるかもしれません。ですが、よく読んでもらえれば納得できるはずです。今までの固定観念に囚われず読んでいけば、動詞に関連するところはとてもすっきり理解できると思います。

　英語ぎらいを作り出すような英文法の難解な部分が、読者の方に少しでも腑に落ちてもらえれば著者としては望外の喜びです。

　この本が本気で英語をやりなおしたいと思っておられる方のお役に立てることを、心から願っています。

坂本訓隆

目　次

01 品詞、文型

1 品詞

　最初から、いかにも文法っぽくって、あんまり面白くないところで、こんなこと言っちゃいけないんですが、私もあんまり好きじゃないところなんです。すみません。

　ですが、ある程度の文法用語は確認のため載せておきます。

　英語の「文」とは、大文字で始まってピリオドやクエスチョン・マークなどまでを言いますが、その中にある最小の部分を「単語」といいます。

　そして、その単語を文中での働きや意味によって分類したものを「品詞」といい、その品詞は右ページの Point 1 のように 10 種類に分類されています。

　参考書によっては、冠詞を形容詞の一部と考え、また、助動詞を動詞の中に組み込んで、8 品詞としている場合もありますが、どちらでも構わないと私は思います。

　それよりも大切なのは、一つの単語が一つの品詞になるとは限らないことです。たとえば、water は、みなさん知っての通り「水」で名詞ですが、

I want you to water the flower.

となると、どうでしょうか？この water は「〜に水をやる」の意味の動詞です。英文の意味は「私はあなたに花に水をやってもらいたい。」です。

　また、people は「人々」や「国民」という意味の名詞ですが、「〜に人を住まわせる」などの動詞の意味もあります。e-mail には「E メール」という名詞の意味もありますが、「〜に E メールを送る」という動詞の意味もあります。bed は名詞で「ベッド」、動詞で「〜をはめ込む」です。

　このように、日本語と違って、語順によって品詞の間をわりと自由に行き来するのが、英語の特徴でもあると言えるでしょう。語順が大切です。

10

1 品詞

Point 1

① 名　詞…人や物事の名前を表し、文の主語や補語、目的語になる。
② 代名詞…名詞の代わりに用いられ、名詞と同じく、文の主語、補語、目的語になる。
③ 冠　詞…名詞の前に置かれ、名詞が特定のものか、不特定のものかを区別する。
④ 形容詞…人やものごとの性質・状態・数量を表す。
⑤ 副　詞…動詞や形容詞、副詞、文を修飾して、様子・程度・場所・時などを表す。
⑥ 動　詞…主語の動作や状態を表す。
⑦ 助動詞…動詞の前に置かれ、話し手の判断や気持ちをつけ加える。
⑧ 前置詞…名詞や代名詞などの前に置かれ、後に続く語句とひとまとまりで他の語句を修飾し、時や場所・状況などを表す。
⑨ 接続詞…語と語、句と句、節と節、文と文を結び付ける。
⑩ 間投詞…驚きや喜びなどの話し手の感情や呼びかけなどを表す。

・参考・

句…主語と動詞を含まず、ひとかたまりの意味を表す 2 語以上のまとまり。
節…主語と動詞を含む、ひとかたまりの意味を表す 2 語以上のまとまり。

2 ▶ 5 文型

　中学・高校で習うのは5文型ですが、英文法学者の中では実は7文型や8文型が主流になっているようです。

　人によっては25文型や53文型とする学者もいるようですので（あまり多すぎるとそれを覚えるだけで大変ですが）、学校で習う5文型が絶対ではないことは理解しておく必要があるでしょう。

　また、この5文型では、「いつ、どこで、どのように」に当たる副詞（句）の部分は文の要素に含めず、5文型を判断するときに考慮しませんので、複文（主節と従属節を含む文）や〈provide 〜 with…〉などの熟語を含む英文を第何文型か？と議論することはあまり有益ではなくなります。

　しかし、複雑な英文の主語・動詞・目的語・補語をそれぞれ把握して構文分析するのには、それなりに役立ちますので、理解しておくことは無駄ではありません。「単文」や「従属節」などの意味はPoint 2（右ページ）のようになります。文法用語の最たるものですが、後々の単元の説明にも必要ですので、一応確認しておきましょう。

　前置きはこれぐらいで、5文型は、ざっと右ページのPoint 1のようになります。このあたり、ほんとに文法っぽくって、あんまり面白くないところなんですが、ひと通りの確認だと思って読み進めてください。

　なお、主語はS（subjectの略）、動詞はV（verbの略）、補語はC（complementの略）、目的語はO（objectの略）で表され、この4つを「文の要素」といいます。その他は全て「修飾語（句）」に分類されます。

　修飾語句は5文型を考えるときには無視してかまいません。
　このような修飾語句になるのは、上で述べたように、だいたい、「いつ」「どこで」「どのように」を意味することばです。
　特に、in the morning（午前中）とか at the station（駅で）などの前置詞句（前置詞を含む意味の上でひとかたまりの部分）があれば、これは修飾語句になりますので、こうした語句が英文中にあったら、それは除外して文型を考えましょう。

5 文型

Point 1

〔5 文型〕
第1文型 S ＋ V 〔主語＋動詞〕
第2文型 S ＋ V ＋ C 〔主語＋動詞＋補語〕
第3文型 S ＋ V ＋ O 〔主語＋動詞＋目的語〕
第4文型 S ＋ V ＋ O ＋ O 〔主語＋動詞＋目的語＋目的語〕
第5文型 S ＋ V ＋ O ＋ C 〔主語＋動詞＋目的語＋補語〕

〔文の要素〕
主語 S … 「～は、～が」に当たる、文の中心になる語。
動詞 V … 「～する、～です」など動作や状態を表す語。
補語 C … 主語や目的語の性質や状態を表す語。
目的語 O … 動詞が表す動作などの対象となる語。

Point 2

単文 … 主語＋動詞の組合せが1つだけの文。
複文 … 主語＋動詞の組合せが2つ以上あり、「主節」と「従属節」
　　　を含む文。
重文 … 主語＋動詞の組合せが2つ以上あり、それぞれが対等な
　　　関係でつながれている文。

主節 … 複文の中で意味の上で中心になる主語＋動詞を含む部分。
従属節 … 複文の中で主節を修飾する主語＋動詞を含む部分。

では、まずは「第1文型」ですが、これは Mike runs.（マイクは走る。）など Point 3 に示すように、〔主語＋動詞〕の型になっているものです。「（主語）は〜する」と訳します。

　最もかんたんな文構造の文型ですが、実際には例文のように、この骨組みにいろいろな修飾語（句）がついているのがふつうです。
　例文では、Mike が主語で runs が動詞、usually や in the park、in the morning は修飾語（句）です。
　先に述べたように、修飾語（句）は文の要素ではないので、5文型を判断するときは考慮しなくていいことになります。
　なお、単語1語で修飾している場合、その語を「修飾語」といい、単語2語以上で修飾している場合、その語句を「修飾語句」といいます。

　「第2文型」は、Point 4 にあるように、〔主語＋動詞＋補語〕の型を示し、「（主語）は〜である［〜に見える、〜になる］」などの意味になります。「補語」というのは、「主語に説明を加えてその内容を補う語」のことで、名詞や形容詞などが補語になります。

　右の例文①では student が補語です。「主語＝補語」が第2文型の特徴で、He ＝ student が成立しますし、例文②では You ＝ tired と形容詞でも主語の様子を表しているので補語と考えることになります。

　be 動詞が第2文型で使われる典型的な動詞ですが、You ＝ tired と形容詞も補語に含めることになりますので、後に形容詞を取るような右ページ Point 4 にある look や become などの動詞も、第2文型で使われる動詞となります。

　ただ、get などは多様な意味があり、I got Henry a drink.（私はヘンリーに飲み物を持ってきた。）などになると SVOO の第4文型になったりします。その動詞の使われ方と英文の意味でしっかり判断することが必要です。いろんな英文を読んでいろんな動詞の使われ方に出会うことが大切です。

　なお、第1文型や第2文型で使われる動詞を「自動詞」、第3文型のように目的語をとる動詞を「他動詞」といいます。

まとめ note

Point 3

> 第 1 文型〔主語＋動詞〕（SV）　「（主語）は〜する」
>
> <u>Mike</u> <u>usually</u> <u>runs</u> <u>in the park</u> <u>in the morning</u>.
> 　S　　　修飾語　　V　　　修飾語句　　　　　修飾語句
>
> （マイクはふだん午前中に公園を走る。）

Point 4

> 第 2 文型〔主語＋動詞＋補語〕（SVC）
> 　　　　「（主語）は〜である［〜に見える、〜になる］」
> 　　　　※「主語＝補語」になる。

> 〔第 2 文型で使う動詞〕
>
> be（〜である）　　　　　　　keep（〜のままである）
> become（〜になる）　　　　　remain（〜のままである）
> stay（〜のままである）　　get（〜になる）　　　grow（〜になる）
> turn（〜になる）　　　　　go（〜になる）　　　feel（〜と感じる）
> taste（〜の味がする）　　　　smell（〜のにおいがする）
> sound（〜に聞こえる）　　　appear（〜に見える）
> look（〜に見える）　　　　seem（〜らしい）

① <u>He</u> <u>is</u> <u>a student</u>.（彼は生徒です。）
　　S　V　　C

② <u>You</u> <u>look</u> <u>tired</u>.（あなたは疲れているように見える。）
　　S　　V　　C

③ <u>He</u> <u>got</u> <u>sick</u> <u>yesterday</u>.（彼は昨日病気になった。）
　　S　　V　　C　　修飾語

「第3文型」は、Point 5 のとおり〔主語＋動詞＋目的語〕の形で、「（主語）は（目的語）を～する」となります。

「目的語 O」というのは、「動詞の動作が対象とする人や事物」です。

例文①では、I が主語、like が動詞、soccer が目的語、very much は修飾語句です。

第2文型と第3文型の見分け方は、Point 5 にあるように「主語＝補語」か「主語≠目的語」かで見分けます。

目的語は主語を説明して補う語ではありません。「動作の対象となる語」です。ですから、主語イコール目的語にはなりません。この特徴で第2文型と見分けましょう。例文①で言うと、I「私」は soccer「サッカー」ではないので、第3文型と判断できる、ということです。

また、こうした目的語をとる動詞を前にも述べたように「他動詞」といいますが、例文②や③のように、「自動詞」と間違えて前置詞を付けないことも大切です。

さて、ここまで第1文型から第3文型までを簡単に見てきましたが、次の英文は、いったい第何文型になるでしょうか？

⑴　There is a book on the desk.（机の上に本が一冊ある。）
⑵　It seems that Ken dislikes his boss.（健はボスが嫌いらしい。）
⑶　It appears that he knows Ann.（彼はアンを知っているようだ。）
⑷　It turned out that she knew nothing at all.
　　（彼女は何もわかっていないことが判明した。）

これらは、特殊な文型とする参考書もありますが、形の上では全て、第1文型で扱われます。

⑴は、book が主語で is が動詞、There は疑問文をつくるときには主語のように扱われますが、意味の上では主語ではないので、この構文は、少し特殊ですが、〈動詞＋主語〉の語順の第1文型なのです。

⑵～⑷は、that 以下が意味の上では大切なのですが、It が主語で seems やappears、turned が動詞の第1文型として扱われます。

こうしたところも、5文型の限界のように思います。

Point 5

第 3 文型〔主語＋動詞＋目的語〕（SVO）
　　　　「（主語）は（目的語）を〜する」

① <u>I</u> <u>like</u> <u>soccer</u> very much.（私はサッカーがとても好きです。）
　　S　V　　O　　　　修飾語句

〔第 2 文型と第 3 文型の見分け方〕
　　　　「主語＝補語」　→　第 2 文型
　　　　「主語≠目的語」　→　第 3 文型

〔自動詞と間違えやすい他動詞〕

approach（〜に接近する）　　　discuss（〜を議論する）

enter（〜に入る）　　　　　　marry（〜と結婚する）

reach（〜に着く）　　　　　　resemble（〜に似ている）

② He reached（×to）the destination.

　　（彼は目的地に到着した。）

③ We discussed（×about）the problem yesterday.

　　（我々は昨日、その問題を議論した。）

〔他動詞と間違えやすい自動詞〕

agree（同意する）　　　　　　apologize（謝る）

argue（議論する）　　　　　　complain（不満を言う）

object（反対する）　　　　　　reply（答える）

④ We all agreed <u>with</u> him.（我々は皆彼に賛成した。）

「第4文型」は、Point6に示すように「主語＋動詞＋目的語＋目的語」の形で、「（主語）は（目的語）に（目的語）を～する」となります。

　最初の目的語を「間接目的語」といい、2番目の目的語を「直接目的語」といって、この2つの目的語は「（人）に＋（物）を」の順に置くのが基本です。

　動詞によっては、この「（人）に＋（物）を」を「（物）を＋（人）に」の語順に入れかえることができるのですが、その場合、入れかえた（人）の前には、toまたはforのどちらかの前置詞を下の例文のように置くことになります。
　意味のニュアンスも少し違って、①の例文ではa watchに重きがありますが、例文① -1ではmeに重点があります。

　①　He gave me a watch.　→　① -1　He gave a watch to me.
　　　S　V　O(人)　O(物)　　　　　　S　V　　　O(物)　　　(人)

　ちなみに、入れかえた文はto＋（人）の部分が前置詞で始まる修飾語句になるため目的語ではなくなってしまい、第3文型になります。

　このtoとforの使い分けは、動詞によって決まっています。toを使う動詞、forを使う動詞はそれぞれ右のPoint6にあるとおりです。

　この使い分けは、前置詞toとforの基本的な意味とそこに使われている動詞の意味とに関係してきます。

　右図に示すように、toという前置詞は本来「到達」することを意味します。それに対してforは「方向」です。

　つまりtoを使うということは、その行為が相手に直接「到達」している、というような意味になります。例文②では、showed（見せた）という行為は、私に直接行われて到達していることになります。
　一方、例文③では、bought（買った）という行為は、私のために買った、つまり気持ちは私の方向へ向いて彼は買ったのだけれども、私にくれるまでにはまだ少し間がある、というような感じになります。

Point 6

第4文型〔主語＋動詞＋目的語＋目的語〕（SVOO）
　　　　「（主語）は（目的語）に（目的語）を〜する」

① He gave me a watch.（彼は私に時計を与えた。）
　 S　 V　 O(人)　O(物)

〔to 〜型の動詞〕

give（与える）	hand（手渡す）	lend（貸す）
offer（提供する）	read（読んで聞かせる）	sell（売る）
send（送る）	show（見せる）	throw（投げる）
teach（教える）	tell（話す）	write（書き送る）

② He showed the car to me.（彼はその車を私に見せた。）

〔for 〜型の動詞〕

buy（買ってやる）	choose（選んでやる）	cook（料理する）
find（見つける）	get（手に入れてやる）	
make（作ってやる）	prepare（用意する）	

③ He bought the car for me.（彼はその車を私に買ってくれた。）

〔toのイメージ〕
到達することを意味する

〔forのイメージ〕
方向のみを表す

最後に、第5文型は、右ページの Point 7 のように「主語＋動詞＋目的語＋補語」という形で、「（主語）は（目的語）を（補語）に～する」などと訳します。

　例文①では、We が主語、call が動詞、him が目的語、Bob が補語になります。例文②では、news が主語、made が動詞、him が目的語、happy が補語になります。

　第2文型〔主語＋動詞＋補語〕の補語は主語を説明しているので「主格補語」、この第5文型の補語は目的語を説明しているので「目的格補語」と呼ばれます。

　①の例文では him が Bob という呼び名であることを説明していますし、②の例文では him は happy な状態にあることを説明しています。ですから、第5文型では、「目的語＝補語」という関係が成立します。

　Point 7 に示すように第4文型との違いは、第5文型では「目的語＝補語」という関係がありますが、第4文型では「目的語≠目的語」です。

　③の例文では「私に（me）本を（a book）を与えた」で、me ＝ book ではありません。「私」は人間ですから、この例文は第4文型になります。

　イコールかイコールでないかが、第4文型と第5文型の見分け方です。

　さて、ここまででクソ面白くもない（下品でした、ゴメンナサイ）5文型の基本的な説明はひと通り終わりました。お疲れさまでした。ですが、では、次の英文は、いったい第何文型になるでしょうか？

Cows provide us with milk.（牛は私たちにミルクを与えてくれる。）

　〈provide ～ with…〉は、「～に…を与える」という熟語です。これ、意味は第4文型と同じようなものですが、5文型では with 以下は修飾語句と考えますので、正解は第3文型になります。こうなると、文型で分類することにどれほどの意味があるのだろうか、ということになりますよね。

　これも、このあたりが5文型の限界でしょう。

　文型は、あくまで英文の意味を読み取るための一つの道具にしかすぎないということを念頭に置いておくべきで、専門的に研究するのでない限り、文型分類に拘りすぎてしまうと本末転倒になるでしょう。

Point 7

第 5 文型〔主語＋動詞＋目的語＋補語〕（SVOC）
「（主語）は（目的語）を（補語）に〜する」

① We call him Bob. （私たちは彼をボブと呼びます。）
   S V O C(名詞)

② The news made him happy. （その知らせは彼を幸せにした。）
   S   V   O   C(形容詞)

〔第 4 文型と第 5 文型の見分け方〕
「目的語≠目的語」 → 第 4 文型
「目的語＝補語」 → 第 5 文型

③ He gave me a book. （彼は私に本を与えた。）〔第 4 文型〕
   S V O O   「目的語≠目的語」

〔第 5 文型で使う主な動詞〕

believe（〜を…と思う）	call（〜を…と呼ぶ）
consider（〜を…とみなす）	find（〜が…だとわかる）
get（〜を…にする）	keep（〜を…にしておく）
leave（〜を…のままにする）	let（〜を…にさせる）
make（〜を…にする）	name（〜を…と名付ける）
think（〜を…と思う）	

④ He found this book useful.
   （この本は役に立つと彼はわかった。）

⑤ She left the door open. （彼女はドアを開けたままにした。）

③ ▶ 第 5 文型（知覚動詞）

　ここからは少し面白いところで（どこが面白いの？という不満の声も聞こえますが）、大切なところです（大切なのは間違いありません）。

　この「知覚動詞」や次の「使役動詞」をどこに入れるかというのが、文法の説明では少し悩むところです。
　ほとんどの文法書では、不定詞や分詞のところに分けて入れてありますが、それでは学習者にわかりにくかったりしますし、それにこの 2 つは英文を読む際、わりとよく出てくるんです。とても重要なんです。
　ですから、絶対にわかっていないといけない。そうしたことで、この第 5 文型の中でまとめて説明したいと思います。

　まず、「知覚動詞」ですが、これは右ページの Point 1 などの文字通り、see、hear、feel など「知覚」を表す動詞のことです。これらの動詞は、Point 2 のような文型を取ることができます。

　まず例文①ですが、her「彼女が」go out「出かける」のを I saw「私は見た」という形を、知覚動詞の see は取れるのです。目的語の her と動詞の原形の go は主語と動詞の関係になっています。
　また、ここでは動詞の原形を使っているので、動作の全部を見たことになります。

　次に例文②では、her「彼女が」working「働いている」のを we saw「私たちは見た」という意味になり、この場合、現在分詞～ ing を使っていますので、動作の途中、つまり働いているところを見たことになります。

　例文③では、this song「この歌が」sung「歌われた」のを I heard「私は聞いた」という意味になり、ここでは過去分詞が使われていますので、歌が「歌われた」という受身の意味になります。

　つまり、目的語の後に動詞の原形があれば「その動作の全部を」、現在分詞がきていれば「その動作の途中を」、過去分詞が置かれてあれば「（目的語が）～されている」ことを表しているのです。

3 ▶ 第5文型（知覚動詞）

Point 1

〔主な知覚動詞〕

see（見える）	look at（見る）	watch（じっと見る）
hear（聞こえる）	listen to（聞く）	notice（気づく）
observe（気づく）	feel（感じる）	

Point 2

主語＋知覚動詞＋目的語＋動詞原形 　…動作の全部

　　　　　⌈ see（見る）⌉　　　現在分詞　…動作の途中

　　　　　| hear（聞く）|

　　　　　⌊ feel（感じる）⌋　　過去分詞　…目的語が～される

「（目的語）が～する［～している、～される］のを

　　　　　　　　　　　　（主語）は見る・聞く・感じる」

① I $\boxed{\text{saw}}$ her go out yesterday.
　　　知覚動詞　目的語 動詞原形

　（昨日彼女が出かけるのを私は見た。）

② We $\boxed{\text{saw}}$ her working yesterday.
　　　　知覚動詞　目的語　現在分詞

　（私たちは昨日彼女が働いているのを見た。）

③ I $\boxed{\text{heard}}$ this song sung yesterday.
　　　知覚動詞　　目的語　過去分詞

　（私はこの歌が昨日歌われるのを聞いた。）

4 ▶ 第5文型（使役動詞）

「使役動詞」とは、ある行為を他人に行わせる動詞のことで、make、have、let がそれにあたります。関連して get も含めた、これらの動詞をまとめて示すと右の Point 1 のような文型になります。

まず、make から説明すると、Point 2 にあるように、これは基本的には、人が主語のときは「（無理にでも強制的に）〜させる」ことをふつう意味しますが、物・事が主語のときは強制的ではない場合もあります。文脈によって判断することになります。

Mother <u>made</u> me clean the room.（母は私に部屋をそうじさせた。）

この例文では、私は本当はいやだったのに、母が強制的に部屋のそうじをさせたことを意味しています。一方、

Her jokes always <u>make</u> me laugh.
（彼女の冗談にいつも私は笑ってしまう。）

このような英文では、主語が強制するのではなく、単に原因を表している意味になることがあります。これも文脈で判断する必要があります。

そして目的語（O）の後に動詞の原形を使うと、「目的語が〜する」ことを意味し、過去分詞が置かれると「目的語が〜される」と受身の意味になります。
ここでも知覚動詞と同じように、目的語とそのあとの動詞には主語・動詞の関係があります。

一つ注意点として、この〈make ＋目的語＋過去分詞〉は慣用表現で、例文②のような〈make oneself understood〉「わかってもらう、意思を伝える」や〈make oneself heard〉「聞いてもらう、声を聞かせる」などに限って用いられ、それ以外はまれであるので、何にでも使えるわけではないことに注意が必要です。

第5文型（使役動詞）

Point 1

〔使役動詞の文型〕

主語＋ make ＋O＋動詞原形 … 「Oに〜させる」
（強制的に）　　　過去分詞 … 「Oを〜させる」（慣用表現のみ）

主語＋ have ＋O＋動詞原形 … 「Oに〜させる、〜してもらう」
（当然に）　　　過去分詞 … 「Oを〜してもらう、〜される」
　　　　　　　　現在分詞 … 「Oに〜させる、〜させておく」

主語＋ let ＋O＋動詞原形 … 「Oに〜させる」
（望み通り）

主語＋ get ＋O＋to＋動詞原形 … 「Oに〜させる、〜してもらう」
（説得して）　　　過去分詞 … 「Oを〜される、〜してもらう」
　　　　　　　　現在分詞 … 「Oに〜させる、〜させておく」

Point 2

① 主語＋ make ＋目的語＋動詞原形
　　　　　　　「（主語は目的語に）〜させる」
② 主語＋ make ＋目的語＋過去分詞
　　　　　　　「（主語は目的語を）〜させる」

① He <u>made</u> me <u>repeat</u> the story.

（彼は私にその話を繰り返させた。）

② She couldn't <u>make</u> herself <u>understood</u> in French.

（彼女はフランス語でわかってもらえなかった。）

動詞 have は、同じ第 5 文型でもとても多様な意味になります。ここでは使役以外の意味でも、英文を読む際には知っておく必要があると思われるものも含めて右ページ Point 3 に説明しています。これがなかなかややこしい。

　使役動詞の have では、目的語にくるのはしかるべき職業の人で、その人に料金を払って「ある仕事・サービスをさせる［してもらう］、あるいは目上の者が目下の者に〜させる」という文脈で用いるのが基本になります。

I'd like to have my car checked.（車を調べてほしいのですが。）

　こうした英文を上に述べた人以外に言うと失礼に響くので注意が必要です。その場合は、次のような言い方をするのがふつうになります。

Would [Could] you check my car?（車を調べてもらえませんか。）

　次に Point 3 ⑵ にあるように、使役動詞の have は、目的語の後に過去分詞がくると、「主語は目的語を①〜してもらう〔使役〕②〜される〔被害〕③〜してしまう〔完了〕」の意味になります。

　⑶ のように、目的語の後に現在分詞を置くと、「主語は目的語に①〜させる、させておく、〜している状態にする、②〜しているのを経験する」の意味になります。

　〔使役〕を意味する場合は、have を強く言い、その他の意味のときは動詞原形や過去分詞、現在分詞を強く言うことで区別するのですが、

He had his house broken.

などでは、①「彼は家を壊してもらった。」②「彼は家を壊された。」の 2 通りに解されて紛らわしいので、次のように言って誤解を避けるのが賢明です。

①　He had the workers break his house.（彼は家を作業員に壊してもらった。）
②　His house was broken.（彼は家を壊された。）

Point 3

(1)　主語＋ have ＋目的語＋動詞原形
　　① 「（主語は目的語に）〜してもらう、させる」〔使役〕
　　② 「（主語は目的語が）〜するのを経験する」〔経験〕

　① I had the man repair my bike.
　　（私はその人に自転車を直してもらった。）
　② I have never had such a thing happen to me before.
　　（私には以前にそんなことが起こったことはない。）

(2)　主語＋ have ＋目的語＋過去分詞
　　① 「（主語は目的語を）〜してもらう」〔使役〕
　　② 「（主語は目的語を）〜される」〔被害〕
　　③ 「（主語は目的語を）〜してしまう」〔完了〕

　① I had my bicycle repaired.
　　（私は自転車を修理してもらった。）
　② I had my bicycle stolen.（私は自転車を盗まれた。）
　③ You should have the job done by noon.
　　（君は昼までにその仕事をしてしまうほうがいい。）

(3)　主語＋ have ＋目的語＋現在分詞
　　① 「（主語は目的語に）〜させる、させておく、
　　　　　　　　　　　　　　　〜している状態にする」
　　② 「（主語は目的語が）〜しているのを経験する」

　① I have the taxi waiting outside.
　　（私はタクシーを外に待たせている。）
　② I had water dripping through the ceiling.
　　（天井から水がぽたぽた漏れていた。）

Point 4 にあるように、使役動詞の let は「（相手がしたがっていることを）〜させてやる」が基本の意味で、〈主語＋ let ＋目的語＋動詞原形〉の語順で使います。目的語の後には動詞の原形しか置けません。

　get は、Point 5 に示すように「（説得などをして、なんとか）〜させる、〜してもらう」が基本的な意味になります。目的語の後には、to ＋動詞原形、現在分詞、過去分詞のいずれかを置きます。
　make や have などの他の使役動詞と違って、動詞の原形ではなく〈to ＋動詞原形〉になることに注意が必要です。

　get が目的語の後に過去分詞を取るときは、(3)にあるように多様な意味になりますので、こうした意味のどれになるか、前後の文脈から判断することになります。いずれにしても、目的語と過去分詞の間には受動の関係があります。

　ちなみに、〈to ＋動詞原形〉が後に続くと、これは第 3 文型になりますが、過去分詞が続くと第 5 文型になります。ここでも、こうした文型分類にどれほどの意味があるのかはわかりませんが…。

　ここまでひと通り使役動詞を見てきましたが、特に、使役動詞の have や get で過去分詞が続いた形では〔使役〕〔被害〕〔完了〕など多様な意味になり、わかりにくいところです。

　have は「持っている」、get は「得る」が原義です。過去分詞は、分詞構文のところでも述べますが、「動詞の完了・完結した状態」が基本です。

　ですので〈have ＋目的語＋過去分詞〉は「（目的語）を〜した（完了・完結した状態）を持っている」、〈get ＋目的語＋過去分詞〉は「（目的語）を〜した（完了・完結した状態）を手に入れる」がもともとの意味です。そうしたことを踏まえて前後の文脈から判断して、日本語としては〔使役〕〔被害〕〔完了〕のどの意味になるかを決めるということになります。

　そもそも、〔使役〕と〔被害〕の違いは、主語の意志で「〜してもらった、させた」のか、主語の意志によらずに「〜された」のかの違いで、表裏一体のように捉えることもできるように感じます。

Point 4

主語＋ let ＋目的語＋動詞原形
① 「(主語は目的語に) ～させてやる」
② 「(主語は目的語を) ～するままにしておく」

I <u>let</u> my dog <u>run</u> free in the yard.
（私は庭で犬を自由に走らせた。）

Point 5

(1) 主語＋ get ＋目的語＋ to ＋動詞原形
「(主語は目的語に) ～させる、～してもらう」

You should <u>get</u> her <u>to come</u> to the party.
（君は何とかして彼女にパーティーに来てもらったほうがいい。）

(2) 主語＋ get ＋目的語＋現在分詞
「(主語は目的語に) ～し始めるようにさせる」

I <u>got</u> the machine <u>running</u>. （私は機械を始動させた。）

(3) 主語＋ get ＋目的語＋過去分詞
① 「(主語は目的語を) ～してもらう、～させる」〔使役〕
② 「(主語は目的語を) ～される」〔被害〕
③ 「(主語は目的語を) ～してしまう」〔完了〕

② I <u>got</u> my bicycle <u>stolen</u>. （私は自転車を盗まれた。）〔被害〕
③ She worked hard to <u>get</u> the job <u>done</u>.
（彼女は仕事を終わらせるために一生懸命働いた。）〔完了〕

02 基本時制

1 現在時制

「時制」って、要するに「動詞の語形変化」のことです。いかにも文法用語ですが、「時制」には「現在時制」と「過去時制」があります。

〈will ＋動詞の原形〉などを「未来時制」として加える考え方もありますが、will や shall などで表す文もよくよく考えてみると、今現在において話し手や書き手が思っていることがらであり、また、be 動詞や一般動詞、さらには助動詞の変化形にも「未来形」という形は存在しないので、「現在時制」と「過去時制」の 2 つと考えたほうが妥当だと私は思います。

これは「現在・過去・未来」と、時系列で考えたがる人間の思考の性癖から出てきた文法構造ではなかろうかと思うのですが、どうもこれがそもそもの間違いで、実はそれぞれの時制を表す動詞の「現在形」や「過去形」という名前もあまり正しくはないと考えています。

さて、一般的な文法書によると、基本時制の一つである現在時制は、右ページの Point 1 のように、現在のことがらだけでなく、過去または未来を含んだ時間的に幅のある内容を表します。

こうした例文などから考えても、どうも「現在時制」、つまり動詞や助動詞も含めて「現在形」というのは、Point 2 にも示すように「話し手や書き手が、はっきりした事実、確実なことがらだと思っていることを表す形」といったものではないかと、私などは考えているのです。これを「確実形」「事実形」「確証形」などの用語に変えたほうがいいのではないかとさえ思うほどです。

この部分を克服すると、「仮定法」を初め、暗記しなければならない、いくつかの文法規則がすっきり解決されるように思われるのです。

ともかく、現時点では、用法をしっかり覚えて、「現在時制」という名前に惑わされないようにすることが必要でしょう。

1 ▶ 現在時制

Point 1

現在時制	①	現在の状態・性質	「～である、～する」
	②	現在の習慣的動作・反復的出来事	
	③	不変の真理・社会通念・ことわざ	
	④	確定的な未来	
	⑤	時・条件を表す副詞節	

① He <u>belongs</u> to the tennis club.

(彼はテニスクラブに入っています。)

② He usually <u>goes</u> to the tennis club every day.

(彼はふつう毎日テニスクラブに通っています。)

③ The sun <u>rises</u> in the east.

(太陽は東から昇る。)

④ Today's tennis practice <u>starts</u> at 3 o'clock.

(今日のテニスの練習は3時に始まります。)

Tomorrow <u>is</u> Monday.

(明日は月曜日です。)

⑤ Please call us when you <u>get</u> to the station.

(駅に着いたら私たちに電話してください。)

Point 2

現在時制（現在形）

話し手や書き手が、はっきりした事実、確実なことがらだと思っていることを表す形。「目の前にある」ぐらいはっきりした感じ。

さて、前ページの Point 1 の①から④までの場合に現在時制を使うのは、なんとなく理解できると思うのですが、⑤の「時・条件を表す副詞節」で「現在形」をなぜ使うのかという問題があります。

　これは「if や when などの副詞節では、未来の内容でも動詞には現在形を使う」という文法ルールでした。このような副詞節を作る接続詞には右ページの Point 3 のようなものがあります。

　ここも「現在・過去・未来」の時系列で考えると、どうもつじつまが合わないので、「ただ覚えなさい！」と、ずーっと何十年も前から中学や高校で言われていた、いかにも英文法の未完成な最たるものだと言える部分ですが、これなども「現在形」を「確実形」「事実形」「確証形」などと考えると、一つの答えが提示できます。

Please call us <u>when</u> you <u>get</u> to the station.
（駅に着いたら私たちに電話してください。）

　つまり、前ページ⑤の「時・条件を表す副詞節」を上の例文で考えると、なるほど「駅に着いたら」というのはまだ着いてないのでこれから先のことだと考えることもできますが、ここが、「現在形」という名前に囚われて時系列で考えるために引き起こされる不要な問題の一つなのです。

　実はそういう意味ではなくて、「現在形」を「確実形」「事実形」「確証形」などと考えて、「駅に着くことが事実になったら」「駅に着くことが確実になったら」という意味を表すのだと考えれば、こうした文で「現在形」を使うことも、何の問題もなく納得できるのではないでしょうか。

　金科玉条のごとく、この「時・条件を表す副詞節」ルールを中学・高校でさんざん言われてきましたが、実はこの規則には右ページの Point 4 のような例外とされるものがあります。このことも、この規則が本来は覚える必要のないものだという証拠の一つになると考えます。

　「現在形」という名前にとらわれず、その本質をしっかり把握すれば、この「if や when などの副詞節では、未来の内容でも動詞には現在形を使う」という文法ルールは実は無用な文法規則になるのです。

まとめ note

Point 3

〔時・条件を表す副詞節を作る接続詞〕

as（〜するとき、〜しながら）　　as long as（〜する限りは）

as soon as（〜するとすぐに）　　before（〜する前に）

until [till]（〜するまで）　　when（〜するとき）

after（〜したあとに）　　if（もし〜なら）

in case（〜する場合に備えて）　　unless（もし〜でないなら）

Please call us <u>when</u> you <u>get</u> to the station.

（駅に着いたら私たちに電話してください。）

Don't hesitate to ask me <u>if</u> you <u>have</u> any questions.

（質問があれば、遠慮せず私にたずねてください。）

Point 4

〔「時・条件を表す副詞節」ルールの例外〕

　主語の意志や話し手のかなりの確信度を表す場合は、時・条件を表す副詞節の中でも、will や be going to が使われる。

If he <u>will</u> do so, I must punish him.〔主語の意志〕

（もし彼がそうするつもりなら、私は彼を罰しなければならない。）

If it's <u>going to</u> rain, I will take an umbrella.〔話し手の確信〕

（雨が降るようなら、傘を持っていきます。）

※「現在形」を「確実形」「事実形」「確証形」などと考えれば、この例外自体も、単に will や be going to の本来の意味をそのまま使っているだけなので、例外でも何でもなくなることになる。

2 ▸ 過去時制

「現在形」と同じく、「過去形」という名前も私はあんまり好きじゃありません。どうしてもっと正しく表している名前を付けなかったものかと思っています。このボタンの掛け違いが、全ての混乱の元なのです。

　一般の参考書では、過去時制は、主に右のような Point 1 の場合に用いられると説明されています。

　しかし、実はこれだけではなく、「仮定法」などの中でも使われますので、この説明では全てを表していることにはならないのです。たとえば、

I was wondering if you would ask me to the dance party.

という英文はどんな意味でしょうか。実は、これは過去の意味ではありません。過去形の was が使われていても過去の意味ではないのです。

　これは、実際にある映画の中に出てきたセリフでありきたりなものですが、「私をダンスパーティーに誘ってくれないかなと思ってるんだけど。」というようなとても控えめで丁寧な言い方なのです。

　つまり、今「過去形」と呼ばれているものは、Point 2 にあるように、過去のことも表すし、現在の事実と違う空想も表すし、控えめな感じも表すのです。

　別の言い方をすると、「頭の中に思い浮かべていることがらで、今、目の前にはない、はっきりしていない、ぼんやりした、あいまいなことを表す。」というようなイメージなのです。

　ですから、「過去形」という用語は、「曖昧形」や「非確信形」「想念形」などのほうがいいのではないかと思っています。

　この「現在形」と「過去形」の名前と定義を変えると、「仮定法」を含めていろんな文法の暗記一辺倒の部分が解決するのではないかと思いますが、仮定法については、後の「14. 仮定法」の章のところで詳しく述べたいと思います。

2 ▶ 過去時制

Point 1

過去時制　①　過去の状態　　「〜だった」
　　　　　②　過去の習慣的動作・反復的出来事
　　　　　③　過去の一時的な動作
　　　　　④　歴史的な出来事

①　He <u>was</u> in good health when I visited him yesterday.
　　（昨日私が訪ねたとき、彼はとても元気だった。）

②　I often <u>went</u> fishing in the Katsura River.
　　（私はよく桂川へ釣りに行きました。）

③　She <u>left</u> for New York yesterday.
　　（彼女は昨日ニューヨークへ出発した。）

④　The Beatles <u>broke</u> up in 1970.
　　（ビートルズは 1970 年に解散した。）

Point 2

過去時制（過去形）
　話し手や書き手が、頭の中に思い浮かんでいることがらで、「目の前にはない」ようなあいまいな、あやふやなことを表す形。
　過去のことも表すし、事実と違う空想も表すし、控えめで丁寧な感じも表す。

さてここで、一つ誤解を招かないように説明しておかなければならないと思われるものがあります。

　右ページの Point 1 は、前のページにも載せていた、従来の一般の参考書が説明している過去時制の使われ方ですが、この中の「④　歴史的な出来事」には説明が必要でしょう。

　これは、他の参考書などをよく覚えている人は、④は「歴史的な出来事」ではなくて「歴史的事実」ではないかと思われるでしょう。
　すると「事実」だから、歴史的には確定しているのだろうから、ここで過去形を使うのは、私の「過去形は、はっきりしていない、ぼんやりした、あいまいなことを表す」という説明とは多少つじつまがあわないことになるのではないかと思われるでしょう。

　しかし、ポイントは「目の前にない」です。

　たとえば、フランス革命（1789 年～）はあなたの目の前にありますでしょうか？目の前で、マリー・アントワネットがギロチンで斬首刑に処されていますか？（そんなの怖くて見てられません。）大政奉還（1867 年）が、今、目の前で行われていますでしょうか？目の前で、徳川慶喜が京都二条城の二の丸御殿の大広間で諸大名の重臣たちに政権を帝に返上すると告げていますか？

　もちろん、「目の前で」は起こっていないはずです。
　こう考えてもらえれば、過去形を使うことにも納得してもらえるのではないでしょうか。

　「歴史的事実」とすることに、無用な混乱を引き起こす原因があるのです。私はそれを避けるために、右に示すように「歴史的な出来事」としています。実際、「歴史的な出来事」としている参考書もいくつかあります。

　こうしたことも含めて、ともかく、過去形は「頭の中に思い浮かべていることがらで、今、目の前にはない、はっきりしていない、ぼんやりした、あいまいなことを表す。」というようなイメージで捉えておきましょう。

Point 1 （再掲）

過去時制	①	過去の状態　「〜だった」
	②	過去の習慣的動作・反復的出来事
	③	過去の一時的な動作
	④	歴史的な出来事

① He <u>was</u> in good health when I visited him yesterday.
（昨日私が訪ねたとき、彼はとても元気だった。）

② I often <u>went</u> fishing in the Katsura River.
（私はよく桂川へ釣りに行きました。）

③ She <u>left</u> for New York yesterday.
（彼女は昨日ニューヨークへ出発した。）

④ The Beatles <u>broke</u> up in 1970.
（ビートルズは 1970 年に解散した。）

・参考・

　「はじめに」で述べたマイケル・ルイスの『動詞革命』では、過去形のこうした特徴を、psychologically remote（心理的に遠い）や remoteness（遠隔感）と表していて、訳者も過去形を「遠隔形」と訳しています。

　この「遠隔形」が「過去形」という名前に取って代わるほど適切かどうかはわかりませんが、多くの参考書は、こうした過去形の特徴を「距離感」や「離れた」という言葉で説明しています。しかし、これらの言葉もどこからの「距離感」で、どこから「離れて」いるのかはほとんど説明がないように思います。

3 進行形

『表現のための実践ロイヤル英文法』（旺文社）によると、進行形の基本用法は「限られた期間内の動作の継続」とされていますが、これはまさにそのとおりだと思います。

さて、「現在進行形」では右の Point 1 に示すような用法があります。

基本は①の現在進行中の動作・出来事「〜しているところ」ですが、②の「変化の途中」（〜しかけている）という意味になることも知っておかないといけません。②の例文では「死にかけている」という意味で、「死んでいる」ではないことに注意が必要です。

こうした「変化の途中」を表す動詞には、arrive、become、die、fall、get、go、land、lose、stop などがあります。

これらは「到着する」「死ぬ」「落ちる」など、動作の「完結」を示すような動詞ですが、進行形に使われると「完結」ではなく、「完結に向かっている状況」を表していることになります。

③の「現在の反復的動作」では、always などの語句が入って、例文のように「〜ばかりしている」や「何回も〜している」などの意味になります。hit、jump、kick、knock、tap、wink など瞬間的な動詞が進行形になると、反復繰り返しの意味を含んでいます。

また③の例文 She is always making excuses. はよく出てくる例ですが、このように非難や批判の感情を含むこともあります。

④の「確定的な未来・予定」は、will などのその場で決めたこととは違って、あらかじめ計画された予定を表すもので、come、go などの往来・発着を表す動詞に多い表現です。

「過去進行形」は、こうした「現在進行形」の各用法を、Point 2 のように、過去の時点を基準にしたものだと捉えておきましょう。

〜ing 形の動詞を見ると「その様子が目に浮かぶ」と言うネイティブもいます。「生き生きしているような感じ」「臨場感」を感じさせることも覚えておきましょう。

3 ▶ 進行形

Point 1

〔現在進行形… 〈is〔am, are〕＋〜ing〉〕
① 現在進行中の動作・出来事
② 現在の変化の途中
③ 現在の反復的動作
④ 確定的な未来・予定

① She <u>is talking</u> with him. （彼女は彼と話をしているところです。）

② A lot of children <u>are dying</u> in that country.
（その国では多くの子どもたちが死にかけています。）

③ She is always <u>making</u> excuses.
（彼女はいつも言い訳ばかりしている。）

④ I <u>am going</u> to Kyoto next Friday.
（私は次の金曜日、京都に行くことになっている。）

Point 2

〔過去進行形… 〈was〔were〕＋〜ing〉〕
① 過去のある時点における進行中の動作・出来事
② 過去の変化の途中
③ 過去の反復的動作
④ 過去のある時点で確定的な未来・予定

① When I went into the room, she <u>was talking</u> with him.
（私が部屋に入っていったとき、彼女は彼と話をしていた。）

② The train <u>was stopping</u>. （列車が止まりかけていた。）

③ He <u>was kicking</u> a ball. （彼はボールをけってばかりいた。）

④ He <u>was coming</u> here at five o'clock.
（彼は5時にここへ来ることになっていた。）

次に、「未来進行形」は右の Point 3 のような用法で使われます。

　過去進行形も未来進行形も、基本的には、現在進行形と同じ原理だとされています。そのまま過去のある時点や未来のある時点にシフトしたものと大まかには言えます。

　つまり、現在進行形が、「現在の時点で何かをやっている途中だ」ということを表すのに対して、過去進行形は「過去のある時点で何かをやっている途中だ」ということを表し、未来進行形は「未来のある時点で何かをやっている途中だ」ということを表します。（この辺りは時系列で考えてもとりあえず理解できるところです。）

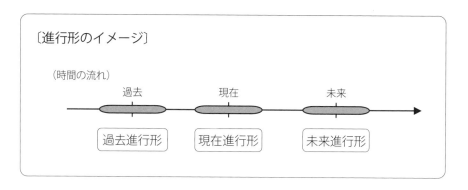

　ただ少し難しいのは、②の「確定的な未来の予定・成り行き」では、当事者の意志や意図とは関係ないような意味でよく使われるということです。例文②のように、誰の意志も含まないという意味です。

　たとえば、右の例文② -1 のように言うと、単に相手の予定を聞いているだけで相手の意志などは含めていないのですが、例文② -2 のように言うと、相手に来ることを要求していることになりますので、この違いには注意が必要です。

　なお、完了形との組合せを含めると進行形は、右ページの Point 4 のようになるのですが、「4. 現在完了進行形」から「6. 未来完了進行形」までは、完了形の単元のところで説明しますので、とりあえず、進行形の種類としては、こういうのがあるのだと覚えておきましょう。

Point 3

〔未来進行形…〈will be ＋ 〜ing〉〕
① 未来のある時点における進行中の動作・出来事
「〜しているところだろう」
② 確定的な未来の予定・成り行き
「〜することになる」「〜しているでしょう」
…関係者の意志や意図とは関係なく起こる当然の未来を
示す。天気予報などに使われる。

① At this time tomorrow <u>I'll be driving</u> through Kobe.
(明日のこの時間には私は神戸を車で通り抜けているだろう。)

② The typhoon <u>will be</u> probably <u>hitting</u> Kyusyu tomorrow.
(台風は明日の朝、九州に上陸しているでしょう。)

②-1 <u>Will</u> you <u>be coming</u> to the party?
(パーティに来ることになっていますか。)

②-2 <u>Will</u> you <u>come</u> to the party?
(パーティに来ませんか。)

Point 4

1. 現在進行形 〈is ［am, are］ ＋ 〜ing〉
2. 過去進行形 〈was ［were］ ＋ 〜ing〉
3. 未来進行形 〈will be ＋ 〜ing〉
4. 現在完了進行形 〈have ［has］ been ＋ 〜ing〉
5. 過去完了進行形 〈had been ＋ 〜ing〉
6. 未来完了進行形 〈will have been ＋ 〜ing〉

さて、進行形には、どんな動詞でもできるかというとそうではありません。基本的には、右のPoint 5に示すように、「状態・構成を表す動詞」や「心の動きを表す動詞」、「知覚動詞」は進行形にしません。なぜなら、こうした動詞はもともと目に見える動きがないからです。

　しかし、こうした状態動詞などであっても、Point 6にあるような場合には進行形にすることができます。具体的には、

① 　I am understanding English more and more.
　　（私はだんだん英語がわかってきています。）
② 　We're having lunch together. 〔have が「食べる」の場合〕
　　（わたしたちはランチを一緒に食べています。）
③ 　He is being kind. （彼は優しくしている。）〔一時的に〕

　このような例文で、①は「少しずつわかってきている」という変化があるので進行形にでき、また、②のように、同じhaveでも「食べる」という動作を伴う意味で使われていれば、進行形にできます。
　そして、③のように、いつもではないが、「一時的にそうしている」なら進行形にできる、ということです。

　要するに、話者にとって「変化や動きや一時的なものが感じられる」なら状態動詞でも進行形にできるのです。
　とすると、逆に進行形の本質がここにあるのではないかと思われ、進行形とは「変化や動きや一時的な状況を表している形」と言えるのではないか、ということです。

　さて、少し前になりますが、ハンバーガーのCMで、I'm loving it. という英語が状態動詞のloveを使っているから間違いじゃないか（正式な文章では使わないほうが無難だとされています）、と話題になりました。
　しかし、上に述べた「一時的な」意味と、〜ing形の「臨場感」を使って「今、食べているような感じ」を作り出しているのではないかと思います。
　これをどう訳すかは少し難しいですが、「めっちゃ大好き。」「今、すんごいハマッてる。」、ちょっとひねって「うーん、たまらん。」といったところでしょうか。あなたなら、どう訳しますか？

Point 5

〔進行形にしない動詞〕

〈状態・構成〉

be （〜である） belong (to) （（〜に）属している）

consist (of) （（〜から）成る） contain （含んでいる）

cost （（費用が）かかる） depend (on) （（〜）次第である）

deserve （〜に値する） differ （異なる）

equal （〜に等しい） exist （存在する）

have （持っている） involve （含む）

own （所有している） possess （持っている）

remain （〜のままである） resemble （〜に似ている）

〈心の動き〉

believe （信じている） dislike （嫌いである）

doubt （疑問に思う） hate （憎んでいる）

imagine （〜と思う） know （知っている） like （好きだ）

love （愛している） prefer （好きである）

remember （覚えている） suppose （〜と思う）

think （〜と思う） understand （わかっている）

want （欲する） wish （〜したいと思う）

〈知覚〉

feel （〜と感じる） hear （聞こえる） see （見える）

smell （〜のにおいがする） taste （〜の味がする）

Point 6

〔状態動詞などでも進行形になる場合〕

① 少しずつ状態が進行し、変化を表す場合

② 動作動詞として使われる場合

③ 一時的状態を意図的に続けている場合

03 完了時制

1 現在完了

　現在完了は、ふつうは中学3年生ぐらいで習いますが、これが日本語にはない表現なので、とまどう生徒が少なからずいます。

　ですが、その意味する基本は右ページの Point 1 のとおりで、これを覚えておけば、なーんだ簡単だ、というぐらいとても理解しやすいものじゃないかと思います。

　多くの参考書に書かれている現在完了の形と用法は、右の Point 2 のようになりますが、ここで使われる have は、否定文や疑問文にするときにこれを操作して作ることから、品詞としては助動詞とされているのですが、主語が3人称単数現在のときは、has になるという動詞的な特徴も持っています。ここなどにも品詞分類の課題があるように私は感じます。

　そして、実は、この現在完了は、1000 年以上昔の英語（これを「古英語」と言います）では、右の参考に示すように、①の〈have ＋目的語＋過去分詞〉という語順を元にしているのです。第5文型のような感じですね。

　この例文の letter と written には「手紙」が「書かれた」という主語・動詞のような緊密な関係がありました。

　しかし、これが時代を経るにしたがって、語尾変化が消失し、また〈動詞＋目的語〉の語順が文法的に重要になったことから②のような現在の形になったということです。

　こうしたことも踏まえて考えると、have は結局、動詞的な意味で「～を持っている」です。ただ、物を手に持っているだけでなく、「経験や知識、状況など」も「持っている」ことができると考えられます。

　過去分詞は基本的には〔完結・完了〕を表す語で、「～した状態、～された状態」を意味します。過去分詞については、分詞構文のところで詳しく述べますが、この2つの組合せで「～した状態を持っている」が根本的な意味です。過去に起こった出来事や状態であっても、それを現在という視点で捉えている表現とも言えるでしょう。

①▶ 現在完了

Point 1

現在完了…過去のある時点での動作や状態が何かしら現在とつながっていることを表す表現。

Point 2

〔現在完了… 〈have［has］＋過去分詞〉〕
① 継続用法「ずっと〜している」、
② 経験用法「〜したことがある」、
③ 完了・結果用法「〜してしまった、〜したところだ」

① I <u>have lived</u> in Osaka for three years.
（私は 3 年間ずっと大阪に住んでいます。）
② I <u>have visited</u> Kyoto once.
（私は一度、京都を訪れたことがあります。）
③ I <u>have</u> just <u>finished</u> my homework.
（私はちょうど宿題を終えたところです。）

・参考・

① 「古英語」時代の 〈have ＋目的語＋過去分詞〉の例
I have a letter written.
（私は手紙が書かれた状態を持っている。）
→ （私は手紙を書き終えた。）
② 現代英語の現在完了
I have written a letter.

現在完了は〈have [has] ＋過去分詞〉の形ですが、この 2 つの組合せだけでは、「〜した状態を持っている」ということを原義とするだけで、日本語訳は確定しないことがほとんどです。

　この原義を念頭において、使われている副詞や文脈から、各用法の日本語訳が引き出されてくると考えるのが大切です。つまり、副詞や文脈が日本語訳を確定してくれると理解しておきましょう。

　まず、現在完了の「継続用法」は、右ページの Point 3 のようになりますが、この用法でよく使われる語句が for と since です。
　for の後には「3 年」とか「24 時間」とか時間の長さや期間がきます。since のあとには始まった時点を表す「2008 年」とか「今朝」とか「2 週間前」などの過去のある時点を示す語句がきます。

　現在完了の否定文・疑問文は、Point 4 のように、have [has] を操作して作ります。短縮形には、have not → haven't、has not → hasn't があります。

　〈How long ＋疑問文の語順〜 ?〉は、「どのくらいの間〜ですか。」と期間をたずねる頻出の疑問文の形です。
　この疑問文に対しては、ふつう for や since を使って答えますが、主語や動詞を省いて簡単に For 〜 . や Since 〜 . とすることもあります。

How long has she been sick? （彼女はどのくらいの間病気なのですか）
　　She has been sick for a week.　　　For a week.
　　（彼女は 1 週間ずっと病気です。）　　　（1 週間です。）
　　She has been sick since last week.　　Since last week.
　　（彼女は先週からずっと病気です。）　　　（先週からです。）

　以上のように、for や since、How long があれば、継続用法だと確定することになるのです。

まとめ note

Point 3

継続用法…「（ずっと）〜している」
現在までの状態の継続を表す。
主に状態の意味の動詞がこの用法になる。

〈for ＋期間〉「〜の間」
〈since ＋過去を表す語句〉「〜から、〜以来」

① I <u>have lived</u> in Osaka for three years.
　（私は 3 年間ずっと大阪に住んでいます。）

② I <u>have lived</u> in Osaka since 2008.
　（私は 2008 年からずっと大阪に住んでいます。）

Point 4

① 否定文…〈主語＋ have［has］＋ not ＋過去分詞〜 .〉
② 疑問文…〈Have［Has］＋主語＋過去分詞 〜 ?〉
　　　　　　答えにも have［has］を使う。

〈How long have［has］＋主語＋過去分詞〜？〉
「どのくらいの間〔いつから〕〜しているのですか」

① She has <u>not</u>［<u>hasn't</u>］lived in Osaka for three years.
　（彼女は 3 年間ずっと大阪に住んでいません。）

② <u>Have</u> you lived here for a long time?
　（あなたは、長い間ここに住んでいますか）
　→ Yes, I have. / No, I have not［haven't］.

現在完了の経験用法は、Point 5 にあるように「（今までに）〜したことがある」という意味で、過去から現在までのうちに経験したことを表します。

I have visited Kyoto once.（私は1度、京都を訪れたことがあります。）
I have visited Kyoto before.（私は以前、京都を訪れたことがあります。）
I have often visited Kyoto.（私はしばしば京都を訪れたことがあります。）

　前に述べたように、現在完了は〈have［has］＋過去分詞〉の形で「〜した状態を持っている」ということを原義としますが、Point 5 のような once や before など語句があると「経験用法」になるのです。

　また、こうした経験用法で使われる語句は、その置き場所が基本的には決まっていますので、注意してください。

　経験用法での否定文・疑問文の作り方は、Point 6 にあるように継続用法のときと同じです。

　しかし、経験用法であることをはっきりさせるために、否定文では not の代わりに never をおいて「1度も〜ない」、疑問文では ever を過去分詞の前に置いて「今までに〜」と付け加え、経験をたずねていることをはっきりさせるのがふつうです。
　また、答え方には、No, I never have. というものもあります。

　さらに、経験用法の疑問文で大切な表現に、Point 6 に示されている〈How many times［How often］〜？〉があります。

　〈How many times〉は「どのように多くの回数」で「何回」、〈How often〉は「どのようにしばしば」で「何回」となっている疑問文です。

How many times have you ever visited Kyoto?
（何回あなたは今まで京都を訪れたことがありますか。）
How often have you ever visited Kyoto?
（何回あなたは今まで京都を訪れたことがありますか。）

Point 5

経験用法…「(今までに) 〜したことがある」
　　　　現在までに経験していたことを表す。

〔文末に置く語句〕
　　before（以前に）、once（1度）、twice（2度）、
　　three times（3度）、many times（何度も）
〔過去分詞の前に置く語句〕
　　often（しばしば）、never（1度も〜ない）、
　　ever（今までに）〈疑問文で〉

Point 6

① 否定文…〈主語＋ have ［has］＋ not ［never］＋過去分詞〜 .〉
　　　　　「［1度も］〜したことがない」
② 疑問文…〈Have ［has］＋主語＋（ever ＋）過去分詞〜 ?〉
　　　　　「(今までに) 〜したことがありますか」

〈How many times ［How often］＋疑問文の語順〜 ? 〉
「何回〜したことがありますか」

① I have <u>never</u> visited Kyoto.
　（私は1度も京都を訪れたことがない。）
② Have you <u>ever</u> seen him?
　（あなたは今までに彼に会ったことがありますか）
　→ Yes, I have. / No, I haven't. 〔No, I never have.〕

さらに、この経験用法の重要で紛らわしい表現に、右ページの Point 7 があります。

　まず、⑴の〈have been to ～〉では、①②のどちらも「今、戻ってきてここにいる」という意味を含んでいますが、②のほうが戻ってきてまだあまり時間が経っていないニュアンスがあって少し異なります。

　①②が学習参考書に主に載っているものですが、③のように since があると継続用法になって「ずっと～へ行っている」という意味になる場合もありますので、やはりこうした語句によって日本語の意味が完了形は決まるのだと、このようなことからもわかると思います。

　さて、been は be 動詞の過去分詞です。be 動詞の意味は「いる、です」なのに、この形になると「行った」とどうしてなるのか不思議に思う人もいるでしょうが、前置詞 to が解決の鍵です。

　to は「到着を前提とした方向」が原義だと言われています。be 動詞は「存在」を表します。そしてその過去分詞は、その動作・行為の完結・完了や受動を意味します。

　つまり、そこから考えると、have been to ～ は、「～へ到着した存在という行為の完結・完了を持っている」と分解でき、それを日本語らしくすると「～へ行ったことがある」や完了・結果用法の「～へ行ってきたところだ」になると考えられるでしょう。

　ちなみに、⑵の〈have been in ～〉は Point 7 にあるように、やはり多様な意味になります。in は「ある空間の中に（いる）」というのがコアな意味です。前置詞の核心になる意味を理解して、語句や文脈から判断することになります。

　関連表現の⑶の〈have gone to ～〉は「～へ行ってしまった（今ここにはいない）」〔完了・結果用法〕ですが、アメリカ英語では「～へ行ったことがある」〔経験用法〕の意味がありますので、文脈での判断になります。

Point 7

> (1) 〈have been to 〜〉
>   ① 「〜へ行ったことがある」〔経験〕
>   ② 「〜へ行ってきたところだ」〔完了・結果〕
>   ③ 「ずっと〜へ行っている」〔継続〕
> (2) 〈have been in 〜〉
>   ① 「〜にいたことがある」〔経験〕
>   ② 「今まで〜にいた」〔完了・結果〕
>   ③ 「ずっと〜にいる」〔継続〕
> (3) 〈have gone to 〜〉
>   ① 「〜へ行ってしまった（今ここにはいない）」
>   ② 「〜へ行ったことがある」〔米語〕

(1) 〈have been to 〜〉

  ① He <u>has been to</u> Australia before.
    （彼は以前、オーストラリアへ行ったことがあります。）

  ② I <u>have been to</u> the post office.
    （私は郵便局へ行ってきたところです。）

  ③ He <u>has been to</u> Tokyo since Monday.
    （彼は月曜日から東京へ行っている。）

(2) 〈have been in 〜〉

  ① I <u>have been in</u> Australia before.
    （私は以前、オーストラリアにいたことがある。）

  ② "Where have you been?" "I've <u>been in</u> the hospital."
    （「今までどこにいたんですか。」「病院にいました。」）

  ③ She <u>has been in</u> Kyoto since 1995.
    （彼女は 1995 年からずっと京都にいる。）

(3) 〈have gone to 〜〉

  ① He <u>has gone to</u> Tokyo. （彼は東京に行ってしまった。）

  ② I <u>have gone to</u> Hokkaido before.
    （私は以前、北海道に行ったことがある。）

現在完了の完了・結果用法は、右ページの Point 8 のように「（ちょうど今）
〜したところだ」「（すでに）〜してしまった」などと訳し、現在までにある動
作が終わっていることを表します。

① I have lost my watch. （私は時計をなくしてしまった。）〔現在完了〕
② I lost my watch yesterday. （私は昨日、時計をなくした。）〔過去形〕

　上の例文①の訳だけ見ると、過去形の②の例文と意味が同じように思えます
が、この現在完了の英文①には「今も時計は見つかっていない」という意味が
含まれています。

　これに対して、過去形の文②では、単に過去の事実を述べているだけで、今
時計はどうなっているかはまったくわかりません。

　もしかしたら、時計は見つかって出てきたのかもしれないし、見つからない
ままかもしれませんし、新しい時計を別に買ったのかもしれません。
　いろんな可能性がありますが、とにかく、そうしたことはこの例文②では何
にもわからないのです。今とのつながりはまったく含んでいないのです。ここが、
現在完了と過去形の違いです。

　さて、完了・結果用法でよく使われる副詞には、Point 8 のようなものがあり
ます。just や already は過去分詞の前、yet は文末に置くのが基本です。

　完了・結果用法の否定文・疑問文は基本的には今までと同じですが、完了・
結果用法であることをはっきりさせるために、否定文では、yet（まだ）を、疑
問文でも yet（もう）をそれぞれ文末におきます。

　ここで一つ注意しなければならないのは、already を使った現在完了の肯定
文を否定文や疑問文にするときに、already は通常、yet にするということです。
②の例文を否定文・疑問文にすると、それぞれ③、④の英文になりますので注
意しましょう。
　ただし、口語では、Already?（もう？）と疑問形で使ったり、文末に置いて
あることもあります。

まとめ note

Point 8

完了・結果用法…「～したところだ、～してしまった」
　　　　　　　現在までに完了していることや結果を表す。

> just（ちょうど）　　already（（肯定文で）もう）
> yet（（否定文で）まだ、（疑問文で）もう）

> already〔肯定文〕　⟺　yet〔否定文・疑問文〕

① He has <u>just</u> finished the work.
　（私はちょうどその仕事を終えたところです。）

② He has <u>already</u> finished the work.
　（私はもうすでにその仕事を終えてしまった。）

③ He hasn't finished the work <u>yet</u>.
　（彼はまだその仕事を終えていません。）

④ Has he finished the work <u>yet</u>?
　（彼はもうその仕事を終えましたか。）

　　Yes, he has.（はい、終えました。）
　　No, he hasn't.（いいえ、終えていません。）
　〔No, not yet.（いいえ、まだです。）の答え方もあります。〕

2 過去完了

「現在完了」は、過去の出来事や状態が現在に何らかの影響を及ぼしているものでしたが、それがそのまま過去にシフトしたようなものが「過去完了」です。

〔過去完了の基本〕
　ある過去の時点よりも前の過去の出来事や状態が、その過去の時点に何らかの影響を及ぼしている。

〔過去完了と現在完了のイメージ〕

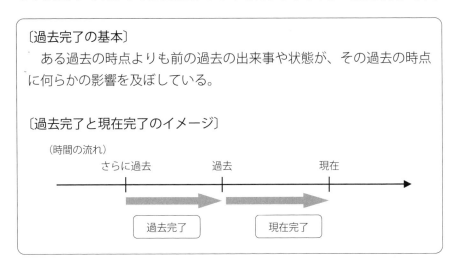

現在完了と同様に右の Point 1 のような用法があります。

例文③で説明すると、下図のようになります。

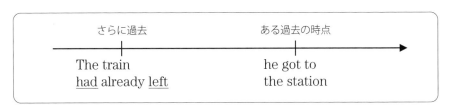

　この文では、和訳すると右の通りですが、その意味するものは、そのとき「彼は電車に乗りそこなってがっくり落胆していた」とか、「一人駅に立ち尽くしていた」とか、何らかその過去の時点とのつながりが含まれているのです。具体的にはそれぞれの文脈によりますが。

② ▶ 過去完了

Point 1

> 〔過去完了…〈had ＋過去分詞〉〕
> ある過去の時点よりも前の過去の出来事や状態が、
> その過去の時点に何らかの影響を及ぼしている。

① 継続用法
「（ずっと）〜していた」
過去のある時点までの状態の継続を表す。
主に状態の意味を含む動詞がこの用法になる。
（動作動詞の継続を表すには過去完了進行形を使う。）

② 経験用法
「〜したことがあった」
過去のある時点までに経験していたことを表す。

③ 完了・結果用法
「〜したところだった、〜してしまっていた」
過去のある時点までに完了していることや結果を表す。

① I had been there for two hours before he came.

（彼が来るまで私は2時間ずっとそこにいた。）

② I knew him because I had met him many times.

（何度も彼に会ったことがあったので、私は彼を知っていた。）

③ The train had already left before he got to the station.

（彼が駅に着く前に、電車はもう出発してしまっていた。）

なお、過去完了には右のような Point 2 の用法も多くの参考書には挙げられています。

　しかし、この「大過去」という用法は過去完了の前述の①〜③の用法の別の面を述べただけで、もともとの過去完了の意味を改めて述べたに過ぎないのではないかと考えられます。

I lost the bag that my father <u>had bought</u> for me the day before.
（前日に父が私に買ってくれたそのカバンを私は失くした。）

　上の例文でいうと、「カバンを買ってくれた」というのは完了・結果用法ととらえることもできますので、そしてそれは「カバンを失くした」ことよりも前の出来事であるのは当然なことです。

　つまり、大過去も過去完了のイメージとしては他の用法と同じものだと考えられる、ということです。

　さらに、この大過去は、その動作・出来事の順序をはっきりさせる必要があるとき以外は使う必要はありません。つまり、Point 3 のようになります。

　とすると、わざわざ「大過去」という用語を作る必要はあるのか、と思うのです。

　さて、過去完了については、右の Point 4 のような表現にも注意が必要です。

　ちなみに、過去完了によく使われる before と ago の違いは Point 5 のようになり、過去完了では、ago ではなく before を使うことに注意しましょう。

まとめ note

Point 2

大過去…ある過去の動作・出来事が他の過去の動作・出来事よりも
以前に行われたことを表す。

Point 3

① 出来事が起きた順に並べられている場合は、過去形で並べれば
よい。

② after、before などの接続詞があり、前後関係が明白な場合は
過去形が使われることが多い。

① I woke up at six, ate breakfast, and went to school.
（私は6時に起きて、朝食を食べ、学校へ行った。）

② After I took a bath, I went to bed.
（お風呂に入ってから私は寝た。）

Point 4

expect、hope、intend、think、want、mean などの過去完了は、
実現しなかった期待・願望を表す。

I had intended to finish the work.
（私はその仕事を終えるつもりだった（が、できなかった）。）

Point 5

ago   …「今」を基準にして「～前」。過去形とともに用いる。

before …「過去のある時点」を基準にして「～前」。過去完了とと
もに用いる。

3 未来完了

「現在完了」は、過去の出来事や状態が現在に何らかの影響を及ぼしているものでしたが、それがそのまま未来にシフトしたようなものが「未来完了」です。

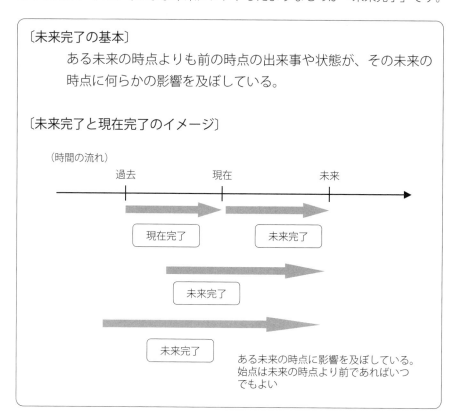

〔未来完了の基本〕
　　ある未来の時点よりも前の時点の出来事や状態が、その未来の
　　時点に何らかの影響を及ぼしている。

〔未来完了と現在完了のイメージ〕

（時間の流れ）

過去　　　　　　現在　　　　　　未来

現在完了　　　　　未来完了

未来完了

未来完了

ある未来の時点に影響を及ぼしている。
始点は未来の時点より前であればいつ
でもよい

そして、現在完了や過去完了と同じように、右ページの Point 1 のような用法があります。

ただし、未来完了は助動詞・動詞が3つ並ぶ少し重い表現なので、くだけた言い方ではほとんど未来時制や現在完了で代用します。
あまり使われることが多くない表現で、特に、経験を表す用法はごくまれにしか使われません。

③ 未来完了

Point 1

〔未来完了… 〈will have ＋過去分詞〉〕
　　　　　　ある未来の時点までの動作・状態の完了・結果、経験、
　　　　　　継続を述べる表現。

① 完了・結果用法
　「〜しているだろう、〜してしまっているだろう」
　未来のある時点までに完了していることや結果を表す。

② 経験用法
　「〜したことになるだろう」
　未来のある時点までに経験していることを表す。

③ 継続用法
　「（ずっと）〜していることになるだろう」
　未来のある時点までの状態の継続を表す。

① The lake <u>will have frozen</u> by tomorrow morning.
　（明日の朝までには湖は凍っているだろう。）

② I<u>'ll have been</u> to Kyoto five times if I go there again.
　（今度京都に行ったら、5 回行ったことになるだろう。）

③ By next Friday, he <u>will have lived</u> here for three years.
　（次の金曜日で彼はここに 3 年間住んでいることになるだろう。）

4 ▶ 完了進行形

　完了時制の進行形には、①現在完了進行形、②過去完了進行形、③未来完了進行形がありますが、まず、現在完了進行形は Point 1 のようになります。

She <u>has been painting</u> the wall. （彼女は壁にペンキを塗り続けていた。）

　ただ、上のような例文で開始時期や継続期間が明示されていない場合は、「塗り続けていた」などのように動作が直前に終了したことを表すのがふつうとされています。その場合も、だから今、服がペンキで汚れているのです、などといった今とのつながりがあるのが通常です。

　また、日本語では同じ「ずっと〜している」でも、動詞の種類によって次のように使い分けることになります。

```
「ずっと〜している」
　動作を表す動詞　→　現在完了進行形
　状態を表す動詞　→　現在完了・継続用法
```

　これは基本的には、「状態を表す動詞は進行形にできない」というところからきています。

　過去完了進行形や未来完了進行形は、それぞれ Point 2　Point 3 のようになります。

　また、未来完了進行形は形が〈will have been 〜 ing〉と重い感じなのと、これを使う状況はきわめて少ないために、実際に用いられることはまれなようです。

　一応、こうした形があるのは知っておきましょう。

4 完了進行形

Point 1

〔現在完了進行形〈have［has］been ～ ing〉〕
「～し（続け）ている」「～し（続け）ていた」
過去のあるときから現在まで続いてきた動作・出来事を表す。今後も続くことを暗示する場合もあり、直前に終了したことを表す場合もある。

He <u>has been reading</u> this book since nine o'clock.
（彼はこの本を9時からずっと読み続けている。）

Point 2

〔過去完了進行形〈had been ～ ing〉〕
「～していた」「～し続けていた」
ある動作や出来事が過去のある時点まで続いていたことを表す。

He rose from the sofa where he <u>had been sitting</u>.
（彼は（それまで）座っていたソファから立ち上がった。）

Point 3

未来完了進行形〈will have been ～ ing〉
「～し（続け）たことなるだろう」
未来のある時点までの動作・出来事の継続を表す。

He <u>will have been studying</u> math for six years by next April.
（今度の4月で彼は6年間数学を勉強し続けたことになるだろう。）

5 時制の一致

　過去完了を含めた完了形についてはここまででひと通り説明しましたので、次に「時制の一致」について述べたいと思います。

　「時制の一致」とは、なにやら難しそうな雰囲気で、どうしてこうも少しもったいぶったような、難しい用語が文法用語には多いのだろうかと思ってしまうのですが、これを中学校では「主節が過去形のときは従属節も過去形になる」と説明します。

　と説明されても、どうしてそうなるのか理由は言わずで何のことやらわからん、という中学生が多いのですが、実はこれは表面的な現象を述べているだけで、本質的な内容は説明していません。説明するには過去完了を知っている必要があり、過去完了は高校の内容だからです。

　もっと全体的に見て、英語の時制に関する内容で重要な要点は、右ページのPoint 1のようになります。

　つまり、英語では、「過去のことは過去形で述べて、その過去よりも前のことは過去完了で表す」という単純なことになるのです。

　右のPoint 2に掲げた図（ここでは時系列で考えますが）をもとに説明しますと、①では私が「思う」のも彼が「忙しい」のも現在です。②では私が「思う」のは現在ですが、彼が「忙しかった」のは過去です。ここまでは問題ないでしょう。

　③では私が「思った」のは過去ですが、彼が「忙しい」のも過去なのです。日本語では「忙しい」となりますが、英語はwasとなります。ここが「英語は過去のことは過去形で述べる」ということなのです。

　さらに、④では私が「思った」のは過去ですが、彼が「忙しかった」のは、「思った」時点の過去よりももっと前の過去のことです。「過去よりも前のことは過去完了で表す」とはこういうことです。

　この③のケースを「時制の一致」と呼んでいるわけですが、なぜそうなるのかは以上の通りで、こうした本質を理解しておくことが必要です。

　そして、この本質的な理解は、次に出てくる「時制の一致の例外」といわれるものを理解することにもつながります。

5 時制の一致

Point 1

① 主節が過去形で従属節が過去形なら、それは同じ過去の時点の
ことがらを表している。

② 主節が過去形で従属節が過去完了なら、従属節は主節の表す時
よりも前のことがらを表す。

Point 2

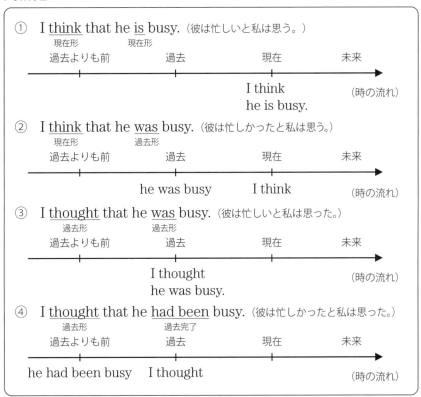

① I think that he is busy. （彼は忙しいと私は思う。）

② I think that he was busy. （彼は忙しかったと私は思う。）

③ I thought that he was busy. （彼は忙しいと私は思った。）

④ I thought that he had been busy. （彼は忙しかったと私は思った。）

基本的な時制の考え方は先に述べたとおりですが、これに当てはまらないとされるものを「時制の一致の例外」として、右の Point 3 のように多くの参考書などでは述べています。

　つまり、主節の動詞が過去形でも、「太陽は東から昇る」などの「① 一般的真理」や「毎週日曜日にはテニスをします」といった「② 現在の習慣的動作」が従属節になっている場合は、動詞は現在形にする、ということです。

　しかし、「現在形」が右の Point 4 にあるように「話し手や書き手が、はっきりした事実、確実なことがらだと思っていることを表す形で、「目の前にある」ぐらい確かな感じ」だと考えると、従属節に現在形を使うことは自明の理であって、何も例外とする必要がありません。

　③の「歴史上の出来事」についても、過去形のままでいいというのは、「過去形」は Point 5 に示すとおり「目の前にはないようなことを表す形」と考えれば、理解できます。

　加えて、Point 6 にあるように過去完了は特に必要がなければ使わなくてもよい形だということでした。その動作・出来事の順序をはっきりさせる必要があるとき以外は使う必要がありません。
　こうしたことからも、歴史上の出来事については過去形のままでいいということが言えるのです。

　④の仮定法が時制の一致を受けないということについては、少しややこしいので、「14．仮定法」で詳しく説明します。

　以上から考えると、「時制の一致」という用語も、そしてそこから出てくる「時制の一致の例外」という項目も、時制の根本を理解していれば、実は不要な用語なのです。

Point 3

〔時制の一致の例外〕
　主節が過去形になっても、従属節は…
① 一般的真理　　　　…現在形のまま
② 現在の習慣的動作　…現在形のまま
③ 歴史上の出来事　　…過去形のまま
④ 仮定法　　　　　　…そのままでいい

Point 4

現在時制（現在形）
　話し手や書き手が、はっきりした事実、確実なことがらだと思っ
ていることを表す形。「目の前にある」ぐらい確かな感じ。

Point 5

過去時制（過去形）
　話し手や書き手が、頭の中に思い浮かんでいることがらで、「目の
前にはない」ように感じることを表す形。
　過去のことも表すし、事実と違う空想も表すし、控えめで丁寧な
感じも表す。

Point 6

〔過去完了が不要なケース〕
① 出来事が起きた順に並べられている場合は、過去形で並べれば
　よい。
② after、before などの接続詞があり、前後関係が明白な場合は
　過去形が使われることが多い。

04 受動態

1 受動態の基本

では、まず受動態の基本、右の Point 1 を押さえていきましょう。

　通常使っている例文①のような「(主語)は〜する」などの文(これを「能動態」といいます)に対して、例文②のような「(主語)は〜される、〜されている」という意味の英文を「受動態(受け身)」といいます。

　また、受動態の文で「〜によって(…される)」と動作を行う人(動作主)を示す場合は、例文②のように後ろに〈by 〜〉を置くことになります。
　ただし、動作を行う人を示す必要がないときや、動作を行う人がはっきりしないときは、〈by 〜〉は省かれます。

　また、受動態で、現在や過去の内容を表すときは、右ページの Point 2 に示すように be 動詞で表しますが、未来の内容については will などを付けて表すことになります。

　さて、中学校などで受動態を学習するときに、初めて過去分詞が出てきますので、そのとき、過去分詞は「〜された、〜されている」と受け身の意味だと思ってしまいますが、実は、過去分詞は、基本的にはもともとは「完了・完結した状況」を意味しているものだと考えます。

　なぜなら、もしそうでなければ、完了形で過去分詞が使われる道理がないからです。「〜した、〜してしまった」という完了・完結の状況を have「持っている」のが現在完了だからです。
　そして、「〜した、〜してしまった」という「完了・完結の状況」は見る方向を変えると、「〜された、〜されている」という「受動」の意味にもなるからです。ここらへんは詳しくは、「9. 分詞構文」で述べています。

　こうした「完了・完結・受動」を表す過去分詞と、もともと「存在」を表す be 動詞の組合せで、Point 3 のように「完了・完結した状況で存在している」というのが本来の意味だと考えています。

まとめ note

1 受動態の基本

Point 1

受動態の形　〈be 動詞＋過去分詞〉
　　意味　「〜される、〜られる」〔動作〕
　　　　　「〜されている、〜られている」〔状態〕
　　動作主の表し方　〈by 〜〉「〜によって」

① I use this car.（私はこの車を使います。）〔能動態〕
② This car is used by me.〔受動態〕
　（この車は私に使われています。）

Point 2

〔受動態の時制〕
① 現在：〈is / am / are ＋過去分詞〉「〜される」
② 過去：〈was / were ＋過去分詞〉「〜された」
③ 未来：〈will be ＋過去分詞〉「〜されるだろう」

① 〔現在〕The car is used by Tom.（その車はトムに使われています。）
② 〔過去〕The car was used by Tom.（その車はトムに使われました。）
③ 〔未来〕The car will be used by Tom.
　　　　　（その車はトムによって使われるでしょう。）

Point 3

This car　　was　　repaired　　yesterday.
（この車）　（〜だった）（修理が完結した状況）　（昨日）
　　　　　〔存在〕＋〔完了・完結の状況〕
→（この車は昨日、修理されました。）

受動態の否定文や疑問文は、右ページの Point 4 のように be 動詞の文の否定文・疑問文の作り方と同じです。基本中の基本ですね。

また、助動詞を含む受動態は Point 5 のようになっています。助動詞が be 動詞よりも前に置かれます。そして、助動詞の後は動詞の原形ですから、be 動詞は be のままです。

さらに、受動態の進行形は、Point 6 のようになります。

Point 2 は、受動態の基本形の時制だけでしたが、進行形や完了形も含めた受動態の時制をまとめると、下のようになります。

〔受動態の時制のまとめ〕

受動態 基本形	現在	is / am / are ＋過去分詞	～される
	過去	was / were ＋過去分詞	～された
	未来	will be ＋過去分詞	～されるだろう
受動態 進行形	現在	is / am / are ＋ being ＋過去分詞	～されている
	過去	was / were ＋ being ＋過去分詞	～されていた
	未来	will be ＋ being ＋過去分詞	～されているだろう
受動態 完了形	現在	have / has been ＋過去分詞	～されている
	過去	had been ＋過去分詞	～されていた
	未来	will have been ＋過去分詞	～されているだろう

まとめ note

Point 4

> ① 否定文…〈主語＋ be 動詞＋ not ＋過去分詞～ .〉
> ② 疑問文…〈be 動詞＋主語＋過去分詞 ～ ?〉

① The car is <u>not [isn't]</u> sold at that store.
（その車はあの店で売られていません。）

② <u>Was</u> the picture taken by Tom?
（その写真はトムによって撮られましたか。）

Yes, it was. （はい、撮られました。）

No, it wasn't. （いいえ、撮られませんでした。）

Point 5

> 助動詞を含む受動態：〈助動詞＋ be ＋過去分詞〉

Old houses <u>can be seen</u> from here. （古い家々がここから見られる。）

Point 6

> 受動態の進行形：〈be 動詞＋ being ＋過去分詞〉
> 　　　　「（今）～されているところだ」
> 　　　主語が動作を受けている最中であることを表す。

A new building <u>is being built</u> now. 〔受動態の現在進行形〕

（今、新しいビルが建てられているところだ。）

A new building <u>was being built</u> then. 〔受動態の過去進行形〕

（そのとき、新しいビルが建てられているところだった。）

② 受動態と文型

　受動態の基本では、〔主語＋動詞＋目的語〕（SVO）の第3文型を中心にしていますが、ここからは、第4文型、第5文型の受動態はどうなるのか、という話です。

　まず、文型のところで学習した、give、tell、teach、show などの動詞を使った第4文型〔主語＋動詞＋目的語＋目的語〕（SVOO）では、目的語が2つあるので受動態は右ページの Point 1 の⑴のように2通りが可能です。

　ただし、②の例文のように、目的語の the pen を主語にした場合は、人の me の前に「～に」をはっきり示すために〈to ～〉が置かれることがあります。

　このように2通り作れますが、実際には「人」を主語にした受動態が好まれる傾向にあります。

　しかし、⑵のように、buy、make、get などの「人」と「もの」を入れ替えたときに「人」の前に for を置く動詞では、「人」を主語にした②のような受動態は「私が作られた」というような感じを与えるために不自然な文とされますので、使わないほうが無難です。

　第5文型〔主語＋動詞＋目的語＋補語〕（SVOC）の受動態は、Point 2 のように目的語を主語にして作ります。この文型の補語はもちろん目的語を説明する語なので受動態の主語にはできず、そのまま過去分詞の後に残ることになります。

2▶ 受動態と文型

Point 1

第 4 文型の受動態は 2 通り可能。

(1) My uncle gave me the pen. 〔能動態〕

（私のおじさんは私にそのペンをくれました。）

① 目的語の me を主語にした場合

I was given the pen by my uncle. 〔受動態①〕

（私は私のおじによってそのペンを与えられました。）

② 目的語の the pen を主語にした場合

The pen was given (to) me by my uncle. 〔受動態②〕

（そのペンは私のおじによって私に与えられました。）

(2) My aunt made me cookies. 〔能動態〕

（私のおばは私にクッキーを作ってくれました。）

① 目的語の cookies を主語にした場合

Cookies were made for me by my aunt. 〔受動態〕

（クッキーが私のおばによって私のために作られました。）

② 目的語の me を主語にした場合

I was made cookies by my aunt. ←〔不自然な文〕

Point 2

第 5 文型の受動態は目的語を主語にして作る。

Tomoko calls the dog Ken. 〔能動態〕

（友子はその犬をケンと呼びます。）

The dog is called Ken by Tomoko. 〔受動態〕

（その犬は友子にケンと呼ばれています。）

使役動詞の make は能動態では、「5 文型」のところで述べたように〈主語＋make ＋目的語＋動詞原形〉で「主語は目的語に〜させる」という意味を作りますが、これを受動態にするには、右ページの Point 3 にあるように能動態の目的語を主語にして作ることになります。

　そのときに、動詞原形の前に to が必要なことに注意してください。つまり、能動態のときの動詞の原形を受動態では不定詞にするということです。

　ただし、使役動詞の have や let は Point 4 にあるように、通例、受動態にはしませんので注意しましょう。

　see や hear、feel などの知覚動詞は能動態では、〈主語＋知覚動詞＋目的語＋動詞原形〉の形で「（目的語）が〜するのを見る［聞く、感じるなど］」の意味になりますが、これを受動態にするには、能動態の目的語を主語にして、Point 5 ①にあるような形になります。

　ここでもやはり、動詞原形の前に to が必要、つまり不定詞になることに注意してください。

　なお、〈知覚動詞＋目的語＋現在分詞〉の受動態では、Point 5 ②にあるように、現在分詞はそのまま知覚動詞の過去分詞の後に置かれることになります。

　なぜ受動態にすると、能動態では動詞の原形だったものが〈to ＋動詞原形〉にしないといけないのか、という疑問ですが、もともと、15 世紀頃以降の英語では、使役動詞も知覚動詞も〈動詞＋目的語＋ to ＋動詞の原形〉という形で使われていたということです。しかし、時とともに、人間が使う言葉ですので、頻繁に使うものは簡単な言い方をするようになって、動詞 help もその一例ですが、やがて to が脱落していったようです。

　能動態のように〈動詞＋人＋動詞の原形〉という語順だと〈人＋動詞の原形〉の部分に「主語＋動詞」の意味が感じられるから可能なのかもしれませんが、〈be動詞＋過去分詞〉の後に動詞の原形を置くと、過去分詞と動詞の原形のつながりがわからないので、もともとあった不定詞の to を復活させて置かざるを得ないのではないかと考えられます。

まとめ note

Point 3

〔使役動詞 make の受動態〕
〈主語＋ be made to ＋動詞原形〉　　「主語は〜させられる」

Mike <u>made</u> <u>me</u> <u>repeat</u> the story.〔能動態〕
(マイクは私にその話を繰り返させた。)

I <u>was made to</u> repeat the story by Mike.〔受動態〕
(私はマイクにその話を繰り返させられた。)

Point 4

使役動詞の have や let は受動態にしない。

Point 5

〔知覚動詞の受動態〕
① 〈主語＋ be 動詞＋知覚動詞の過去分詞＋ to ＋動詞原形〉
「主語は〜するのを見られる〔聞かれる、感じられるなど〕」
② 〈知覚動詞＋目的語＋現在分詞〉の受動態では、現在分詞はそのまま残る。

① Alex <u>saw</u> <u>me</u> <u>go</u> out of the room.〔能動態〕
(アレックスは私がその部屋から出て行くのを見た。)

I <u>was seen to</u> go out of the room by Alex.〔受動態〕
(私はアレックスにその部屋から出て行くのを見られた。)

② Tom <u>heard</u> <u>me</u> <u>singing</u> the song.〔能動態〕
(トムは私がその歌を歌っているのを聞いた。)

I <u>was heard</u> singing the song by Tom.〔受動態〕
(私はトムにその歌を歌っているところを聞かれた。)

不定詞で出てくる重要表現〈tell ～ to …〉「～に…するように言う」や〈ask ～ to …〉「～に…するように頼む」などの受動態は、右の Point 6 にあるように目的語を主語にして、〈be 動詞＋過去分詞〉の後に to 不定詞を続ける形になります。

　そして、ここには不定詞の原義「→」（矢印）が感じられます。
　「6. 不定詞」の章で述べますが、不定詞の to は、つまり前置詞の to ですが、この to は基本的には「到達することを前提とした方向」を示していて、イメージとしては「→」、つまり「矢印」なのです。要するに、不定詞は、「～する動作やしている状態への到達やそこへ向かうこと」を表しているのです。

　つまり、①の受動態の例文でいうと「私は外で待つという方向に向かうように言われた」というのがもともとの感覚だと思われます。

　さて、世間一般の人を表す they を使った表現の〈They say that ～〉「～と言われている」の文では、Point 7 のように 2 種類の受動態が作れます。そして、この形をとれる動詞は他に、say、think、consider、suppose、believe などがあります。

　なお、「～だったと言われている」を、②の構文で言うときは下の例文のように〈S is said to have ＋過去分詞 ～ .〉の形になります。

　つまり、to の後に完了形を持ってくることで主節の動詞より前のことを表すということです。

The famous actor is said to have lived in this house.
（有名な俳優がこの家に住んでいたと言われている。）

　また、〈take care of ～〉「～の世話をする」などの連語を含む受動態は、Point 8 にあるようにその形を崩さずに、be 動詞＋過去分詞を作って受動態にします。

まとめ note

Point 6

> ① 〈～ be told to …〉「～は…するように言われる」
> ② 〈～ be asked to …〉「～は…するように頼まれる」

① She <u>told</u> <u>me</u> <u>to wait</u> outside.〔能動態〕
（彼女は私に外で待つようにと言った。）

I <u>was told to wait</u> outside by her.〔受動態〕
（私は彼女に外で待つようにと言われた。）

② He <u>asked</u> <u>me</u> <u>to clean</u> this room.〔能動態〕
（彼は私にこの部屋をそうじするよう頼んだ。）

I <u>was asked to clean</u> his room by him.〔受動態〕
（私は彼にこの部屋をそうじするよう頼まれた。）

Point 7

> 〔〈They say that ～〉「～と言われている」の受動態〕
> ① It is said that S V ～ .
> ② S is said to do ～ .
>
> ※（S は「主語」、V は「動詞」を表しています。）

They <u>say that</u> the name comes from Spanish.〔能動態〕
（その名前はスペイン語から来ていると言われている。）

① <u>It is said that</u> the name comes from Spanish.

② The name <u>is said to</u> come from Spanish.

Point 8

> 連語の受動態は、その形を崩さずに be 動詞＋過去分詞を作る。

The baby <u>was taken care of</u> by Nancy.
（その赤ちゃんはナンシーによって面倒を見られた。）

③ 受動態の慣用表現

　形は〈be 動詞＋過去分詞〉で受動態になっているが、その後に by 以外の前置詞が続き、ほとんど慣用表現になっているものとして、右ページの Point 1 のようなものが挙げられます。

　③の〈be born in 〜〉の born は、bear「生む、命を与える」の過去分詞です。つまり、「〜で［に］命を与えられる」というのが直訳で、日本語らしくして「〜で［に］生まれる」の意味になります。

　「〜に知られている」は⑤の be known to 〜で、⑧の be known by 〜とすると間違い、と昔はされていましたが、『オーレックス英和辞典』によると、現在では、〈be known by 〜〉も「〜に知られている」という意味でよく使われている、ということです。

　ことばは日々変化していくものなので、常にアップデートしていくことが必要ですね。

　⑨の〈be made of 〜〉（〜で作られている）の〈材料〉というのは、目で見て何でできているかわかる場合、つまり材質が化学変化していない場合のことをいい、⑩の〈be made from 〜〉（〜で作られている）の〈原料〉というのは、目で見て何でできているかわからない場合、つまり材質が化学変化していることを表しています。これは下図のような of と from のイメージの違いから来ています。

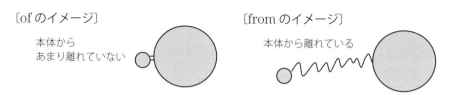

〔of のイメージ〕
本体から
あまり離れていない

〔from のイメージ〕
本体から離れている

　さて、日本語と違って英語では、「喜ぶ」や「怖がる」などの感情を表す動詞のほとんどは、「〔物事が〕〔人を〕〜という心理状態にさせる」という発想になっています。これを、人を主語にして「〔人が〕〜という気持ちになる」の文を作るときは「〔人が〕〜という気持ちにさせられる」と考えて、受動態の文になります。

　そうした受動態の表現には Point 2 のようなものがあります。

3 受動態の慣用表現

Point 1

①	be covered with ～	「～でおおわれている」
②	be filled with ～	「～でいっぱいである」
③	be born in ～	「～で［に］生まれる」
④	be killed in ～	「～（事故・戦争など）で亡くなる」
⑤	be known to ～	「～に知られている」
⑥	be known as ～	「～として知られている」
⑦	be known for ～	「～で知られている」
⑧	be known by ～	「～で判断される、～に知られている」
⑨	be made of ～	「～で作られている〈材料〉」
⑩	be made from ～	「～で作られている〈原料〉」
⑪	be made into ～	「～（加工されて）～になる」
⑫	be caught in ～	「～（にわか雨など）にあう」

Point 2

①	be satisfied with ～	「～に満足している」
②	be pleased with ～	「～に喜んでいる」
③	be interested in ～	「～に興味を持っている」
④	be disappointed at ～	「～にがっかりしている」
⑤	be worried about ～	「～を心配している」
⑥	be absorbed in ～	「～に没頭している」
⑦	be convinced of ～	「～を確信している」
⑧	be annoyed at ［about］～	「～にいらいらしている」
⑨	be scared of ～	「～を怖がっている」
⑩	be surprised at ～	「～に驚いている」
⑪	be amazed at ～	「～に驚いている」

05 助動詞

① will、would、be going to

　英語に「未来形」はありません。

　というと、will や shall、be going to が「未来形」じゃないか、とおっしゃる方もいるかもしれませんが、これらはよく考えたら、話し手がこれから先、こうなるだろうと思っている、発話時の気持ち、つまり「現在形」なのです。助動詞は、発話時の話者や筆者の「気持ち」なのです。

　さて、まず will ですが、これは右の Point 1 のようになるとされています。それぞれの訳語は知っておいたほうがいいかもしれません。

　①はいわゆる「意志未来」、②は「単純未来」と言われるものですが、私、この区別もあまりこだわる必要はないと思います。

　『実践ロイヤル英文法』にも「判然と区別しにくいものがある」「「意志」か「無意志」かというような区別にこだわる必要はない」とあります。

　昔、「3 人称主語には意志未来はない」、つまり、「3 人称だと will は『～するつもりだ』とは絶対に訳さない」と豪語した、ある有名進学塾の英語講師がいたので、唖然としたことを覚えていますが、これは間違いです。

　He will have his own way.〔he の意志〕
　（彼はどうしても自分の思いどおりにやろうとする。）

　上のような例文を『英文法詳解』でも挙げていますし、「will は 1 ～ 3 人称を通じて、単純未来・意志未来の両方の意味に用いられる」とあります。

　また、「純粋に単純未来または意志未来の例はむしろまれで、2 つの用法がまじり合っていて判断に迷う場合が少なくない」とも書かれてあります。

　要するに文脈判断であって、こうしたことからも「単純未来」「意志未来」ということばは、あまりこだわる必要のない文法用語でしょう。

　なお、③の「主語の義務」は話者の推測が強まって「決めつけ」になったところから生じたと考えられます。

　④⑤⑥は「主語の意志」から派生したと考えられるでしょう。

まとめ note

1 ▸ will、would、be going to

Point 1

〔will の用法〕

① 主語の意志「～するつもりだ」
　　　　　　　　（その場で（急に）決断した意志）

② 未来に関する単純な推測「～するだろう」「～でしょう」

③ 主語の義務「（彼らは）～しなければならない」
　　　　　　「（あなたには）～していただきます」
　　　　　　（※主に 2 人称、3 人称主語の文に使われる。）

④ 主語の拒絶「なかなか～しようとしない」
　　　　　　（※ 3 人称主語の否定文に多い。）

⑤ 主語の習性・傾向「きまって～する」
　　　　　　「よく～することがある」

⑥ 勧誘・依頼「～しませんか」「～してくれませんか」

① I <u>will</u> do my best. （私は全力を尽くすつもりだ。）

② It <u>will</u> rain this afternoon. （今日の午後は雨が降るでしょう。）

③ You <u>will</u> take the medicine three times a day.
（あなたは 1 日 3 回その薬を飲まなければならない。）

④ This window <u>will</u> not shut.
（この窓はなかなか閉まろうとしない。）

⑤ Oil <u>will</u> float on water. （油は水に浮くものだ。）

⑥ <u>Will you</u> have some more tea? （もっとお茶を飲みませんか。）
<u>Will you</u> turn off the radio? （ラジオを消してくれませんか。）

前の頁で「英語には「未来形」はありません」と述べましたが、昔、学生のときに〈will＋動詞の原形〉で未来形になると教えられた後、wouldはその未来形の過去形だ、と言われて？？？となったことを覚えています。

　未来形の過去形なら、未来に行って戻ってくるのか？じゃあ、現在に戻ってきてるの？タイムマシーン？映画『Back to the Future』なんかの世界か？なんて思ったものです。
　こんなところも英語ギライを生み出してきた英文法の欠陥ではないでしょうか。

　そもそも、〈will＋動詞の原形〉を「未来形」とするところに混乱の原因があると私は考えます。この形で未来に関しての話者や筆者の思いを述べることはできますが、willはあくまで現在形で、これから先、こうなるだろうと思っている、発話時の気持ちなのです。

　「時制」や「仮定法」のところでも述べていますが、ここでも「現在形」と「過去形」の名が体を表していないことからくる混乱があるのです。

　現在形は、現在の習慣や事実、確定した未来などに使われるので、心の中心にあって、確定性、明確性の気持ちがある変化形です。
　過去形は、過去の出来事や現在の空想、控えめな丁寧表現に使われるので、心の中では断定的ではなくぼやかした、少し曖昧な、心の中心からは少し離れた変化形なのです。Point 3はその心の中のイメージ図です。

　ですから、ざっくり言うとwillの過去形wouldは、willを弱めたものだと言うことができるでしょう。詳しいwouldの用法はPoint 2のようになります。こうした訳語は知っておいたほうがいいです。
　そして「現在形」と今呼ばれているwillも「過去形」と呼ばれているwouldも、実は話し手や書き手の「発話や文を書いた時点での気持ち」なのです。ただ、wouldのほうがwillよりも弱い気持ちになるということです。

　こうした説明を、私が学生のときに英語の先生がしてくれていたら、そのとき私はいくらか悩まずに済んだでしょう。タイムマシーンがあったらそのときに戻ってみたいぐらいです。

Point 2

〔would の用法〕

① 過去の意志・推測「～するつもりだ」「～だろう」

② 過去の習慣「(よく) ～したものだった」

③ 過去の強い意志「どうしても～しようとした」

　　　　(否定文で)「どうしても～しようとしなかった」

④ 丁寧な依頼・勧誘「～していただけますでしょうか」

⑤ 現在の弱い推量「たぶん～だろう」

① He said that he <u>would</u> do his best.

（ベストを尽くしますと彼は言った。）

② He <u>would</u> often go fishing in the river when he was a child.

（子どものころ彼はよく川へつりに行ったものだった。）

③ His son <u>wouldn't</u> listen to his advice.

（彼の息子はどうしても彼の忠告を聞こうとしなかった。）

④ <u>Would</u> you call me tomorrow morning?

（明日の朝、電話していただけますでしょうか。）

⑤ That <u>would</u> be a great idea.

（それはたぶんすごい考えでしょう。）

Point 3

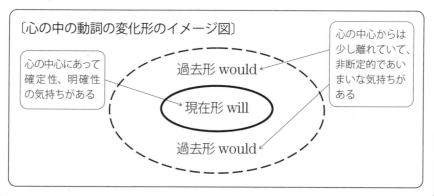

〔心の中の動詞の変化形のイメージ図〕

心の中心からは少し離れていて、非断定的であいまいな気持ちがある

心の中心にあって確定性、明確性の気持ちがある

過去形 would

現在形 will

過去形 would

05　助動詞

will や would も含めて、助動詞の用法の原則は、基本的には右の Point 4 のようになります。

　また、助動詞 will は、その場で急に決断した意志で「よし〜しよう」とか「〜するつもりだ」となるものでしたが、これに関連する表現で、助動詞ではありませんが、Point 5 に示す〈be going to ＋動詞の原形〉という連語表現がありました。

　これは、以前からすると決めていたことについて「〜するつもりだ、〜することになっている」や、今の状況から未来に起こることがほぼわかっているときに「〜だろう、〜でしょう」などと述べる表現です。なので、次のような場合は〈be going to 〜〉は使えないことになります。

"Someone is knocking on the door."　"OK. I <u>will</u> go and see."
（誰かがドアをノックしている。）　　　　　（わかった。僕が見に行くよ。）

　will と〈be going to 〜〉を書き換えさせる練習問題が、よく中学生向けの問題集には載っていますが、このような違いもあるので、どんな場合でも書き換えができるとは限らないことを覚えておきましょう。

　また、さらに、下の例文のように、〈Will you 〜 ?〉は実質的には依頼や勧誘を表す場合が多いのに、〈Are you going to 〜 ?〉は相手の意志や意図だけをたずねる表現になることが多いので、こうした意味の違いにも気をつける必要があります。

<u>Will you</u> walk in the park?（公園を歩きませんか。）
<u>Are</u> you <u>going</u> to walk in the park?（公園を歩くつもりですか。）

　このような will と〈be going to 〜〉の違いは、ウン十年昔はほとんど目立って言われてなかったのですが、最近はどの参考書にも載っていて、これは英文法が進歩した一つの例だと言えるでしょう。

まとめ note

Point 4

〔助動詞の用法の原則〕

① 助動詞＋動詞原形

② 助動詞＋助動詞は不可　　助動詞どうしは並べられない。

③ 否定文…助動詞＋ not
　　疑問文…助動詞＋主語＋動詞原形

Point 5

〔be going to ＋動詞の原形〕
　　（意味）「～するつもりだ、～だろう、～でしょう」

① 以前からすると決めていたこと

② 今の状況から未来に起こることがほぼわかっていることに使われる表現。

① I <u>am going to</u> play tennis.（私はテニスをするつもりです。）

② It <u>is going to</u> rain tomorrow.（明日は雨が降るでしょう。）

2 shall、should

　助動詞の中で、このshallが、なかなかみんな理解しにくい最難関な助動詞じゃないかと私は思うのです。あんまり出てこないけど、これが長文の中に出てきて、和訳しなさい、と問題個所になっていたら、どうしたらいいの？無視するか？っていう感じで困ってしまう人、割合いるんじゃないかと思うんですけど、どうでしょうか。

　右のPoint 1は参考書などによく書いてあるshallの用法です。たしかにこれではわかりにくい。なんで、こんなにいろんな意味があるの？と思ってしまうのも無理ありません。

　もともと、助動詞shallは「（しかるべく）〜すべし」と〈義務を負っている〉ことを意味する動詞で、そこから「（そのような）定めとなっている」に発展し、さらに未来を表す意味につながったということです。

　生まれはそういうことですが、この〈義務〉は誰が決めたのかということから考えると、どうも「神の意志」や「天の意志」を助動詞shallは表していると考えたほうが理解しやすいのではないかと思います。

　Point 1の①の用法は、今ではほぼ無視していいでしょう。

　②〜⑤は、考えてみれば、全部いっしょです。

　マッカーサーの有名な言葉、I shall return.「私は必ず戻る。」が②の典型例だとされますが、これは結局「（神の意志、天の意志で）そうすることになっているんだ」という強い気持ちで「必ず〜する」と言っていると考えられますし、③は「（神の意志・天の意志で）〜することになろう」、④はまさに「神の意志・天の意志」だから「予言・運命」になりますし、⑤は「神や天、つまり権威者」が決めたものということで、法律や規則に使われると考えられます。これで、わりとすっきりするのではないでしょうか。

　Point 2は、よく知られている、shallを使った定型表現ですが、やはり上に述べたshallの特徴から①〈Shall I 〜 ?〉はもともとは相手を権威ある立場と見た丁寧表現で、②〈Shall we 〜 ?〉は「〜することになっていますよね」といった、丁寧さの中に相手の同意を当然のものとしている響きがある、と説明している参考書もあります。

2 ▶ shall、should

Point 1

〔shall の用法〕

① 1人称主語の単純な未来

（まれ、イギリス英語の一部のみ、古い言い方）

② 1人称主語の決意「必ず（絶対に）〜する」

③ 2・3人称主語での話者の意志　「〜させよう」

「〜することになろう」

④ 予言…運命・神の意志などによる必然、または将来についての
厳粛な予言

⑤ 法律・規則など「〜するものとする」「〜すること」

（現在でも使われている）

① I <u>shall</u> have to sit for the examination.

（私はその試験を受けなければならないでしょう。）

② I <u>shall</u> return. （私は必ず戻ってくる。）

③ You ［he］ <u>shall</u> learn the truth. （あなた［彼］に真実を教えてやる。）

④ All men <u>shall</u> die. （人皆死すべきものなり。）

Point 2

① 〈Shall I 〜?〉　　「（私が）〜しましょうか」

② 〈Shall we 〜?〉　「（いっしょに）〜しましょうか」

① <u>Shall I</u> wash the dishes? （お皿を洗いましょうか。）

　　　Yes, please （do）. （はい、お願いします。）

　　　No, thank you. （いいえ、けっこうです、ありがとう。）

② <u>Shall we</u> play tennis? （テニスをしましょうか。）

　　　Yes, let's. （はい、しましょう。）

　　　No, let's not. （いいえ、やめときましょう。）

05 助動詞

次に、shall の過去形 should ですが、この should、そのほとんどは過去の意味ではありません。ここでも「過去形」という名前が実態を表していないことを示しています。ざっと言えば、should は shall の意味を弱めたものなのです。

　また、「〜すべきだ」と中学で習いますが、実際はそこまで強い意味ではなくて、「〜するほうがいいですよ」という柔らかい表現です。
　これとは逆に〈had better〉「〜しなさい、〜すべきである（しないと大変なことになる）」という表現をなぜか「〜したほうがいい」と中学では長年、教えていました。今も教えているかもしれません。

　どこでどうして、こう入れ違って教え続けてたのかは不明ですが、ある外国人が日本に来て間もないときに、会社の先輩といっしょに生活用品を買いに行くと、その先輩から何度も "You had better buy this 〜 " と言われたそうです。
　後になって、先輩は優しいアドバイスのつもりで言っていたのだとわかったそうですが、当時は無理やり買い物をさせられた気持ちになったということでした。

　こうした気持ちの行き違いを生み出したのは、これも日本で教えていた英文法が未完成だったから、ということではないでしょうか？
　先輩の優しい気持ちをその外国人が後でわかって大事にはならなかったようですが、ひょっとしたら犬猿の中になっていた可能性だってあったかもわからないのです。その先輩が学生だったときに、間違えたことを教えた罪が当時の英語の先生、いや当時の英文法にはあるでしょう。

　さて、話を should に戻すと、その他の用法も含めてまとめると、右ページの Point 3 のようになります。

　特に、②「推量」の「〜するはずだ」は高校で出てくるのですが、意外とみんなこれを知らないことが多く、また、英文にはまずまず出てくることも多いので、ここでしっかり覚えておきましょう。

まとめ note

Point 3

〔should の用法〕

① 義務・忠告　「〜したほうがいい」「〜すべきだ」
　　　　　　　「〜するのは当然だ」

② 推量　　　　「〜するはずだ」「たぶん〜だ」

③ 主観的判断や感情の強調　「〜する（した）とは」
　　　　　　　　　　　　　「〜する（した）なんて」

④ 提案・要望・命令・決定などの表現

① You <u>should</u> read this book.
（あなたはこの本を読んだほうがいい。）

② This book <u>should</u> be useful.
（この本は役に立つはずだ。）

③ It is lucky that the weather <u>should</u> be so nice.
（天気がこんなにいいなんてついている。）

④ It is important that he <u>should</u> learn to control his temper.
（彼が自分の感情を抑えられるようになることは重要だ。）

前のページ Point 3 の③「主観的判断や感情の強調」は「感情の should」とも言われているもので、詳しくは右の Point 4 のようになるのですが、この構文では It は仮の主語で that 以下を受けています。

　しかし、この構文でなぜここに should が入ってくるのか、なかなかわかりません。
　ほとんどの参考書ではこの現象は説明していても、なぜそうなるのかは解説してくれていないのがふつうです。
　ただ、覚えなさい、という感じで、学習者にとってはこういう部分が英文法はわからんな、という印象を与えてしまうところなようです。

　ですが、考えてみると、ここでも元の shall の「神の意志」「天の意志」といったイメージが働いていると思われるのです。

　自分の意志ではなく、元が神の意志・天の意志を表す shall を弱めた形の should なので、「自分では思いもせず（神の意志によって）こうなった」「そうとは自分の気持ちとしては思っていないのに（天の意志なのか）こうなっている」などといった、多少なりとも驚きの気持ちを表していると思われるのです。
　幾分なりとも予想外、想定外な気持ちがこの should で表されているのでしょう。

　仮に、ここに will や would を入れるとすると、その場合、話者は「誰それが〜するだろう」と予測・想定していたことになり、この表現の文意には合わないことになります。

　ただし、この形の文でも、たんに客観的事実を述べる場合には should を使わず、下の例文のように動詞を通常の形で使います。つまり、この例文では「天気になってよかったぁ！」というような感情は含まれていないことになります。

It is lucky that the weather is so nice.
（天気がこんなによくて運がいい。）

Point 4

③　It is ＋（感情や判断の）形容詞
　　　　　　　　＋ that ＋主語＋ should ＋動詞原形〜
　　「（主語）が〜するなんて…だ」

〔感情や判断の形容詞〕

amazing（驚くべき）　　　disappointing（がっかりさせる）

natural（当然な）　　　　odd（妙な）

proper（適切な）　　　　right（正しい）

sad（悲しい）　　　　　strange（不思議な）

surprising（驚くべき）

③　It is lucky that the weather should be so nice.

（天気がこんなにいいなんてついている。）

Point 3 の〔should の用法〕の④「提案・要望・命令・決定などの表現」は、詳しくは右ページの Point 5 のように 2 パターンあります。

まず、④ -1 は、It は仮の主語で that 以下を受けていますが、その間に necessary などの必要・義務・要望の形容詞を持ってくる構文です。
必要・義務・要望を表す形容詞には④ -1 に示すようなものがあります。

④ -2 は、advise などの提案・要望などの動詞＋接続詞 that の構文で、提案・要望などの動詞はその下に記されたようなものです。

この構文で、should が使われるのは、もともと should が「～したほうがいい」「～すべきだ」「～するのは当然だ」といった義務の意味合いを持っているからです。

③の「主観的判断や感情の強調」のときの「自分では思いもせず（神の意志によって）こうなった」というような should とは違って、この④の「提案・要望・命令・決定などの表現」で使われる should は、もともとの助動詞 shall の〈義務を負っている〉という原義の流れを受け継いだ「～したほうがいい、～するべきだ」という意味で使われているのです。

文全体が「必要・義務・要望・提案」を表す内容なので、こうした should が使われるのは、至極当然と言えば当然なことでしょう。

ただし、アメリカ英語では通例、④ -1 でも④ -2 の構文でも下の例文のように should を使わず動詞の原形を使い、イギリス英語でも最近ではその傾向が見られる、ということです。

<u>It is</u> important <u>that</u> he <u>learn</u> to control his temper.〔learn が原形〕
They <u>suggested that</u> she <u>remain</u> here until next week.〔remain が原形〕

これは、動詞の原形が命令文で使われるように、提案・要望の文が命令に近い意味合いを持っているからだと考えることができるでしょう。

また、まれに単なる現在形が使われていることもあるようですが、その場合、「必要・義務・要望・提案」の気持ちはやや薄くなるのでしょう。

Point 5

---

④-1 〈It is ＋（必要・義務・要望の）形容詞
＋ that ＋主語＋ should ＋動詞原形～〉

〔必要・義務・要望の形容詞〕

desirable（望ましい）	essential（必要不可欠な）
important（重要な）	necessary（必要な）
proper（適切な）	right（正しい）
urgent（緊急の）	vital（不可欠の）

It is important that he should learn to control his temper.

（彼が自分の感情を抑えられるようになることは重要だ。）

---

④-2 〈主語＋（提案・要望などの）動詞
＋ that ＋主語＋ should ＋動詞原形～〉

〔提案・要望などの動詞〕

advise（助言する）	decide（決定する）
demand（要求する）	desire（強く求める）
insist（要求する）	order（命じる）
propose（提案する）	recommend（推薦する）
request（依頼する）	require（要求する）
suggest（提案する）	

They suggested that she should remain here until next week.

（彼女は来週までここにとどまるべきだと彼らは提案した。）

05 助動詞

91

3 ► can、could、be able to

　参考書などに書かれてある助動詞 can や could の主な用法は、右ページの Point 1 のようになります。

　①から④のような用法があるとされていますが、どうもいろいろ英文を読んできた経験から言うと「可能」からいろいろな意味に広がっているのではないかと私は考えます。

　「可能」だから①「できる」のであって、「可能性」があるから②「〜があり得る」だし、否定になると「あり得ない」になります。また「可能」だから③「〜してもよい」となるし、「可能」かどうかをたずねるから④「〜してくれますか」となると考えられるのです。

　could は can の過去形となっていますが、過去のことを表すだけではありません。ここでも「過去形」という名前が体を表していないことを証明しています。could は can を弱めたものだと理解しているほうがわかりやすいと思います。

　ですから、②-1 の例文は過去の意味ではなく can を弱めて「可能性があるだろう」などと確信度を低くした言い方になるのです。

　④-1 の例文においても、can の意味を弱めて「〜できますでしょうか」といった感じで丁寧な言い方になるのです。

　また、補足ですが、Can you speak Japanese? と言うと「あなたは日本語を話せる能力がありますか。」の意味になり、場合によっては失礼だと思われることがありますので、Do you speak Japanese? と尋ねたほうが無難なようです。

　同様に、「理解できましたか」「わかりましたか」は、Did you understand? としたほうがよくて、Could you understand? にすると「理解する能力がありましたか。（そんな能力あなたにはきっとないでしょう。）」と人によっては取られてしまうので注意が必要です。

3 ▶ can、could、be able to

Point 1

〔can、could の用法〕
① 能力 「〜できる」…何かを行う能力や技能がある。
② 可能性・推量 「〜があり得る」「〜する可能性がある」
③ 許可 「〜してもよい」
④ 依頼 「〜してくれますか」「〜していただけますか」

① I <u>can</u> usually understand Tom's English.
(私はふだんトムの英語を理解することができる。)

② His story <u>can</u> be true.
(彼の話は本当の可能性がある。)

②-1 His story <u>could</u> be true.
(彼の話は本当の可能性があるだろう。)

②-2 His story <u>couldn't</u> be true.
(彼の話は本当であるはずがない。)

③ You <u>can</u> call her.
(あなたは彼女に電話してもよい。)

④ <u>Can</u> you call after 8 p.m.?
(午後 8 時以降に電話してくれますか。)

④-1 <u>Could</u> you call after 8 p.m.?
(午後 8 時以降に電話していただけますか。)

05 助動詞

右ページの Point 2 ①にあるように、〈be able to ～〉は can と置き換えることができますが、これは can よりはやや硬い表現で、現在時制では can を用いるのが一般的だとされています。

　ただ、can には未来を表す意味がありませんので、Point 2 ②に示すように、「～できるでしょう」と未来のことを言うときは、例文のように助動詞 will と組合せて〈will be able to ～〉としなければなりません。

　また、Point 2 ③にあるように、could と〈was [were] able to ～〉では意味に違いがあります。

　could は過去において「～する能力があった (やろうと思えばできた)」ということを意味します。右の③ -1 の例文では実際に泳いだかどうかはわからないことになるのです。
　つまり、「可能」ではあった、ということです。

　一方、〈was [were] able to ～〉は「～する能力があり、実際にした」という意味ですので、③ -2 の例文では、事実としてその川を泳ぎ渡ったことになります。
　ですから、過去において「(実際に) ～できた (行った)」と表したいときは、〈was [were] able to ～〉や〈managed to ～〉「なんとかして～した」をふつう使います。

　ただし、知覚動詞や understand、think、realize、believe などの認識や理解を表す動詞では、下の例文のように could を使った場合でも実際に行ったことを表します。

I <u>could</u> see the moon last night.（昨夜は月を見ることができた。）
He <u>could smell</u> something burning.（彼には何かが焦げているにおいがした。）

　こうした動詞は、see「(自然に、無意識に) 目にする」、smell「(自然に、無意識に) においがする」などといった、能力に関係なく意識的に努力を要しない行為だからだとする説があります。

94

Point 2

> ① be able to ～「～できる」= can ～
> ② will be able to ～「～できるでしょう」
> ③ could ～ ≠ was [were] able to ～

① He <u>is able to</u> play the piano. (彼はピアノを弾けます。)

= He <u>can</u> play the piano.

② You <u>will be able to</u> understand my advice someday.

(あなたはいつか私の忠告を理解することができるでしょう。)

③-1 I <u>could</u> swim across the river.

(私はその川を泳ぎ渡ることができた。)

〔やろうと思えばできた。実際に泳ぎ渡ったかどうかは不明。〕

③-2 I <u>was able to</u> swim across the river.

(私はその川を泳ぎ渡ることができた。)〔実際に泳ぎ渡った。〕

4 ▶ must、have to

　助動詞 must は〈must ＋動詞の原形〉の形で、右ページの Point 1 のような用法があると参考書などには書いてあります。

　概ね、①と②の用法が中心になります。③は否定文のとき、④は相応の文脈により必要となる訳語です。

　①と②のどちらの意味になるかは、その文や前後の文脈から判断しなければなりませんが、それは訳語をどちらにするかという問題で、どうもどちらにも共通するのは「断言・断定・断固」といった感じがこの助動詞にはあるのではないかと私は思います。

　何かガチッとして固いものが感じられるのです。だから「～しなければならない」し、「～にちがいない」となるのです。

　また、この助動詞 must とほぼ同じ意味の表現に、Point 2 に示す〈have to ＋動詞の原形〉があります。

　通常の参考書では、あまり目立って触れられていないことが多いのですが、〈have to ～〉には②の推量「～にちがいない」の意味もあって、これは様々な英文の中に容赦なく出てきたりしますので、知っておくことが必要です。

　なお、must と〈have to ～〉は肯定文ではほぼ同じ意味ですが、厳密には、must は「（話し手が個人的・主観的に）～しなければならないと感じている」ことを意味し、〈have to ～〉は「（客観的事実から）～しなければならない」ということを意味しますので、英文によってはニュアンスに違いが出てくる場合があります。

　たとえば、帰らなければならないときには、I must go. よりも I have to go. と言ったほうが、自分はまだ居たいんだけど、外的要因で帰らなければならない、といった含みが出て、相手にいい印象を与えることができて感じがいいといった効果があります。

　そういったことで、映画やドラマなどで、登場人物が去っていくときに、I have to go. とよく言ってますね。

4 ► must、have to

Point 1

〔must の用法〕
① 義務・命令 「（主観的に）～しなければならない」
② 必然性・推量 「～にちがいない」
③ 禁止 （must not で）「～してはならない」
④ 必然・主張 「どうしても～する」「～しないではおかない」

① He <u>must</u> do her homework.（彼は宿題をしなければならない。）
② She <u>must</u> be a doctor.（彼女は医者にちがいない。）
③ You <u>must not</u> speak like that to your father.
　　（お父さんにあんな口をきいてはいけない。）
④ He <u>must</u> always have his own way.
　　（彼はいつも自分の思い通りでないと気がすまない。）

Point 2

〔have to ～ の用法〕
① 義務 「（客観的に、外的要因で）～しなければならない」
② 推量 「～にちがいない」

① I <u>have to</u> go home now.（私は今家に帰らなければならない。）
② He <u>has to</u> be very busy.（彼はとても忙しいにちがいない。）

Point 3

must ≒ have to

　He <u>must</u> study English.（彼は英語を勉強しなければならない。）
≒ He <u>has to</u> study English.

mustには過去形がありませんので、「〜しなければならなかった」と言いたいときは、右ページのPoint 4のように〈have to 〜〉のhaveを過去形にして〈had to 〜〉で表します。

　また、「〜しなければならないでしょう」と未来における内容を言いたいときは、will mustと助動詞2つを並べることは文法上できませんので、〈have to 〜〉をmustの代わりに使って、②のように〈will have to 〜〉とします。

　このhaveは一般動詞ですので、主語が3人称単数ならhas toになります。否定文・疑問文には、Point 5のようにdo、does、didを使うことは基本ですね。

①　I <u>don't have to</u> study math.（私は数学を勉強しなくてもよい。）
②　<u>Do</u> I <u>have to</u> study math?（私は数学を勉強しなければなりませんか。）
　　　　Yes, you <u>do</u>.（はい、しなければなりません。）
　　　　No, you <u>don't</u>.（いいえ、する必要はありません。）

　mustの否定文・疑問文は、助動詞なのでPoint 6にある通りです。

　ここで注意しなければならない基本事項は、mustと〈have to 〜〉は否定文にすると、次のように意味が異なってしまうことでした。

must not [mustn't] 〜	「〜してはいけない」
don't [doesn't] have to 〜	「〜する必要はない」

　さらに、注意しなければならないのは、Point 6②に示すように、mustの疑問文に「いいえ、その必要はありません」と答えるときは、must notではなく、〈don't [doesn't] have to 〜〉を使うということです。

　通常、「〜しなければなりませんか」とたずねられたら、ふつうは「いいえ、〜する必要はありませんよ」などと答えるはずです。
　must notを使って「〜してはいけません」と強い禁止の意味で答えるのは、よほど特殊な事情がある場合に限られるからです。

まとめ note

Point 4

①	had to ～	「～しなければならなかった」
②	will have to ～	「～しなければならないでしょう」

① He <u>had to</u> go home. （彼は家に帰らなければならなかった。）

② He <u>will have to</u> study English tomorrow.
（彼は明日、英語を勉強しなければならないでしょう。）

Point 5

〔have to ～ の否定文・疑問文〕

① 否定文… 〈don't ［doesn't］ have to ＋動詞の原形〉
「～しなくてもよい、～する必要はない」

② 疑問文… 〈Do ［Does］ ＋主語＋ have to ～ ?〉

Point 6

〔must の否定文・疑問文〕

① 否定文… must not ［mustn't］ ＋動詞の原形
「～してはいけない」

② 疑問文… Must ＋主語＋動詞の原形～ ?
「～しなければなりませんか」

① He <u>must not</u> study English. （彼は英語を勉強してはいけない。）

② <u>Must</u> I go home now?
（私は今、家に帰らなければなりませんか。）

Yes, you <u>must</u>. （はい、帰らなければなりません。）

No, you <u>don't have to</u>. （いいえ、帰る必要はありません。）

5 ▶ may、might

助動詞 may や might については、右の Point 1 のように参考書などには書いてありますが、どうも may は「半々」といったイメージが感じられます。

①許可「〜してもよい」は、裏返すと「しなくてもよい」といった意味が含まれているようですし、つまり、「してもしなくてもよい」で「半々」な感じがします。

また②可能性・推量の「〜かもしれない」は、『オックスフォード実例現代英語用法辞典』によると、まさに may ではその可能性は 50%、might では 30% と書いてあり、まさしく「半々」です。
また、might で 30%になるのは、これも過去形が現在形の意味を弱めたものだという一つの証拠でもあるでしょう。

③祈願の「〜でありますように」は、実現できるかどうかわからないこと、100%実現できるとは限らないことをふつう祈ったりお願いするときに言うので、できるかどうか、そうなるかどうかわからない、ここに「半々」が感じられるのです。

また、右ページの例文③のように、〈主語＋助動詞〉を逆転させて倒置の語順にしているので、may の 50%を幾分強めた意味合いが感じられ、さらに祈願のニュアンスが与えられているように思われるのです。「〜でありますように」の気持ちが感じられます。

この祈願には might は使えません。might は可能性 30%ですから、たとえば、例文③で might を使うと相手の幸せを 30%ほどしか祈らないことになり、それは不自然で失礼だと考えられるからです。

過去形 might は、過去の意味を表すこともありますが、ほとんどは他の過去形同様、may の意味を弱めたものです。
くり返しになりますが、ここにも「過去形」という用語が実体を表していないと思われる証拠の一つがあると思います。

5 ► may、might

Point 1

〔may、might の用法〕
① 許可 「〜してもよい」
② 可能性・推量 「〜かもしれない」
③ 祈願 「〜でありますように」〈May ＋主語＋動詞〜!〉
might は不可

① You <u>may</u> go now. （もう行ってもよろしい。）

〈You may 〜〉という表現は、目上の者が目下の者に許可を与える言い方なので、尊大・横柄な印象を避けるために、しばしば You can go now. のように can で代用するのがふつう。

①-1 <u>May</u> I borrow your car?

（あなたの車をお借りしてもよろしいですか。）

〈May I 〜?〉は相手の権限を尊重する質問になり、丁寧だが堅い言い方。今では、上下関係のある場合以外は〈Can I 〜?〉を用いるのが一般的。

①-2 You <u>may not</u> come in. （入ってはいけません。）

〈may not 〜〉「〜してはいけない」は、must not より軽い禁止の意味。まれに「〜しなくてもよい」の意になる場合があるので、文脈での判断が必要。

② My mother <u>may</u> be in the kitchen.

（母は台所にいるかもしれない。）

②-1 You may be right. （君はたぶん正しいだろう。）

you が主語のときは「許可」の意味にほぼなるが、〈may ＋状態動詞〉や〈may be doing〉の場合は「可能性」の意になる。

③ <u>May</u> you be very happy! （ご多幸をお祈りします。）

may や might を使った重要表現には、右ページの Point 2 のようなものが挙げられます。

①の〈may well 〜〉は、may のもともとの意味を well で強めた表現です。well には「十分に、かなり、道理にかなって、正当に」などの意味があり、下図のように考えれば理解しやすいでしょう。

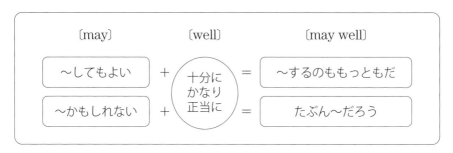

〈might well〉は〈may well〉より控えめな表現（意味は現在）の場合と「〜するのももっともだった（むりもなかった）」（意味は過去）の場合があります。might になってもさほどの差はないとの意見もあります。

②の〈may［might］as well 〜〉は、「どうせ〜しなくても特に利点もないのだから〜しよう」の意で、「しようがないので」という気持ちを示す表現です。
　例文では、たとえば、人を待っていてなかなか来ない場合、「これ以上待っていてもしょうがない。どうせ来ないから帰ろうか。」といった気持ちが含まれます。比較表現の〈as 〜 as〉の後の as を省略したもので、たとえば、as not go back home などが省略されているのです。「帰るほう」と「帰らないほう」を比べて、結局、相手は来ないから「帰らず待っていても特に利点はないので帰ろう」「帰っても損はしない」という意味合いになります。

③の〈may［might］as well 〜 as …〉は、〈may well〉と比較表現の〈as 〜 as〉をくっつけたもので、実現性が低いことを表す比喩表現です。
　直訳は「…と同じくらい〜するのは十分にもっともだ」なのですが、as well の後には到底するわけがない行為をもってきて、後の as …の行為がいかに行わない行為かを表す、比較表現にありがちな誇張表現です。

まとめ note

Point 2

〔may、might を使った重要表現〕
① 〈may well ～〉「～するのももっともだ」「たぶん～だろう」
② 〈may［might］as well ～〉「～したほうがよいだろう」
③ 〈may［might］as well ～ as …〉
　　　　　　　　「…するくらいなら～したほうがましだ」

① You <u>may well</u> be surprised at the news.
　　　（君がそのニュースに驚くのももっともだ。）
　　　〔十分に～してよい　→　～するのももっともだ〕

　 He <u>may well</u> be over forty years old.
　　　（彼はたぶん 40 歳より上だろう。）
　　　〔十分かなり～かもしれない　→　たぶん～だろう←〕

② We <u>might as well</u> go back home.
　（私たちは家に帰ったほうがよいだろう。）

③ I <u>might as well</u> throw my money away <u>as</u> spend it on brand-name goods.
　（ブランド品にお金を使うくらいなら、お金を捨てたほうがましだ。）

6 ▶ used to、ought to、had better、need

参考書などに書いてある〈used to 〜〉の用法は、右ページの Point 1 のようなものになります。原義は used「使用した」で、そこから「習慣にした」、そして「(〜するのが) 常であった」へと意味が広がり、現在の用法になっています。「今はそうではない」という意味を含んでいます。

元が動詞なので、否定文・疑問文では、Point 2 のように did を用いるのがふつうです。それぞれは下のような例文になります。

助動詞のような〈used not 〜〉や〈Used 〜?〉の形では、ほぼ使われません。「文法的に間違い」「不自然」と多くのネイティブは答えています。

①　She didn't use [used] to go to church.
　　（彼女は以前は教会に行ったりしなかった。）

②　Did he use [used] to go fishing?
　　（彼は以前よく釣りに行っていましたか。）

また、twenty times などの具体的な回数や期間を示す語句とは使えません。many times や many years などの漠然とした語句となら使えます。

would にも過去の習慣を表す用法がありますが、used to との主な違いは Point 3 のように参考書などには記されています。

また、would には様々な用法があるので、「過去の習慣」の意味で使うときは、過去を示す語句といっしょに使うのがふつうです。

She would often go fishing in the lake when she was a child.
（子供のころ彼女はよく湖に釣りをしに行ったものだ。）

②に示すように、would は動作を表す動詞とのみ用いることができ、状態動詞には使えません。下の例文では would は使えないことになります。

ただ、当該時期を明示すれば、使えるとする参考書もあります。

She used to hate natto. （彼女は以前は納豆が大嫌いだった。）

There used to be a temple here. （ここにかつてはお寺があった。）

まとめ note

6 used to、ought to、had better、need

Point 1

〔used to の用法〕
① 過去の習慣「以前はよく～したものだった」
② 過去の状態「以前は～だった」

① I <u>used to</u> go fishing every Sunday.〔過去の習慣〕
（毎週日曜日には釣りに行ったものだ。）
② There <u>used to</u> be a church on the hill.〔過去の状態〕
（以前は丘の上に教会があった。）

Point 2

〔used to の否定文・疑問文〕
① 否定文〈主語＋ didn't use［used］to ～ .〉
② 疑問文〈Did ＋主語＋ use［used］to ～ ?〉

Point 3

〔used to と would の違い〕
① used to は、「今は違う」という意味を含み、事実を事実として単に述べるもの。would には通常、主観的な関心や感情が含まれるが、現在と対比する意識はない。
② used to は動作動詞にも状態動詞にも使えるが、would は状態動詞には用いない。
③ used to はある程度の期間、習慣的に・規則的に反復される動作や継続的動作に使われるが、would は短期間や瞬間的な動作が不規則に繰り返される場合に使われる。

ought to には右ページの Point 4 のような用法があります。

ought ももともと owe「〜を負う」という動詞の過去形だったので、助動詞ではありますが〈to ＋動詞の原形〉とともに用いられます。

「義務・忠告」の ought to は道徳・社会通念上の理由などに基づくものを表します。この意味では、ought to は must より弱く、should よりやや強いが、should のように頻繁には使われません。

義務・忠告の意味での強さをまとめると次のようになります。

should ＜ ought to ＜ had better ＜ be to ＜ have to ＜ must

「推量」の意味では例文②のように、ought to の後には状態動詞、特に be 動詞が置かれます。

否定文は〈ought not to〉となり、to の前に not を置く、不定詞の否定の形をとります。

You <u>ought not to</u> smoke so much.（そんなにタバコを吸うべきではない。）

〈had better 〜〉の用法は Point 5 に示す通りですが、②の例文のように〈You had better 〜〉という言い方は、「しないと！（まずいことになる）、〜しなさい」といった「忠告・警告・脅迫・命令」のニュアンスを含みます。ですから、目上の人には使わないほうが無難です。

④の疑問文は、〈Hadn't ＋主語＋ better 〜 ?〉や〈Had ＋主語＋ better not 〜 ?〉の否定疑問形で用いられることが実際には多いようです。

この〈had better 〜〉の had にも過去の意味ではない、過去形の根本的な部分が伺えます。つまり、「目の前には見えない」、つまり「まだ行われていないけど、そういう行動をしたほうがいいよ」ということです。

直訳では「〜だったらもっといいのに」というような感じですが、その後に「でないと大変なことになるよ」というようなニュアンスを含んでいます。

Point 4

〔ought to の用法〕
① 義務・忠告 「～すべきだ、～したほうがよい」
② 推量 「（当然）～のはずだ」

① Jane <u>ought to</u> be more respectful to her parents.
（ジェーンは両親をもっと敬うべきだ。）

② She <u>ought to</u> be here soon.
（彼女はもうすぐここに来るはずだ。）

Point 5

〔had better ～ の用法〕
① 〈had better ～〉 「～しなさい、～したほうがよい」
② 〈You had better ～〉 「～しないと（まずい）！」
③ 否定形〈had better not ～〉（～しないほうがよい）
④ 疑問文〈Had ＋主語＋ better ～ ?〉

① We <u>had better</u> go to the library.
（私たちは図書館へ行ったほうがよい。）

② You <u>had better</u> study math harder.
（あなたはもっと一生懸命に数学を勉強しないと。）

③ You <u>had better not</u> go out tonight.
（今夜は外出しないほうがよい。）

④ <u>Hadn't</u> you <u>better</u> tell your father first?
（まず、あなたのお父さんに言うべきではないのですか。）

助動詞 need の用法は、右ページの Point 6 に示す通り、否定文と疑問文のみ
で使われます。肯定文には、一般動詞の need を使うことになります。

〈need not 〜〉は改まった書き言葉（印刷された文書など）に用いられるこ
とが多く、くだけた言い方や話し言葉では〈don't have to 〜〉のほうがふつう
使われます。〈need not 〜〉を英文で見かけることはそれほど多くはありません。

③にあるように、助動詞 need には過去形がありませんので、ⓐのように一
般動詞の need を使って〈didn't need to 〜〉とするか、〈have to 〜〉を否定
にして〈didn't have to 〜〉にします。
　この場合、「〜する必要はなかった」という意味で、実際に「〜した」かどう
かは文脈判断によることになります。

　もう一つは、ⓑのように助動詞 need を使って〈need not have ＋過去分詞〉、
つまり〈need not〉の後に完了形の形を作って過去を表すことになります。
　ただし、この場合、「〜する必要はなかったのに（〜した）」という意味にな
ります。

　全体として、助動詞の need は、アメリカ英語よりイギリス英語で好まれる
傾向があります。
　一般動詞の need を使った否定文は、イギリス英語では使わず、助動詞の
need を使うのがふつうです。

　I don't need to use my car.〔アメリカ英語〕
　（私は自分の車を使う必要はない。）
　I need not use my car.〔イギリス英語〕
　（私は自分の車を使う必要はない。）

Point 6

〔助動詞 need「〜する必要がある」の用法〕

① 助動詞 need は、否定文・疑問文のみ。

② 肯定文には、一般動詞の need を使う。あとに to が必要。

③ 助動詞 need には現在形しかなく、過去形はない。

  過去のことを述べるには次の 2 種類。意味に違いがある。

  ⓐ 〈didn't need to 〜 〉、〈didn't have to 〜 〉

    「〜する必要はなかった」

    〔実際に「〜した」かどうかは文脈による〕

  ⓑ 〈need not have ＋過去分詞〉

    「〜する必要はなかったのに（〜した）」

① You <u>need not</u> do that.（あなたはそれをする必要はない。）

  <u>Need</u> you work so hard?（= <u>Do</u> you <u>need to</u> work so hard?）

  （そんなに一生懸命働く必要がありますか。）

    Yes, I do [need to, must, have to].　※ Yes, I <u>need</u> は不可。

    No, I needn't [don't need to].

② You <u>need to</u> do that.（あなたはそれをする必要がある。）

③ⓐ You <u>didn't need to</u> quit your job.

    （勤めをやめる必要はなかった。）〔やめたかどうかは不明〕

③ⓑ You <u>need not have</u> quit your job.

    （勤めをやめる必要はなかった〔のにやめた〕。）

7 助動詞＋完了形

　wouldやcouldが過去の意味とは限らないとすると、発話の時点から見た過去の内容に関する思いをはっきり表したいときにはどうするのか。ということで、そのときは「助動詞＋完了形」で表すことになります。

　まず、〈canやcould＋完了形〉は右ページのPoint 1のようになります。

　これらの表現に関して、センター試験に右ページの下のような問題がありました。

　正解は、1.のcouldn't です。couldn't haveで「～したはずがない」の意味になります。前後の意味からこれが正解になります。

　問題の英文は、「今朝、新宿駅で山田さんを見たよ。」「そんなはずはない。彼はまだ休暇でハワイにいるよ。」という意味です。

　ところが、ある参考書では、この〈couldn't have＋過去分詞〉の意味を仮定法にもなりえるとして、この英文を仮定法と解釈すれば「彼を見かけなかっただろうね（実際には見かけた）」となると意味不明な訳で説明して、設問文のYou couldn't have. は「見たはずがない」と「実際には見かけた」と全く正反対の内容の2通りの解釈がある、と解説しているのです。仮定法にはなりえますが、しかし、これは明らかに間違いです。そんなバカなことはありません。1つの英文に2つの真逆な意味があるなんて。

　最初、私もこれを読んで？？？頭の中が混乱しました。

　しかし、どこに間違いの核心があるかというと、〈couldn't have＋過去分詞〉に「実際はできた」という意味があると思い込んでいるところに原因があるのです。

　〈couldn't have＋過去分詞〉はもともと「～した可能性はないだろう、ありえない」というのが根本的な意味です。そこから④のように「～したはずがない」と「～できなかっただろう」の意味になります。

　「～できなかっただろうに（実際はできた）」というのは、仮定法でifがあったり、例文④⑥のようにそれに類する語句があったり、前後の文脈で仮定法になっていることがわかる場合のみ、「実際はできた」という意味を含意するだけで、〈couldn't have＋過去分詞〉自体には「実際はできた」などという意味はないのです。ここが勘違いの原因です。活字になっているものでもまあまあ間違いがありますので、注意が必要です。鵜呑みは禁物です。

7 ▶ 助動詞＋完了形

Point 1

> ① can have ＋過去分詞〔疑問文で〕「いったい～したのだろうか」
>
> （※肯定文ではきわめてまれです。）
>
> ② can't have ＋過去分詞「～したはずがない」
>
> （※最近はあまり使われなくなりつつあります。）
>
> ③ could have ＋過去分詞
> ⓐ「～したかもしれない」　　ⓑ「～できただろう」
>
> ④ couldn't have ＋過去分詞
> ⓐ「～したはずがない」　　ⓑ「～できなかっただろう」

① Where <u>can</u> he <u>have gone</u>?（いったい彼はどこへ行ったのだろう）

② Alex can't have been with her last night.

（アレックスは昨夜、彼女といっしょにいたはずはない。）

③ⓐ The answer <u>could have been</u> right.

（その答えは正しかったかもしれない。）

　ⓑ I <u>could have passed</u> the exam if I had studied harder.

（もっと熱心に勉強していたら試験に合格できたでしょう。）

④ⓐ You <u>couldn't have met</u> him. He was here at that time.

（君は彼に会えたはずがない。そのとき彼はここにいたのだ。）

　ⓑ Without your help, I <u>couldn't have passed</u> the exam.

（君の助けがなかったら私は試験に合格できなかっただろう。）

・参照・平成 8 年度センター試験

> 次の （ ） に適するものを選びなさい。
>
> "I saw Mr. Yamada at Shinjuku Station this morning."
>
> "You （ ） have. He's still on vacation in Hawaii."
>
> 1. couldn't　　2. didn't　　3. might　　4. should

発話の時点から見た過去の内容に関する思いを表したいときに、「助動詞＋完了形」で表すことになると先に述べましたが、この形は完了形の用法に助動詞を付けたものでもあるので、発話の時点や未来のある時点についての「完了・結果」や「経験」を推測する思いも述べることができます。

　なので、右ページの Point 2 にある〈may や might ＋完了形〉は、①ⓐの「〜したことがあるかもしれない」と「経験」を表すときもありますし、②ⓑの「〜してしまっているかもしれない」と「完了・結果」を表す場合もあります。

　ただ、この〈may や might ＋完了形〉については、辞書や参考書でも少し見解が違っています。

　少し難しい言い方ですが、〈may have ＋過去分詞〉は「過去または完了したことがらについての発話時の推量」を表し、〈might have ＋過去分詞〉は「過去に完了したことがらや発話時や未来のある時点に完了するものごとについての発話時の推量」を述べるとしている辞書もありますが、どちらも同じように「過去や発話時や未来のある時点のものごとについての発話時の推量」を表すことができるとして、区別していない辞書もあります。

　また、〈may have ＋過去分詞〉は〈might have ＋過去分詞〉より高い可能性を示すが、ほぼ同じ意味で用いることも多いとする辞書もあります。さらに、〈may have ＋過去分詞〉は、そのことがらが起こったかどうかは「半々」でわからない場合に使い、〈might have ＋過去分詞〉は、そのことがらが起こる可能性はあったが実際には起こらなかった場合に用いるのが本来だが、現在ではネイティブでもあまり区別していないことが増えてきているとする辞書もあります。微妙ですが、ほぼ同じということでしょうか。

　また、②ⓒの「〜してもよかったのに」の意味は、あまり参考書や辞書に記載がないのですが、詳細な参考書や大辞典には文例も含めて載っていますので覚えておきましょう。may の「〜してもよい」という「許可」の意味に完了形を付けて「非難・不満」を表すとしている参考書もあります。
　かなりややこしいですが、ともかく今の時点では Point 2 の訳語を覚えておきましょう。

まとめ note

Point 2

---

① may have ＋過去分詞
　　ⓐ「～した（ことがある）かもしれない」
　　ⓑ「～しているかもしれない」
② might have ＋過去分詞
　　ⓐ「～した（ことがある）かもしれない［しれなかった］」
　　ⓑ「～してしまっているかもしれない」
　　ⓒ「～してもよかった（のに）」

---

①ⓐ　She <u>may have made</u> a mistake there.

　　（彼女はそこでミスをしたのかもしれない。）

　ⓑ　Tom <u>may have finished</u> his report by next month.

　　（トムは来月までにレポートを書き上げているかもしれない。）

②ⓐ　He <u>might have got</u> on the bus already.

　　（彼はもうバスに乗ってしまったかもしれない。）

　ⓑ　She <u>might have reached</u> Kyoto by the end of the week.

　　（今週末までには彼女は京都に着いているかもしれない。）

　ⓒ　You <u>might have helped</u> me.

　　（君は僕を助けてくれてもよかったのに。）

0
5
助動詞

113

次に、〈should＋完了形〉については右ページの Point 3 のようになります。

　元の should の意味「～すべきだ、したほうがいい、～のはずだ」に完了形が付いた形で過去のことがらについて＠「義務・非難・後悔」や⑥「確信・推測」の意味を表します。

　この〈should have＋過去分詞〉も、辞書・参考書によって少し違った訳語があり、＠「義務・非難・後悔」では、「～したほうがよかった（のに）、～すればよかった（のに）」、⑥「確信・推測」には「～してしまったはずだ、きっと～してしまっているだろう、きっと～しただろう、～しているはずだが（まだしていない）、～だっただろうに」などがあります。

He <u>should have won</u> the game easily.

　上のような例文では、試合の結果がわからない場合、「彼は楽にその試合に勝ったはずだ。」〔確信・推測〕となりますが、過去の事実に反する内容を述べているなら、「彼は楽にその試合に勝ったはずなのに。」〔非難・後悔〕と、二通り可能で、どちらになるかは文脈判断によります。

　また、次のような例文でも、「彼女は3時間前にそこにいるべきだった。」〔義務〕と「彼女は3時間前にそこにいたはずだ。」〔推測〕の二通り解釈が可能になるので、前後の文脈で判断することになります。

She <u>should have been</u> there three hours ago.

　②の〈shouldn't have＋過去分詞〉は、「～すべきでなかった（のに）、～しないほうがよかった（のに）」実際はしてしまった、という意味になります。

　その他の「助動詞＋完了形」は Point 4 のようになります。
　①の〈must have＋過去分詞〉は、ほとんどが「～したにちがいない」の意味ですが、ごくまれに下の例文のように「～してしまっていなければならない」の意味になることがあります。文脈で確認が必要です。

Applicants <u>must have studied</u> over three years in China.
（志願者は3年以上中国で勉強したことがなければならない。）

Point 3

> ① should have ＋過去分詞
>   ⓐ 「～すべきだった（のに）」〔実際はしなかったことを含意〕
>   ⓑ 「～したはずだ、～するはずだった（のに）」
>   〔実際はしていない場合もある〕
> ② shouldn't have ＋過去分詞「～すべきでなかった（のに）」

① ⓐ　You <u>should have knocked</u> before you came in.
　　　（あなたは入る前にノックをするべきだったのに。）

　ⓑ　Ten o'clock. He <u>should have arrived</u> there by now.
　　　（10 時だ。彼はもうそこに着いているはずだ。）

②　You <u>shouldn't have done</u> that.
　　（それはするべきじゃなかったのに。）

Point 4

> ① must have ＋過去分詞　「～したにちがいない」
> ② ought to have ＋過去分詞
>   ⓐ 「～すべきだった（のに）」〔実際はしなかった〕
>   ⓑ 「～してしまっているべきである」《まれ》
> ③ need not have ＋過去分詞
>   「～する必要はなかった（のに）」〔実際はしてしまった〕

①　You look very tired. You <u>must have been</u> working too hard.
　　（お疲れのようですね。きっと働きすぎにちがいないですよ。）

② ⓐ　You <u>ought to have done</u> it.
　　　（あなたはそれをすべきだったのに。）

② ⓑ　You <u>ought to have done</u> it by tomorrow.
　　　（明日までにそれを済ませてしまうべきです。）

③　You <u>needn't have come</u> at 4 o'clock.
　　（あなたは 4 時に来る必要はなかったのに。）

05 助動詞

06 不定詞

①▶ 不定詞の基本

　不定詞の基本はまず、右ページの Point 1 のようになります。〈to ＋動詞の原形〉の形で、名詞や形容詞、副詞の働きをすることができ、それぞれを①「名詞的用法」、②「形容詞的用法」、③「副詞的用法」と呼んでいます。

　この「不定詞」という名前は、「定まらない詞（ことば）」ということで、これは他の現在形や過去形、3 人称単数形とは違って、主語の人称や時制によって「動詞の形が定まらない」というところからきています。ある参考書は「意味がいくつかあって定まらないから」と、間違えて書いていましたが、決してそういうことではありません。巷の参考書、まあまあ間違えたことを書いているのが時々ありますので、注意が必要です。

　また、不定詞の to は、前置詞の to ですが、この to は基本的には「到達することを前提とした方向」を示していて、イメージとしては「→」、つまり「矢印」なのです。要するに、不定詞は、「～する動作やしている状態への到達やそこへ向かうこと」を表していると考えられます。

　ここから日本語らしくすると、前後の文の意味からそれぞれ「～すること」「～するために」「～して…」「～するための…、～するべき…」などの意味になるのです。
　つまり、Point 1 ①の例文で言うと、「私は本を読む動作に到達しているのが好きだ」、②では「テレビを見るという状態に向かう時間」、③では「泳ぐという状態に向かって、そこへ行った」などというふうに考えられるのです。

　まず「名詞的用法」ですが、これはその名のとおり名詞と同じ働きをしますので、文中で Point 2 のように動詞の目的語や、文の主語、補語になります。
　その中で、動詞の目的語になっている不定詞、つまり〈動詞＋不定詞〉の形で基本的なものには、右の Point 3 のようなものがあります。

まとめ note

1 不定詞の基本

Point 1

〔不定詞の形〕〈to ＋動詞の原形〉
〔用法と意味〕
①名詞的用法　　「～すること」
②形容詞的用法　「～するための…、～するべき…」
③副詞的用法　　「～するために」「～して…」

① I like <u>to read</u> books. （私は本を読むのが好きだ。）
② I have no time <u>to watch</u> TV. （私はテレビを見る時間がない。）
③ We went there <u>to swim</u>. （私たちは泳ぐためにそこへ行った。）

Point 2

〔不定詞の名詞的用法〕　「～すること」

① I want <u>to watch</u> TV. 〔動詞の目的語〕
　（私はテレビが見たい。）
② <u>To study</u> English is interesting. 〔文の主語〕
　（英語を勉強することはおもしろい。）
③ My dream is <u>to go</u> to England. 〔補語〕
　（私の夢はイングランドへ行くことです。）

Point 3

want to ～（～したい）　　　　　like to ～（～するのが好きだ）
begin to ～（～し始める）　　　start to ～（～し始める）
try to ～（～しようとする）　　need to ～（～する必要がある）
hope to ～（～することを望む）

不定詞2つ目の用法、「形容詞的用法」は、右の Point 4 のように前にある名詞や代名詞を修飾するもので、「〜するための…」「〜するべき…」「〜する…」などと訳します。

　例文①では、不定詞の to buy が後ろから book を修飾しています。②では、to watch TV「テレビを見る」が、前にある time「時間」に係っています。
　また、不定詞・形容詞的用法の頻出基本表現である「何か冷たい飲み物」は、③のように〈something［anything］＋形容詞＋不定詞〉の語順になります。
　something や anything は、some や any という冠詞に相当する語がついているので、その前に形容詞を置くことができません。それで、cold をsomething と不定詞の間に置かざるを得ないのです。
　また、something to drink cold としてしまうと動詞 drink と形容詞 cold が意味の上でつながらず、「修飾語と被修飾語は近くに置く」という原則にも反することになり不自然な語順になってしまうため、cold は something のすぐ後に置くことになっているのです。

　こうした不定詞の形容詞的用法のような「後ろから前の名詞に係る」修飾のしかたは、日本語にはないものなので注意が必要です。
　これは英語においてはとても大切で、不定詞だけでなく、前置詞や分詞、関係代名詞、関係副詞、形容詞も後ろから名詞に係ります。特に、形容詞が後ろから名詞を修飾する（これを「後置修飾」と言います）ことはあまり強調して教えていないようなのですが、英文にはわりとよく出てきますし、形容詞が後置修飾している文は構文が複雑になる傾向があります。そこで英文の意味が正確に読み取れないということが起こりやすいので、注意が必要なところなのです。

　また、この形容詞的用法では、意味をはっきりさせるために、Point 5 のように不定詞のあとに前置詞を置くことがあります。
　例文①では、「中に住む家」という意味を明確にするために in がついています。例文②では、talk という動詞は「話をする」という意味ですが、「いっしょに話をする人」なのか「話の中の話題にする人なのか」、この with を付けることで意味をはっきりさせます。こういう動詞の意味がいくつかあるときに前置詞を置いて意味を明確にしているのです。

まとめ note

Point 4

〔不定詞の形容詞的用法〕
「〜するための…」「〜するべき…」「〜する…」

① a book to buy （買うべき本）

② time to watch TV （テレビを見る時間）

③ something cold to drink （何か冷たい飲み物）

Point 5

名詞＋不定詞＋前置詞

① I need a house to live in. （私には住む家が必要です。）

② He has many friends to talk with.

（彼には一緒に話をする友だちがたくさんいる。）

不定詞の3つ目の用法、「副詞的用法」は右ページの Point 6 のようになります。

①の「目的」と②の「感情の原因」の2つは中学で学習しますが、それ以外に③「結果」の「〜した結果…」、④「判断の根拠」の「〜するとは…」「〜するなんて…」、⑤「形容詞を修飾」の「〜するには…」があって、ちょっとややこしいですが、これらは知っておくべき訳語です。が、基本はやはり矢印「→」のイメージで捉えておくことも大切です。

①の「目的」の「〜するために」は、文字通り動作の目的を表す表現です。動詞の原形はその動作の観念的な状況を表しますので、前にも述べたように、to play tennis だと「テニスをするという状況に向かって」というのが原義です。

②「感情の原因」の「〜して…」の用法でよく出てくるものに、下のような表現があります。ここでは to は「→」（矢印）というイメージから「〜に対して」という意味で理解しておきましょう。下の例文でいうと「そのニュースを聞いたことに対して」というぐらいのイメージです。

be glad to 〜	「〜してうれしい」
be happy to 〜	「〜してうれしい」
be sad to 〜	「〜して悲しい」
be sorry to 〜	「〜して残念に思う」
be surprised to 〜	「〜して驚く」

He was sad to hear the news. （彼はその知らせを聞いて悲しかった。）

③「結果」の「〜した結果…」では、右の Point 6 例文③のように、「〜してその結果…」という意味でまさに前置詞 to の表す「→」（矢印）の「移行・移動・変化・順序」のようなイメージです。「成長して」→「有名な学者になった」という行為・状況の移行・変化・順序を感じさせます。

この「結果」用法の重要表現には、右の Point 7 があります。④の〈lived to be 〜〉は日本語らしくするために「〜歳まで生きた」となっていますが、「生きて、そしてその結果〜」というのがもともとの意味です。

まとめ note

Point 6

〔不定詞の副詞的用法〕
① 目的 「〜するために」　　② 感情の原因 「〜して…」
③ 結果 「〜した結果…」
④ 判断の根拠 「〜するとは…」「〜するなんて…」
⑤ 形容詞を修飾 「〜するには…」〈S is ＋形容詞＋ to do〉

① He went to the park <u>to play</u> tennis.
（彼はテニスをするために公園へ行った。）

② I was shocked <u>to hear</u> the news.
（私はそのニュースを聞いてショックだった。）

③ She grew up <u>to be</u> a famous scholar.
（彼女は大きくなって有名な学者になった。）

Point 7

① 〜, only to do …　　「〜したが、結局…であった」
② 〜, never to do …　　「〜して、二度と…しなかった」
③ grew up to be 〜　　「成長して〜になった」
④ lived to be 〜　　「〜歳まで生きた」

① I hurried to the station, <u>only to miss</u> the train.
（私は駅まで急いだが、結局列車に乗り遅れてしまった。）

② He went to Africa, <u>never to return</u>.
（彼はアフリカに行って、二度と戻らなかった。）

③ She <u>grew up to be</u> a poet. （彼女は大きくなって詩人になった。）

④ My mother <u>lived to be</u> ninety-nine years old.
（私の母は 99 歳まで生きた。）

右ページの Point 6 の④「判断の根拠」の「〜するとは…」「〜するなんて…」では、前置詞 to が、これも「→」（矢印）のイメージから「〜に対しては」という意味で to を捉えれば理解することができるでしょう。

つまり、例文④で言うと「私を手伝うことに到達しているほど親切」というイメージで「そのレベルまで到達している」と考えてもいいですし、「私を手伝うことに対して」と捉えてもいいだろうということです。

ちなみに、不定詞ではありませんが、重要な熟語の〈to one's surprise〉「〜が驚いたことには」や〈to one's disappointment〉「〜が失望したことには」などの表現の to に対しても、この「そのレベルまで到達している」という捉え方は、これを理解するのに有効だと思います。
つまり、それぞれ「〜が驚くレベルまで到達しているのだが」、「〜が失望するレベルまで到達しているのだが」と考えることができるのです。

さて、話を戻して、⑤「形容詞を修飾」の「〜するには…」は、不定詞が前の形容詞を修飾している表現ですが、例文⑤では、「その中で泳ぐことに対しては」と、これも「→」（矢印）のイメージから同じように考えて例文を読み解くこともできるでしょう。

また、この⑤「形容詞を修飾」の〈S is ＋形容詞＋ to do〉の形を取る形容詞には Point 8 のようなものがあります。

さて、ここまででひと通り不定詞の基本を述べてきましたが、実際の英文ではなかなか基本どおりになっていない場合もあります。たとえば、

He tried to consciously stop thinking about his health.
（彼は自分の健康について考えるのを意識的にやめようとした。）

このような英文で、〈to ＋副詞＋動詞の原形〉の形で間に副詞が入っていることがあります。これはどうしても正確に文意を伝えるために、to と動詞の原形の間に副詞が入らざるを得ない場合に用いられる「分離不定詞」と呼ばれる形です。大学入試の英語長文にも出てくることがままありますので、〈to ＋動詞の原形〉が絶対ではないと覚えておきましょう。

まとめ note

Point 6（再掲）

〔不定詞の副詞的用法〕
① 目的 「〜するために」　② 感情の原因 「〜して…」
③ 結果 「〜した結果…」
④ 判断の根拠 「〜するとは…」「〜するなんて…」
⑤ 形容詞を修飾 「〜するには…」〈S is ＋形容詞＋ to do〉

④ She was really kind <u>to help</u> me with my homework.
（私の宿題を手伝ってくれるとは彼女は本当に親切だった。）

⑤ This river is dangerous <u>to swim</u> in. （この川は泳ぐには危険だ。）

Point 8

〔〈S is ＋形容詞＋ to do〉の形を取る主な形容詞〕

comfortable （心地よい）　　　convenient （便利な）

dangerous （危険な）　　　　difficult （難しい）

easy （容易な）　　　　　　hard （困難な）

impossible （不可能な）　　　interesting （おもしろい）

pleasant （楽しい）　　　　safe （安全な）

tough （困難な）

This book is easy <u>to read</u>. （この本は読みやすい。）

今まで見てきたように、こうした多様な意味で使われている不定詞ですが、もともとは、不定詞には to は付いていなかったということです。

　それは 1000 年ほど昔の英語の話ですが、当時、動詞の活用には今とは違って「動詞の原形」と呼ばれるものはなくて、その to のない「不定詞」と呼ばれていたものが今の英語でいう「動詞の原形」の役割を果たしていました。そしてそれは「動詞の観念」を表し、その動詞を代表する形だったということです。ちょっとややこしい話ですが。

　つまり、「昔の不定詞」とは、そこから動詞が活用されるもともとの形、ということです。要するに、今の「動詞の原形」です。しかも、それぞれの活用された形は今とは大分綴りが違うのです。

　さらには、当時、I、my、me のように不定詞は格変化をしていたというから驚きですが、それが、前置詞 to が to me や to him となるのと同じように、後に不定詞を従えて、〈to ＋不定詞〉となることもあったということです。ですから、どうも「昔の不定詞」は、とても名詞に近い感じなのでしょう。

　その後、名詞や動詞の活用語尾が消失していき、「昔の不定詞」は現在の「動詞の原形」と同じ形になりましたが、to と結びついていたほうの「不定詞」は、to が付いている分だけ形が明確なので、「不定詞」として今に残ってきた、ということなのです。これが「現在の不定詞」です。

　こういう歴史的なことからも、動詞の原形は、「観念的な」「抽象的な」名詞に近いような動詞の意味を表していると考えられます。
　また、動詞の原形は命令文で使われるように、「こうであれ、こうであること」、といった「観念」「理想」「抽象」「願望」「規範」などを表しています。だから、不定詞が、願望をほとんど意味するような動詞に使われるのだと考えることもできるでしょう。

　そのような動詞の原形に「到達することを前提とした方向」を示す前置詞の to が前に付いて、Point 9 に示すような「到達・移行・変化・対象」などのイメージを持った、日本語としてはいろいろな意味になるのが「現在の不定詞」、ということでしょう。

Point 9

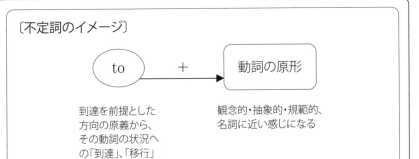

〔不定詞のイメージ〕

to ＋ → 動詞の原形

到達を前提とした
方向の原義から、
その動詞の状況へ
の「到達」、「移行」
「変化」「対象」の
意味になる。

観念的・抽象的・規範的、
名詞に近い感じになる

① I like <u>to read</u> books.

（私は本を読むという行為に到達しているのが好きだ。）

→ （私は本を読むのが好きだ。）

to → read books

（本を読むという行為に到達している）

② I have a book <u>to buy</u>.

（私は買うことに向かっている本を持っている。）

→ （私には買うべき本がある。）

a book → to → buy

（買うという行為に向かっている本）

③ We went there <u>to swim</u>.

（私たちはそこへ行って泳ぐという行為に移行する。）

→ （私たちは泳ぐためにそこへ行った。）

went there to → swim

（そこへ行った、泳ぐという行為に移行する）

06 不定詞

125

❷ 不定詞の意味上の主語

　不定詞を使った代表的な表現に、右ページの Point 1 の〈It 〜 to …〉や〈It 〜 for − to …〉の構文があります。

　この文の主語の It は to 以下を指す形式上の主語で、和訳するときに「それは」とは訳さず、意味の上で主語になるのは to 以下の部分だというのは基本でしたね。不定詞を主語にしても文としては成立しますが、例文①のような形式上の主語 It を使ったほうが英語としてはスマートだ、ということでした。

　この〈It 〜 to …〉の文で、to 以下の動作をする人を明示したいときは、例文②のように to の前に〈for −〉を置くのも Point 2 に示すように大事な基本事項でした。

　そして、この意味上の主語は、例文②③にあるように、形容詞的用法や副詞的用法でも使われます。これが意外と理解できていない場合がありますので、注意してほしいところです。

　例文②では、「あなたが読むべき」が「本」に後ろから係っています。例文③では、「エリースが入るために」という目的を表す副詞的用法で意味上の主語が使われています。

　そしてさらに、Point 3 にあるように、It と to の間に kind（親切な）や careless（不注意な）、honest（正直な）などの「人や行為の性質を表す形容詞」がある場合は、〈for −〉ではなく〈of −〉を使います。

　しかし、なぜ〈of −〉になるのでしょう。

　これは前置詞 of のイメージが下図のようなもので、あるものに付随しているイメージがあり、人や行為の性質はその人やその行為に付随するものだから、そうした場合は for ではなく of になると考えることができます。

〔of のイメージ〕
本体からあまり離れていない。
本体に付随・所属している。

② 不定詞の意味上の主語

Point 1

> ① It ～ to ….　　　「…することは～です」
> ② It ～ for ― to ….　「―が…するのは～です」
> 　　　　　　　　　　　「―にとって…するのは～です」

① <u>It</u> is easy <u>to</u> play tennis.（テニスをするのは簡単です。）

② <u>It</u> is easy <u>for</u> him <u>to</u> play tennis.
　　（彼にとってテニスをするのは簡単です。）

06　不定詞

Point 2

> 不定詞の意味上の主語は、不定詞の前に〈for ―〉を置く。

① It was difficult <u>for her to speak</u> Japanese.〔名詞的用法〕
　（彼女が日本語を話すのは難しいことでした。）

② Here is a book <u>for you to read</u>.〔形容詞的用法〕
　（あなたが読むべき本がここにある。）

③ Alex stood aside <u>for Elyse to enter</u> the room.〔副詞的用法〕
　（アレックスはエリースが部屋に入れるよう脇にどいた。）

Point 3

> It is ＋人や行為の性質を表す形容詞＋ ┃ of ― ┃ to do

「人や行為の性質を表す形容詞」がある場合、意味上の主語を示すには〈of ―〉を使う。

It is very <u>nice</u> <u>of you</u> <u>to help</u> me.
（私を助けてくれるなんてあなたはとてもやさしい。）

3 ▶ 不定詞の否定形、完了形、進行形、受動態

不定詞の否定形は、右ページの Point 1 のように、to の前に not や never を置くことになります。

下の例文のように、〈It ～ to …〉の構文にももちろん使われます。

It is important <u>not to</u> worry about mistakes.
（ミスを心配しないことが重要です。）

また、主節の動詞が表す「時」よりも前のことを表す場合は、右ページの Point 2 にあるように、不定詞の to の後を完了形にすることになります。Point 2 の下にある例文の場合でいうと、「病気だった」のは「言われていた」時点よりも前のことになります。

このように主節の「時」よりも前のことを表すのに完了形を使うのは、この不定詞だけでなく、後から出てくる「動名詞」や「分詞」でも同じです。共通している部分ですね。

また、右ページの Point 3 のように、不定詞の to の後に進行形の〈be 動詞＋～ ing〉が置かれている場合もあります。
「～している」「～しているところである」などの進行形の基本用法である「限られた期間内の動作の継続」といった意味を不定詞に加えていることになります。

さらに、Point 4 に示していますが、不定詞の to の後に受動態の〈be 動詞＋過去分詞〉が続いていることもあります。これは、受動態が表す「動作の受け身や完了」を不定詞に加えている表現になります。

下の例文でいうと、leave は「～を残す」という意味ですが、be left になると受動態ですから「残される」になり、不定詞を加えて to be left alone だと「一人で残されること」という意味になっています。

128

まとめ note

Point 1

不定詞の否定形…not や never を to の直前に置く。

I told him <u>not to make</u> a noise.

（私は音を立てないようにと彼に言った。）

Point 2

不定詞の完了形…〈to have ＋過去分詞〉。
　①　述語動詞の示す時より以前の時を表す。
　②　述語動詞の時点における完了・経験・継続を表す。

She was said <u>to have been</u> sick.（彼女は病気だったと言われていた。）

Point 3

不定詞の進行形…〈to be ～ ing〉

She seemed <u>to be listening</u> to me.

（彼女は私の言うことに耳を傾けているようだった。）

Point 4

不定詞の受動態…〈to be ＋過去分詞〉

She doesn't like <u>to be left</u> alone.

（彼女はひとり残されるのが好きではない。）

06 不定詞

4 ▶ 不定詞の重要表現

　不定詞を含む重要表現には、まず右ページの Point 1 のような疑問詞と不定詞を組み合わせた〈疑問詞＋ to 〜〉を確認しておきましょう。

　what と which には、⑥⑦のように〈疑問詞＋名詞＋ to 〜〉の形もあります。

　ここは、what to do なら「するべきこと」、which to read なら「読むべきどちらかのもの」、when to start なら「出発すべきとき」などと形容詞的用法で考えることもできるのですが、これは日本語で考えた場合の便宜的なもので、ここでも不定詞の原義「→」（矢印）で感じることもできると思います。

　たとえば、what to do なら「ことがら（what）「→」する状況（to do）」
　という感じで「する状況に向けたことがら」、つまり「するべきこと」になり、which to read なら「どちらかのもの（which）「→」読む状況（to read）」で「読む状況に向かうどちらかのもの」、つまり「読むべきどちらかのもの」と考えるほうがネイティブの感じ方に近いようです。

　さて、Point 2 は、不定詞を含む〈動詞＋（人）＋ to 〜〉の形の重要表現です。

　こうした構文の中にも、不定詞の原義「→」（矢印）が感じられます。
　①の例文では、「母が言って」から「私が洗う」、つまり、「母が言って」→「私が洗う」という不定詞の「矢印」が感じられ、ここでは「順序」を表しているようにも思われます。

　また、〈want 〜 to …〉よりもていねいな表現に〈would like 〜 to …〉「〜に…してもらいたい」があります。
　ちなみに、この場合、would は過去の意味ではなく will を弱めた意味です。「…が〜することを好む（望む）気持ちがあるんですけれど…」が文字通りの直訳です。

I would like you to play tennis.
（私はあなたにテニスをしてもらいたいのですが。）

4 不定詞の重要表現

Point 1

① what to 〜 　「何を〜したらよいのか」
② which to 〜 　「どちらを〜したらよいのか」
③ when to 〜 　「いつ〜したらよいのか」
④ where to 〜 　「どこへ ［で、に］ 〜したらよいのか」
⑤ how to 〜 　「どのように〜するのか、〜の仕方、方法」
⑥ what ＋名詞＋ to 〜 　「何の…を〜したらよいのか」
⑦ which ＋名詞＋ to 〜 　「どちらの…を〜したらよいのか」

① <u>what to</u> do（何をしたらよいのか）
② <u>which to</u> read（どちらを読めばいいのか）
③ <u>when to</u> start（いつ出発したらよいのか）
④ <u>where to</u> go（どこへ行ったらよいのか）
⑤ <u>how to</u> play the guitar（ギターの弾き方）
⑥ <u>what fruit to</u> eat（何の果物を食べたらいいのか）
⑦ <u>which car to</u> drive（どちらの車を運転したらよいのか）

Point 2

① tell 〜 to … 　「〜に…するように言う」
② ask 〜 to … 　「〜に…するように頼む」
③ want 〜 to … 　「〜に…してほしい」

① Mother <u>told</u> me <u>to</u> wash the dishes.
（母は私にお皿を洗うように言った。）
② Mother <u>asked</u> me <u>to</u> wash the dishes.
（母は私にお皿を洗うように頼んだ。）
③ My mother <u>wanted</u> me <u>to</u> wash the dishes.
（母は私にお皿を洗ってほしかった。）

前のページの Point 2 に出てきた〈tell ～ to …〉や〈ask ～ to …〉の不定詞 to の前に not を置くと不定詞の否定表現となり、右ページの Point 3 のように「…しないように」の意味になります。

さらに重要な表現として Point 4 の〈too ～ to …〉があります。

〈too ～〉は「～すぎる」という意味で、その後に形容詞や副詞をおいて「あまりに～すぎて」となり、〈to ＋動詞の原形〉とつながって「…するにはあまりにも～すぎる」、または前から訳して「あまりにも～すぎて…できない」となります。

〈It ～ to …〉の構文と同じように、〈too ～ to …〉の不定詞 to の前に〈for －〉を入れて、②の〈too ～ for － to …〉にすると、不定詞の意味上の主語を表して、「－が…するにはあまりにも～すぎる」または「あまりにも～すぎて、－には…できない」の意味になります。

関連する表現で、Point 5 の〈… enough to ～〉があります。

enough の前に形容詞や副詞を置き、その形容詞や副詞に〈enough to ～〉が後ろから係って、「～するのに十分…だ」または、「十分…なので～できる」の意味になります。
ここでも「後ろから係る」という英語特有の修飾のしかたがありますので、注意が必要です。

さらに、意味上の主語を表して、②の〈… enough for － to ～〉という形もあります。「－が～するには十分…だ」または、「十分…なので－は～できる」という意味になります。

このあたりは中学で学習する基本事項ですが、大学入試レベルの長文問題にもよく出てくる、とても大切な表現ばかりですので、一応念のため、説明しておきました。

Point 3

tell 〜 not to …	「〜に…しないように言う」
ask 〜 not to …	「〜に…しないように頼む」

He <u>told</u> me <u>not to</u> go there. （彼は私にそこへ行かないように言った。）

Point 4

①	too 〜 to …	「あまりにも〜すぎて…できない」
		「…するにはあまりにも〜すぎる」
②	too 〜 for − to …	
		「あまりにも〜すぎて、−には…できない」
		「−が…するにはあまりにも〜すぎる」

① She was <u>too</u> tired <u>to</u> study math.

（彼女はあまりに疲れすぎて数学を勉強できませんでした。）

② The bag was <u>too</u> heavy <u>for</u> him <u>to</u> carry.

（そのバッグは彼が運ぶには重すぎた。）

Point 5

①	… enough to 〜	「〜するのに十分…だ」
		「十分…なので〜できる」
②	… enough for − to 〜	「−が〜するには十分…だ」
		「十分…なので−は〜できる」

The man is rich <u>enough to</u> buy the house.

（その人はその家を買うのに十分お金持ちです。）

The question was easy <u>enough for</u> her <u>to</u> answer.

（その質問は十分簡単だったので彼女は答えることができた。）

5 ▶ 不定詞を含むいろいろな表現

〈to ＋動詞の原形〉という不定詞の形は一つですが、その意味がいろいろあるので、たとえば、「目的」であることをはっきり伝えるために、右ページのPoint 1 に示しているような表現があります。

①の 〈in order to 〜〉の order は「順序、規律、命令、注文」などの意味の名詞で、「〜するという命令・注文において」といった感じが文字通りの意味です。

文の主語と不定詞の意味上の主語が異なるときは、下の例文ⓐのように、原則どおり、不定詞 to の前に〈for －〉を入れて〈in order for － to 〜〉の形にすると「－が〜できるように、〜するように」となります。
また、「〜しないように」とするには、例文ⓑのように、これも原則どおり不定詞 to の前に not を置くことになります。

ⓐ He left early <u>in order for me to</u> catch the train.
　　（彼は私がその電車に乗れるように早く出発した。）
ⓑ I left early <u>in order not to</u> be late.
　　（私は遅れないように早く出発した。）

さて、多義語でなかなか理解しにくい as という語は、古英語（西暦 449 〜1100 年頃の英語）の all-swa（＝ wholly so「まったくそう」）から all-so となり、als と短縮されて、さらに as になったもので、also（同様に、〜もまた）とは同じ語源とされています。
こうしたことからいくつかの参考書などでは、「同じようなこと」とか「イコール」とか「等価」などとその本質を説明しています。

これに従うと、②の 〈so as to 〜〉は「そうすると（so）イコール（as）する状況に向かう（to do）」つまり、「そうすれば、〜する状況になる」で、「〜するために、〜するように」の訳語になっていると考えられます。

Point 2 は、仮の目的語 it とそれを受ける不定詞を使った大切な表現で、また、動詞に不定詞の to をつなげた Point 3 も頻出表現です。

5 不定詞を含むいろいろな表現

Point 1

> ① in order to ～　　「～するために」
> ② so as to ～　　　「～するために、～するように」

① He left early <u>in order to</u> catch the train.

（彼はその電車に乗るために早く出発した。）

② She hurried out <u>so as to</u> be in time for class

（彼女は授業に間に合うように、急いで家を出た。）

Point 2

> 〈find it ＋形容詞＋ to ～〉「～することは…だとわかる」

I <u>found it hard to finish</u> the report in a day.

（そのレポートを一日で仕上げるのは難しいと私はわかった。）

Point 3

> ① appear to ～　　「～のようだ、～のように見える」
> 　　　　　　　　　　　　　　　〔外見などから客観的に〕
> ② seem to ～　　　「～のように思われる、～に見える」
> 　　　　　　　　　　　　　　　〔話し手の主観的判断〕

① He <u>appears to be</u> a rich man.

（彼は金持ちのように見える。）

② He <u>seemed to be</u> quite happy.

（彼はまったくうれしそうだった。）

さて、次はややわかりにくい表現の〈be 動詞＋ to 不定詞〉です。

　これも形はこの一つなのに、右ページの Point 4 に示しているように、「予定、義務・命令、可能…」など様々あるので、なんでこんなにいろんな意味になるの？とほとんどの生徒は思ってしまう、面倒な表現です。

　ですが、be の根本は「存在」で、to は「到達を前提とした方向」を意味します。この 2 つの単語の組合せですから、「〜へ到達することを前提とした方向を向いて存在している」ということになると考えましょう。

　また、to のイメージは、下図のようなものです。これは方向だけを表す for とは違って、「到達」することを含んでいますので、少し「確実性」のようなものが感じられると私は思うのです。こうしたことから根底にある基本的意味を「取り決め・手はず」とする参考書もあります。

〔to のイメージ〕　　　　　　　　　　〔for のイメージ〕
到達することを意味する　　　　　　　　方向のみを表す

　こんなところから、全体的に主語や話者以外の第三者（神や運命も含めて）が立てた予定や意志、命令を伝えるために、この〈be to 〜〉は使われます。

　こうした感じから①の「予定」の意味では、形式張った言い方になり、特に公式の計画や手はずを述べるときに使われることになります。will や be going to を使った文より「確実性」の高い表現になります。

　②の「義務・命令」も「確実」にその動作に到達するといったニュアンスから「〜すべきだ、〜せねばならない」といった意味になるのでしょう。

　③の「可能」は、否定文で受動態の不定詞〈to be ＋過去分詞〉の形で使われて、「〜されることになっていない」→「〜できない」の意味になります。「可能」というより「不可能」の用法としている参考書もあります。

　⑤は神や運命という第三者の意志によって、to に続く動詞の状態に「到達」したことを表しているのだろうと考えられます。

まとめ note

Point 4

〔be ＋ to 不定詞の用法〕
① 予定「〜する予定である、することになっている」
　　　　　　確定した、変更されそうにない予定や取り決め。
② 義務・命令「〜すべきだ、〜せねばならない」
　　　　　　主語の意志や希望ではなく、他から課せられた義務。
　　　　　　親から子への指示や、掲示板での注意書きによく見られる。
③ 可能「〜できる」
　　　　　　否定文や受動態で使われることが多い。
④ 意図「〜するつもりである、〜したいと思う」
　　　　　　ふつう、単なる条件を表す if 節の中で使われる。
⑤ 運命「〜する運命である」
　　　　　　自分では変えられない運命を表す。never、again、after all などの語句を
　　　　　　含み、過去形の文で用いられることが多い。

06 不定詞

① The Minister <u>is to</u> visit Okinawa next week.
　（大臣は来週、沖縄を訪問することになっている。）

② You <u>are to</u> wash the dishes before you play a video game.
　（君はテレビゲームをする前にお皿を洗うことになっている。）

③ Not a cloud <u>was to</u> be seen.
　（雲ひとつ見られなかった。）

④ If you <u>are to</u> succeed, you must make every effort.
　（成功したければ、あらゆる努力をしなければならない。）

⑤ She <u>was</u> never <u>to</u> see her family again.
　（彼女は自分の家族に二度と会うことのない運命だった。）

さて、不定詞を使った表現には、右ページの Point 5 に示しているように、文中に挿入されたりして、文全体を修飾したりする、決まりきった表現があります。

これを文法用語で「独立不定詞」といいます。

① 〈to begin [start] with〉は「～で始めると、始めるならば」が直訳で、「～」にあたる部分は、前置詞 with を使っていることからも、その文脈の状況や後に出てくる内容を指していると思われます。これを日本語らしくして「まず最初に、初めは、第一に」といった訳語にしているのです。

② 〈to be sure〉の sure は形容詞で「～を確信して」といった意味です。ですので、直訳では「確信している存在まで到達しているが」といった感じで、日本語らしくすると「確かに」となります。

⑤ 〈to be honest〉は「正直であるとすると」などが直訳で、そこから「正直に言うと」となります。

⑦ 〈needless to say〉の needless は形容詞で意味は「無用の、不要の」です。この表現の前には分詞構文の being が省略されていると考えられます。直訳は「言うことは不要であるけれども」です。これを「言うまでもなく」と自然な言い方にしています。分詞構文の説明は「9. 分詞構文」を見てください。

⑨ 〈to say nothing of ～〉は「～については何も言うことがないが」が文字通りの意味で、これを自然にして「～は言うまでもなく」。⑩と⑪は to の前に not を置いて不定詞を打ち消す言い方にして「～は言うまでもなく」としています。

⑯ 〈to make matters worse〉は、〈make A B〉「A を B にする」という第5 文型の形をした表現で「matters（問題）を worse（より悪く）すると」が直訳です。⑰ 〈to make a long story short〉も同じように「a long story（長い話）を short（短く）すると」が文字通りの意味です。

こうしたことをヒントに覚えてみてください。

Point 5

〔主な独立不定詞〕

①	to begin [start] with	「まず最初に、初めは、第一に」
②	to be sure	「確かに」
③	to be frank (with you)	「率直に言って」
④	so to speak	「いわば」
⑤	to be honest	「正直に言うと」
⑥	to tell (you) the truth	「実を言うと」
⑦	needless to say	「言うまでもなく」
⑧	to be brief	「手短に言えば」
⑨	to say nothing of ～	「～は言うまでもなく」
⑩	not to speak of ～	「～は言うまでもなく」
⑪	not to mention ～	「～は言うまでもなく」
⑫	to say the least (of it)	「控えめに言っても」
⑬	not to say ～	「～とは言えないまでも」
⑭	to be exact	「正確に言うと」
⑮	strange to say	「不思議なことに」
⑯	to make matters worse	「さらに悪いことには」
⑰	to make a long story short	「手短に言うと」
⑱	to do ～ justice	「～を公平に評価すれば」

⑥ <u>To tell the truth</u>, I told him a lie.

（実を言うと、私は彼にうそをつきました。）

06 不定詞

その他、不定詞に関する主な重要表現をまとめると右ページの Point 6 のようになります。

　①〈happen to 〜〉の happen は「〈事が〉（偶然に）起こる」という意味ですが、「偶然〜する」だけでは自然な日本語にならない場合があります。例文①のように「ひょっとして〜する、もしかして〜する」なども覚えておきましょう。

　②〈come［get］to 〜〉の come は「（話し手のほうへ）やって来る、（聞き手のほうへ）行く」がもともとですが、そこから「（人や物事の状況や事態が）進行する、移行する」などの意味に広がりました。get も元は「〜を手に入れる」ですが、これは物だけでなく状態も手に入れる、つまり「〜になる」という意味に使うようになりました。そうした動詞に不定詞をつなげた表現です。

　⑦〈turn out to be 〜〉の turn は「回る、曲がる、変わる」ですが、ページをめくるときもこの turn を使います。out は「外へ」ですが、つまり「内から外へ」を意識させて「（物事が）現れて」などのイメージがあります。
　こうした単語のつながりに、to be 〜「〜であること」、ここに不定詞の矢印（→）のイメージが感じられますが、それがつながって、「ページをめくってみたら、それまでわからなかったものが現れた」という感じで「〜であることがわかった」という意味になります。
　ちなみに、turn は、あまり口を開けずに言う、こもった音のような、あいまい母音の［ə］で発音します。girl と同じです。ときどき、大きく口を開けてはっきりと言う park などの［ɑ］で発音する人（先生も含めて）がいますので、そういう人がいるとついつい教えてあげたくなります。

　それはさておき、⑧〈be likely to 〜〉の likely がよくわからないという生徒がいますが、これは前置詞や接続詞の like に ly を付けて副詞にしたものだと考えれば少し理解しやすいのではないでしょうか。
　前置詞や接続詞の like は「〜のような、〜と同じように」などの意味で様態や状況が似ていることを意味します。それに ly を付けて副詞にしたので、「（そういう状況に似ていることに）なりそうな、起こりそうな」といった感じです。わかりにくい単語は派生語からも考えてみましょう。

Point 6

〔不定詞を含む重要表現〕

① happen to 〜　　　　　「偶然（たまたま、もしかして）〜する」
② come［get］to 〜　　　「〜するようになる」
③ learn to 〜　　　　　　「〜する（できる）ようになる」
④ manage to 〜　　　　　「なんとか〜する」
⑤ can afford to 〜　　　　「〜する余裕がある」
⑥ prove to be 〜　　　　「〜だとわかる」
⑦ turn out to be 〜　　　「〜だとわかる」
⑧ be likely to 〜　　　　「〜しそうだ、たぶん〜するだろう」
⑨ be sure to 〜　　　　　「きっと［間違いなく］〜する」
⑩ be ready to 〜　　　　　「進んで〜する」
⑪ be willing to 〜　　　　「〜する気がある」
⑫ be reluctant to 〜　　　「〜することに気が進まない」
⑬ be［feel］inclined to 〜「〜する傾向がある」
⑭ be due to 〜　　　　　　「〜するはずだ」
⑮ be eager to 〜　　　　　「しきりに〜したがる」
⑯ be anxious to 〜　　　　「〜したくてたまらない」
⑰ have something to do with … 「…と関係がある」
⑱ have nothing to do with …　　「…と関係がない」
⑲ All ＋主語＋ have to do is（to）〜「〜しさえすればよい」
⑳ do nothing but 〜　　　「〜ばかりしている」

（※「〜」は動詞の原形を表しています。）

① Do you <u>happen to</u> know him?
（ひょっとして彼をご存じですか。）

⑦ The whole thing <u>turned out to be</u> a cheat.
（全てがごまかしだとわかった。）

⑧ It <u>is likely to</u> be hot tomorrow. （明日は暑くなりそうだ。）

07 動名詞

1 動名詞の基本

「動名詞」とは、もともと「動詞」だったものが「名詞」のような働きをするので付けられた名前です。ペンパイナッポーアッポペン（ちょっと古くてゴメンナサイ）ではありませんが、くっつけた名前です。

この動名詞にも少し私は思うところはあるのですが、まずはとりあえず基本をひと通り説明します。

右ページの Point 1 のように、形は動詞に ing を付けたものですから、現在進行形や過去進行形のときの〜 ing 形（これは「現在分詞」といいます）と同じですが、意味は違っていて「〜すること」になります。不定詞のようにいくつも日本語の意味はありませんので、まだ理解しやすいなあ、と思ったりする人もいます。

ただ、文の中ではいくつか働きがあって、Point 1 のように、文の①主語、②補語、③動詞の目的語、④前置詞の目的語になることができます。

こうした使われ方には、注意しなければならないことが Point 2 に示すように、いくつかあります。

まず、①は「動名詞を主語にした場合は 3 人称単数扱いになる」ということです。

ですから、be 動詞なら is、または was、一般動詞で現在形なら 3 人称単数現在の s（es）を付けなければいけません。ちなみに、これは不定詞を主語に用いたときも同じです。

次に、②は「前置詞の後に置く動詞は動名詞でないと置けない」ということです。これは特に重要です。

また、動名詞は補語になることができますが、場合によっては、〈be 動詞＋動詞の ing 形〉の形になっていることがあります。Point 3 のように、これを動名詞ととるか進行形と考えるかは、あくまで文全体やその前後の文脈で判断することになりますので注意が必要です。

1 ▶ 動名詞の基本

Point 1

> 動名詞　〔形・意味〕…〈動詞＋ ing〉「～すること」
> 　　　　〔働き〕① 　主語　　　　　② 　補語
> 　　　　　　　　③ 　動詞の目的語　④ 　前置詞の目的語

① 　<u>Playing</u> tennis is a lot of fun.
　　（テニスをすることはとても楽しい。）
② 　His job is <u>driving</u> a bus.（彼の仕事はバスを運転することです。）
③ 　He likes <u>swimming</u> in the sea.（彼は海で泳ぐことが好きです。）
④ 　She was good at <u>skiing</u>.（彼女はスキーが上手でした。）

Point 2

> ① 　動名詞の主語…3 人称単数扱い
> ② 　前置詞の後に置く動詞→動名詞

① 　<u>Reading</u> books <u>is</u> interesting.〔動名詞が文の主語〕
　　（本を読むことはおもしろい。）
　= <u>To read</u> books <u>is</u> interesting.〔不定詞が文の主語〕
　　（本を読むことはおもしろい。）

Point 3

> 〈be ＋～ ing 形〉の意味は文脈で判断。進行形の場合もある。

My hobby is <u>playing</u> the violin.
（私の趣味はバイオリンを弾くことです。）〔動名詞〕

My mother is <u>playing</u> the violin.
（私の母はバイオリンを弾いています。）〔進行形〕

07 動名詞

動名詞の動作を行う人（これを「動名詞の意味上の主語」といいます）は、通常は主節の主語になります。しかし、そうでない場合に、これを表すには右ページの Point 4 のようにしなければなりません。

　また、動名詞は「〜すること」という意味になりますが、これを打ち消して「〜しないこと」にするには、動名詞の ing 形の前に右ページの Point 5 にあるように、not や never を置けば否定形になります。

　例文では、not が wasting を打ち消しているので「無駄遣いしないこと」になります。

　これは、不定詞がその to の前に not や never を置いて否定形になるのと同じですね。あとに出てくる「分詞構文」の否定形もその前に not や never を置くことになりますので、このあたりは共通するものがあるようです。

　さて、動名詞が表す「時」は、基本的には主節の動詞が表す時間と同じになります。
　これを、主節の動詞が表す「時」よりも時間的に前のことであることをはっきりと示すには、Point 6 にあるように、動名詞の完了形を使います。ここも不定詞と同じようなことですね。
　例文では、was punished「罰せられた」のはもちろん過去のことですが、having cheated「カンニングをして」はそれよりも時間的に前のことを示しています。

　ただし、文脈上、時制の前後関係に誤解が生じなければ、完了形の動名詞にする必要はありません。動名詞そのものが過去志向の性質をもつため、完了形の動名詞が使われる頻度はあまり高くないのが実情です。

　英語は歴史的に多民族が入り交じることで簡潔な文のほうが好まれてきたという特徴がありますし、加えて、やはり人間のしゃべる言葉なので、面倒な言い方は次第に淘汰されてなくなっていくのが自然な流れなのでしょう。

まとめ note

Point 4

〔動名詞の意味上の主語〕
① 代名詞の場合
　　　所有格か目的格を動名詞の直前に置く。
　　　口語では、目的格が好まれる。
　　　文頭に意味上の主語がくる場合はふつう所有格を使う。
② 名詞の場合
　　　アポストロフィ・エス（'s）をつけて所有格にするか目的格（そ
　　　のままの形）を動名詞の直前に置く。

① She got angry about me［my］getting a bad grade in math.
（私が数学で悪い成績をとったことに彼女は腹を立てた。）
② He was proud of his son's［son］getting into the medical school.
（彼は息子が医学部に入ったことを誇りに思っていた。）

Point 5

動名詞の否定…〜 ing の直前に not や never を置く。

She is proud of not wasting any money.
（彼女はお金を無駄遣いしないことが自慢だ。）

Point 6

動名詞の完了形…〈having ＋過去分詞〉
　　　述語動詞より以前に起こったことを明示するときに用いる。

He was punished for having cheated on the exam.
（彼は試験でカンニングをして罰せられた。）

また、動名詞の受動態は右ページの Point 7 のようになります。
受動態の形〈be 動詞＋過去分詞〉の be を動名詞 being にしただけです。

ちなみに、動名詞の完了形の受動態なら、Point 8 のようにこれらを組み合わせて〈having been ＋過去分詞〉になります。

さて、動名詞の基本的な部分はこれぐらいで、通常、こんなふうにいろんな参考書には説明されています。ですが、これ、この動名詞のあとの章に出てくる現在分詞と形は ing 形で同じですよね。

また、意味上の主語の表し方は少しだけ違いますが、否定の仕方、受動態や完了形の受動態の作り方も、動名詞と現在分詞では同じです。

こうしたことから、文章の先頭に、たとえば、Talking と出てきたら、いったい英語のネイティブスピーカーはどんな感じでこの Talking をとらえているのかな、と私なんかは思ってしまうのです。

こうしたことに関しては、「分詞構文」の章で私の考えを述べたいと思います。

Point 7

動名詞の受動態…〈being ＋過去分詞〉「〜されること」

He didn't like <u>being treated</u> that way.

（彼はそんなふうに扱われるのが好きではなかった。）

Point 8

動名詞の完了形の受動態…〈having been ＋過去分詞〉
「〜されたこと、されていたこと」

He is angry at <u>having been treated</u> that way.

（彼はそんなふうに扱われたことを怒っている。）

2 ▶ 動名詞と不定詞

　動名詞と不定詞の名詞的用法はどちらも日本語にすると「〜すること」の意味になりますが、その持っている性質は右ページの Point 1 のように異なります。

　こうした性質の違いがありますので、動詞によって目的語に不定詞をとるのか、動名詞をとるのかが異なってきます。

　まず、不定詞だけを目的語としてとる動詞は、右ページの Point 2 のようになります。下の例文のように、hope の後に動詞を置くときは不定詞にしなければならないのです。

　（正）I hope to go to Kyoto.（私は京都へ行きたい）
　（誤）I hope going to Kyoto.
　　　　　　×

　この違いは、やはり Point 1 に記したように不定詞と動名詞の基本性質の違いからきています。

　不定詞は、「これからすること、未確定のこと」を表し、動名詞は、「過去にしたこと（反復・習慣・経験）、現在していること、気持ちの上ではすでにしている未来の行為」を表すというところからきているのです。

　ですから、不定詞しか取らない動詞の意味をよくよく見ると、〈want to 〜〉「〜したい」、〈hope to 〜〉「〜することを望む」、〈decide to 〜〉「〜することを決心する」、〈wish to 〜〉「〜することを望む」など、どれもまだ実際には行っていない動作、これから将来行おうとする動作を意味しています。
　こうした未来志向の内容から、不定詞を取ることになるのです。

　このように不定詞をとる動詞は、まずまず理解しやすいようです。
　問題は動名詞です。

② 動名詞と不定詞

Point 1

〔不定詞と動名詞の基本性質〕

不定詞…これからすること、未確定のことを表す。

動名詞…過去にしたこと（反復・習慣・経験）、現在していること、
　　　　気持ちの上ではすでにしている未来の行為を表す。

Point 2

〔不定詞だけを目的語にとる動詞〕

　未来に向けて約束・希望・意図などを表す動詞が多い。

agree（同意する）	aim（目指す）
choose（選ぶ）	decide（～しようと決心する）
desire（強く望む）	determine（決心する）
expect（期待する）	hope（～することを望む）
mean（意図する）	plan（計画する）
promise（約束する）	want（～したい）
wish（～したいと思う）	

I <u>promised to</u> study math harder.

（私はもっと熱心に数学を勉強すると約束した。）

動名詞を目的語にとる動詞は右の Point 3 のようになります。つまり、次の例文のように enjoy の後に動詞を置こうとするときは動名詞にしなければならないのです。不定詞では文法的には間違いになります。

（正）I <u>enjoyed reading</u> the book.（私はその本を読んで楽しんだ）
（誤）I <u>enjoyed to read</u> the book.

　しかし、これを覚えるのはなかなか大変だ、ということで誰が考えたのか私は知りませんが、右ページの・**参考**・のように、動詞の頭文字をつなげて語呂合わせで「メガフェップスダッパムシー（megafepsdapamc）」と予備校などでは教えている場合もあるようです。

　ところが、センター試験 2018 年度本試験第 2 問の問 3 には、この「メガフェップスダッパムシー」をあざ笑うかのように、次のような 4 択問題の出題がありました。

After I injured my elbow, I had to quit 　10　 for my school's badminton team.

① playing　　② to be playing　　③ to have played　　④ to play

　英文の意味は「ひじをけがした後、私は学校のバドミントン・チームでプレイするのをやめなければならなかった」です。そして正解は①の playing です。quit が動名詞だけをとる動詞だからです。

　「メガフェップスダッパムシー」を後生大事に覚えていた生徒も、これを熱心に教えていた先生もちょっと困惑したのではないかと思います。なぜなら「メガフェ…」には、残念ながら quit が含まれていないからです。
　覚えるための取っかかりとしては有用かもしれませんが、あまり語呂合わせだけに頼りすぎるとこんな風に困ったことになる場合もあるかもしれません。

　では、どうしたらいいのでしょうか？
　なかなかこの動名詞だけを目的語にとる動詞のいい覚え方はないのですが、どうもよく考えてみると、152 ページのような不定詞と動名詞のイメージが感じられます。

まとめ note

Point 3

〔動名詞だけを目的語にとる動詞〕

すでに起こったことや一般的なことを表す動詞が多い。

admit（認める）	advise（忠告する）
appreciate（感謝する）	avoid（避ける）
consider（熟考する）	deny（否定する）
escape（免れる）	enjoy（楽しむ）
fancy（思い描く）	finish（終える）
give up（あきらめる）	help（避ける）
imagine（想像する）	mind（嫌がる）
miss（しそこなう）	put off（延期する）
postpone（延期する）	practice（練習する）
quit（やめる）	recommend（勧める）
resist（拒否する）	stop（やめる）
suggest（提案する）	

・参考・

「メガフェップスダッパムシー」（megafepsdapamc）

動名詞だけをとる以下の動詞の頭文字をつなげたもの。

<u>m</u>ind、<u>e</u>njoy、<u>g</u>ive up、<u>a</u>void、<u>f</u>inish、<u>e</u>scape、<u>p</u>ostpone、
<u>s</u>uggest、<u>d</u>eny、<u>a</u>dmit、<u>p</u>ractice、<u>a</u>dvise、<u>m</u>iss、<u>c</u>onsider

〔不定詞のイメージ〕　　　　　　　　〔動名詞のイメージ〕
その行為に到達することを意味する　　　動作を行っている様子が思い浮かぶ

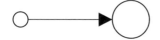

　不定詞は、前にも述べたように「到達することを前提とした方向」の to を使っているので、どうも上図のようなイメージです。その行為に到達することを願い望むような感じです。

　一方、動名詞、〜 ing 形になると、その動作を行っている様子・状況が目に浮かぶ、というイメージなのです。これは現在分詞にもつながるイメージです。詳しくは現在分詞の項目のところで述べたいと思います。

　しかし、それだけではわかりにくいので、前ページの Point 3 を右の Point 4 のように、その動詞の意味から分類してみました。

　①の「習慣・経験系」というのは、習慣やすでに経験したことのある動作なので、その様子や状況が思い浮かべやすいのかもしれません。

　②の「思考・空想系」は、まさに「様子を思い浮かべている」のでドンピシャリ。ただ、不定詞の want や hope などとは違って、そこには「願望」の要素は少ないように感じられます。つまり、不定詞はそこへ到達する、つまり、その動作を望む気持ちがある一方、動名詞はただ単に様子や状況を思い浮かべているだけ、といったイメージが感じられるからです。

　③の「認否系」は、認めるか、否定するかを表す動詞。④の「終止・延期・回避系」は、ともかくその動作を止めるか、延ばすか、避けるかで、結局しない動詞。⑤の「助言・提案系」はその名の通り。こうした意味の動詞のときに、その動詞の動作の様子や状況が思い浮かぶのではないかと考えられます。

　それでもまだまだ未知なところです。理解の一助にしてください。

Point 4

〔動名詞だけを目的語にとる動詞〕

①習慣・経験系

  appreciate（感謝する） enjoy（楽しむ）

  practice（練習する）

②思考・空想系

  consider（熟考する） fancy（思い描く）

  imagine（想像する）

③認否系

  admit（認める） deny（否定する）

  dislike（嫌だと思う） mind（嫌がる）

  resist（拒否する）

④終止・延期・回避系

  avoid（避ける） escape（免れる）

  finish（終える） give up（あきらめる）

  help（避ける） miss（しそこなう）

  postpone（延期する） put off（延期する）

  quit（やめる） stop（やめる）

⑤助言・提案系

  advise（忠告する） recommend（勧める）

  suggest（提案する）

動名詞と不定詞の両方を目的語にとる主な動詞は、右ページの Point 5 のように
になります。

　like（好きだ）、love（大好きだ）、hate（嫌う）があるので、「好き嫌い」は
両方取れるのかというと、そういうわけでもありません。dislike（～が嫌い）は、
目的語に動名詞しかとれないのです。このあたりが一筋縄ではいかないところ
です。

　また、どちらも取れるといっても若干の違いは出てきます。

　Point 5 の例文では、①のほうは「経験上、日頃から歯医者に行くのは嫌だ」
という意味ですが、②の不定詞を使った例文では「今から歯医者に行くのは嫌だ」
といった意味を含むことがあります。

　こうしたことは、やはり動名詞が「経験・習慣」、不定詞が「将来・未来」と
いった性質を持っているからと考えられるでしょう。
　like や love についても同じことが言えるということです。

　こうした違いによって、Point 6 のように両方取れるけれども、意味がはっき
り異なってくるものがあります。これは動名詞と不定詞の性質の違いから理解
しやすいと思います。

　また、動名詞だけを目的語にとるものに、stop がありますが、これは少し注
意が必要です。

　右の Point 7 に示すように〈stop ～ ing〉で「～することをやめる」ですが、
不定詞を後にとって、「stop to ＋動詞の原形」も間違いではなくて、この〈stop
to ～〉は副詞的用法の不定詞で、「～するために立ち止まる〔手を休める〕」と
いう意味になります。

Point 5

〔動名詞と不定詞の両方を目的語にとる動詞〕

like（好きだ）　　　　love（大好きだ）　　　　hate（嫌う）

begin, start（始める）　　　continue（〜し続ける）

cease（終わる）　　　　intend（意図する）

① I <u>hate going</u> to the dentist's.（（日頃、）歯医者へ行くのは嫌だ。）

② I <u>hate to go</u> to the dentist's.（（今から）歯医者へ行くのは嫌だ。）

Point 6

〔不定詞をとるか動名詞をとるかで意味の違う動詞〕

① try to 〜「〜しようと〔努力〕する」〔したかどうかは不明〕

　try 〜 ing「〔試しに〕〜してみる」〔実際にやってみた〕

② remember to 〜「〔これから〕〜するのを覚えている」

　remember 〜 ing「〔過去において〕〜したのを覚えている」

③ forget to 〜「〔これから〕〜するのを忘れる」

　forget 〜 ing「〔過去において〕〜したのを忘れる」

② <u>Remember to give</u> him the book.

（彼に本を渡すのを覚えておきなさい。）

I <u>remember giving</u> him the book.

（私は彼に本をあげたのを覚えています。）

Point 7

① stop 〜 ing「〜することをやめる」

② stop to 〜　「〜するため立ち止まる」

① They <u>stoped talking</u>.（彼らは話すのをやめた。）

② They <u>stopped to talk</u>.（彼らは話をするために立ち止まった。）

07 動名詞

3 ▶ 動名詞の重要表現

　前置詞の後にはふつう、名詞や代名詞が置かれますが、動名詞も前置詞の後にくることができます。「名詞、代名詞、動名詞は前置詞のあとに置ける」と、よく生徒に教えています。

　前にも述べましたが、逆に言うと、前置詞の後に動詞を置くときは動名詞でないといけないということです。

　さて、まず〈前置詞＋動名詞〉の形で主なものは、右ページの Point 1 ようになります。

　⑤の〈on ～ ing〉「～するとすぐに」は、on の原義である下図左の「接触」からきています。そこから下図右のように、ある動作と次の動作が「接触」している、つまり、ある動作のあとすぐに次の動作が行われた、という意味になることがイメージとして理解できると思います。

〔on の基本イメージ〕
　接触しているイメージ

〔on ～ ing のイメージ〕
ある動作と次の動作が接触しているイメージ

ある動作　　　次の動作

接触

　⑥の〈in ～ ing〉「～する際に、～するときに」は、「（一般的に）～するときは…」という意味で、前置詞 in の下図のようなイメージから理解できるでしょう。例文では、「通りを横切るという空間や環境では」という感じです。

〔in の基本イメージ〕
　空間〔環境〕の中にいるイメージ

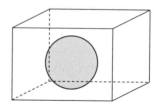

3 ► 動名詞の重要表現

Point 1

〔〈前置詞＋動名詞〉の形の重要表現〕

①	after 〜 ing	「〜したあとに」
②	before 〜 ing	「〜する前に」
③	for 〜 ing	「〜するために」
④	by 〜 ing	「〜することによって」
⑤	on 〜 ing	「〜するとすぐに」
⑥	in 〜 ing	「〜する際に、〜するときに」
⑦	without 〜 ing	「〜しないで、〜せずに」
⑧	instead of 〜 ing	「〜する代わりに」

① I ate breakfast <u>after studying</u> English.

（私は英語を勉強したあとに朝食を食べました。）

② I studied English <u>before eating</u> breakfast.

（私は朝食を食べる前に英語を勉強しました。）

③ Alex joined the gym <u>for losing</u> weight.

（アレックスは減量のためのジムに入った。）

④ He passed the examination <u>by studying</u> hard.

（彼は懸命に勉強することで、その試験に合格した。）

⑤ <u>On hearing</u> the song, he smiled quietly.

（その歌を耳にするとすぐに、彼は静かに微笑んだ。）

⑥ Be careful <u>in crossing</u> the busy street.

（交通量の多い通りを横切るときは注意しなさい。）

⑦ She went out <u>without saying</u> good-by.

（彼女はさよならも言わずに出て行った。）

⑧ She worked at home all day <u>instead of going</u> to the office.

（彼女は会社に行く代わりに一日中家で仕事をした。）

be で始まる動名詞を含む主な重要表現は、右の Point 2 のようになります。どれもこれも大切な表現です。

　できれば、丸暗記するのではなく、前々ページに説明したような、もともとの単語の直訳的意味やイメージから理解しておくと、記憶に残りやすいと思います。つながりのないバラバラなものより、理屈があったり筋道があったりするもののほうが人間は記憶しやすいからです。

　②の〈be fond of ～ing〉では、fond は「好きで、好んで、愛して」といった意味の形容詞です。of のイメージは下のようになります。

〔of の基本イメージ〕
本体に近いイメージ。なので、
「～の」や「～について」などの
意味になる。「分離」も意味する。

　④の〈be worth ～ing〉の worth は辞書によっては形容詞と記載されていたり前置詞となっていたりして、判断の分かれる少し面倒な単語ですが、意味は「値する」「価値がある」です。形容詞的な意味だけど、あとに動名詞を取れるので前置詞とも考えられる、品詞分類からは困った単語です。

　こうしたことからも品詞はある程度、理解や説明するのに便利ではありますが、品詞分類しようとすることによって新たな問題を生じさせるという面がどうしても出てきてしまいます。

　さて、話を戻して、⑥の〈be used to ～ing〉は、もともと、use「使用する」の意味が、そこから「習慣にする」、そして「～に慣れている」と広がった表現です。
　なお、助動詞のところで出てきた〈used to ＋動詞の原形〉「（以前は）～だった」と混同しないよう注意しましょう。

　⑧の〈be opposed to ～ing〉は、次々ページの Point 3 の⑦〈object to ～ing〉とともに、「～することに反対である」という意味ですが、「反対する」対象には to を使うのが共通点なようです。

まとめ note

Point 2

〔動名詞の重要表現(1)〕
①	be good at 〜 ing	「〜するのが得意だ、上手だ」
②	be fond of 〜 ing	「〜するのが好きだ」
③	be interested in 〜 ing	「〜することに興味がある」
④	be worth 〜 ing	「〜する価値がある」
⑤	be on the point of 〜 ing	「まさに〜しようとするところだ」
⑥	be used to 〜 ing	「〜することに慣れている」
⑦	be afraid of 〜 ing	「〜することを恐れる」
⑧	be opposed to 〜 ing	「〜することに反対である」

① Alex is good at speaking French.
(アレックスはフランス語を話すのが得意です。)

② Tom is fond of playing soccer.
(トムはサッカーをするのが好きです)

③ She was interested in studying Japanese history.
(彼女は日本の歴史を勉強することに興味がある。)

④ His speech is worth listening to.
(彼の演説は聞く価値がある。)

⑤ The train was on the point of starting.
(列車はまさに出発しようとしていた。)

⑥ Jennifer is used to eating with chopsticks.
(ジェニファーは箸で食べるのに慣れている。)

⑦ My brother was afraid of making mistakes.
(私の兄は間違いをすることを恐れていた。)

⑧ He was opposed to carrying out the new plan.
(彼はその新しい計画を実行することに反対だった。)

一般動詞と動名詞の組合せの重要表現は、Point 3 のようになります。

①の〈feel like ～ ing〉の like は「～のような」の意味です。ですから、「～するように感じる」が直訳的な意味で、日本語らしくすると「～したい気がする」。

②の〈look forward to ～ ing　〉の look はもともと「視線を動かす」です。forward は「前方へ（に）」、to は「到着を前提とした方向」、～ ing は動名詞で「その行為をしている状況が目に浮かぶ」。こうしたことから「ある行為をしている状況を思い浮かべてそこに視線（思い）が向かっている」といった感じから「～するのを楽しみにしている」になるのでしょう。

⑥は「～することなしに…できない」が直訳です。文脈によっては直訳のままでいい場合もあります。それでしっくりこなければ、その裏返しの「…すると必ず～する」と訳します。

⑧の〈prevent A from ～ ing〉「A に～させない」や⑨の〈keep A from ～ ing〉「A に～させない」、⑩の〈stop A from ～ ing〉「A に～させない」は、それぞれ、from を使っているところに特徴があります。

from のイメージは下図のとおりで、本体から幾分、距離があります。そうしたことから、「ある動作の行為・状況から遠ざける」、だから「～させない」という意味のときに from が使われると考えられます。

〔from の基本イメージ〕
本体から距離があるイメージ。
途中が不明な場合もあるイメージ。

Point 3

〔動名詞の重要表現(2)〕

① feel like 〜 ing 　　　「〜したい気がする」
② look forward to 〜 ing 「〜するのを楽しみにしている」
③ can't help 〜 ing 　　「〜せざるをえない、思わず〜してしまう」
④ need 〜 ing 　　　　「〜される必要がある」
⑤ devote … to 〜 ing 「〜することに…を捧げる、充てる」
⑥ never〔cannot〕… without 〜 ing 「…すると必ず〜する」
⑦ object to 〜 ing 　　　「〜することに反対である」
⑧ prevent A from 〜 ing 「A に〜させない」
⑨ keep A from 〜 ing 「A に〜させない」
⑩ stop A from 〜 ing 　「A に〜させない」

① I don't <u>feel like singing</u> now.（私は今は歌う気がしない。）

② I'm <u>looking forward to seeing</u> you.
（私はあなたに会えるのを楽しみにしています。）

③ She <u>couldn't help laughing</u> at his joke.
（彼女は彼の冗談に思わず笑ってしまった。）

④ His house <u>needs repairing</u>.（彼の家は修繕が必要です。）

⑤ He <u>devotes</u> his days <u>to reading</u>.（彼は毎日を読書に充てている。）

⑥ She <u>never</u> goes out <u>without taking</u> her dog.
（彼女は出かけるときは必ず犬を連れている。）

⑦ We <u>object to building</u> a dam in our village.
（自分たちの村にダムを建設することに我々は反対である。）

⑧ Illness <u>prevented</u> me <u>from coming</u> to school.
（病気のため私は学校へ行けなかった。）

⑨ The doctor <u>kept</u> us <u>from going</u> out.
（医者は私たちを外出させなかった。）

⑩ She <u>stopped</u> the child <u>from playing</u> with matches.
（彼女は子供にマッチで遊ばせないようにした。）

07 動名詞

その他の動名詞を含む重要表現は、右ページの Point 4 のようになります。

①から③は典型的な「勧誘」の表現です。④は「依頼」、⑤は「感謝」ですね。

④の〈Would [Do] you mind 〜 ing?〉の mind は「〜を嫌だと思う、〜を気にする」という意味で、この表現の文字通りの直訳は「〜するのは嫌ですか」です。
　そうとらえていたほうが応答で間違えないのでいいと思うのですが、参考書などにはふつう「〜していただけませんか」となっていますので、それも一応覚えておきましょう。

もともと、「〜するのは嫌ですか」ですから、これに対する答え方は、「いいですとも」には、Certainly not. Of course not. No, not at all.、「いいえ、だめです」には、Yes, I do mind. I mind it very much. などと答えます。

⑥の〈It is no use [good] 〜 ing〉の use は名詞で「使い道」です。It は仮主語で動名詞の〜 ing を受けていると考えられます。文字通りの意味は「〜することは使い道がない」。そこから「〜しても無駄である」。

⑦の〈There is no 〜 ing〉では、There is は「存在」を表す表現で、no は not などよりふつうは強い意味が感じられるので、文字どおりの意味としては「〜すること（〜している状況）はありえない」といった感じでしょう。

⑧の〈It goes without saying that 〜〉は「〜を言うことなしでも状況（事態）は進む」といった意味がもともとです。It は「漠然とした状況・事情」を示す it で、go は「物事の進行」を表しています。

⑩の〈… of one's own 〜 ing〉は、ふつう例文のような抽象的でよくないことに使い、a bag of his own making などの具体的なものには今では用いないことに注意しましょう。

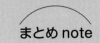

まとめ note

Point 4

〔動名詞の重要表現(3)〕
① How about 〜 ing 「〜しませんか、〜するのはどうですか」
② What about 〜 ing 「〜しませんか、〜するのはどうですか」
③ What do you say to 〜 ing? 「〜するのはどうですか」
④ Would［Do］you mind 〜 ing?「〜していただけませんか」
⑤ Thank you for 〜 ing 「〜してくれてありがとう」
⑥ It is no use［good］ 〜 ing 「〜しても無駄である」
⑦ There is no 〜 ing 「〜することができない」
⑧ It goes without saying that 〜 「〜は言うまでもない」
⑨ when it comes to 〜 ing 「〜するということになると」
⑩ … of one's own 〜 ing 「自分で〜した…」

① <u>How about going</u> for a walk?（散歩に行きませんか。）

② <u>What about going</u> for a swim?（水泳に行くのはどうですか。）

③ <u>What do you say to going</u> for a drive?
（ドライブに行くのはどうですか。）

④ "<u>Would you mind opening</u> the window?" "Not at all."
（「窓を開けていただけませんか。」「いいですとも。」）

⑤ <u>Thank you for inviting</u> me to the party.
（パーティに招待してくれてありがとう。）

⑥ <u>It is no use arguing</u>.（議論をしても無駄である。）

⑦ <u>There is no knowing</u> what she will do next.
（彼女が次に何をするかはわからない。）

⑧ <u>It goes without saying that</u> he is an excellent pianist.
（彼が秀でたピアニストであることは言うまでもない。）

⑨ <u>When it comes to swimming</u>, he can't talk about anything.
（水泳ということになると、彼は何も話せない。）

⑩ That is a problem <u>of your own making</u>.
（それはあなたが自分で引き起こした問題です。）

07 動名詞

⓪8 分　詞

①▶ 分詞の限定用法

「動名詞」の章でも少し述べましたが、この章の「現在分詞」と「動名詞」については、また別の考え方もありますが、それはあとにして、まず一般の参考書に書かれてあるような「分詞の限定用法」の基本を述べていきたいと思います。

動詞の変化形の一つに「分詞」というものがありますが、これには右ページの Point 1 のように「現在分詞」と「過去分詞」の 2 つがあります。

現在分詞は、動詞の ing 形で進行形に使われるものですが、それとは別に、Point 2 に示すように直接に名詞を修飾する働きがあります。これを「現在分詞の限定用法」と呼んでいます。

Point 2 の下の例では、reading a book（本を読んでいる）が boy（少年）を修飾していることになります。

こうした名詞の後ろから語句が修飾するのは、日本語の形にはないので、最初みんな戸惑うところですね。

次に、現在分詞の置かれる場所は Point 3 にあるようになるのが基本です。
つまり、修飾される語のすぐ前かすぐ後ろに置くことが基本になります。

そりゃそうです。修飾語と被修飾語が離れていたのでは、わけわかりません。たとえば、①の例が、reading a book the boy となったら、ちょっと？？…となってしまうのです。つまり、この例で言うと、修飾語の reading と被修飾語 boy は接していないと意味の上でつながらないのです。

ですから、分詞 1 語なら名詞の前に置けますが、分詞が意味のつながりのある語句を引き連れてきている場合、名詞の後ろに置かなければならないことになるのです。

分詞の限定用法

Point 1

> $$分詞 \begin{cases} ① \ 現在分詞…動詞の ing 形。進行形に使われる。 \\ \\ ② \ 過去分詞…受動態を作るときに使われる。 \end{cases}$$

Point 2

> 現在分詞の限定用法…「〜している」の意味で名詞を修飾

the boy reading a book（本を読んでいる少年）

Point 3

> 現在分詞の位置…①名詞＋現在分詞＋語句
> ②単独の現在分詞＋名詞

① the boy reading a book（本を読んでいる少年）

名詞＋現在分詞＋語句

② that sleeping baby（あの眠っている赤ちゃん）

単独の現在分詞＋名詞

08 分詞

過去分詞は受動態や現在完了で使った動詞の変化ですが、さらに、「〜された、〜されている」の意味で名詞を修飾する働きが、右ページの Point 4 に示すように、現在分詞と同じようにあります。これを「過去分詞の限定用法」といいます。

　過去分詞も現在分詞と同じく、Point 5 にあるように、意味の上でひとまとまりにつながっている語句を伴って名詞を修飾する場合は、その名詞の後に置かれ、単独で名詞を修飾する場合は、名詞の前に過去分詞を置くことになります。

　というのが、学校で教えたり、参考書に書いてあったりする分詞の位置の基本なのですが、実際は分詞が単独で名詞を修飾する場合でも、名詞の後ろに置かれている場合が、まずまずあります。

　たとえば、センター試験 2013 年度本試験第 4 問の長文問題の中にも、The data collected reveal a range of situations and … （集められたデータが幅広い状況を明らかにして、そして…）などとして、data collected（集められたデータ）という〈名詞＋単独の過去分詞〉の語順で堂々と出てきています。

　また現在分詞でも、前のページの Point 3 の例文②で挙げた that sleeping baby（あの眠っている赤ちゃん）も、that baby sleeping（あの眠っている赤ちゃん）となっている場合もあります。

　Point 6 にあるように、前者は、何人かいる赤ちゃんのうち、眠っている赤ちゃんを指す、つまり区別や分類するときに使われ、後者は、一人の赤ちゃんが眠っている様子を表すとき、つまり名詞の「一時的な状態」を表すときに使われるとされています。語順から言うと、後者のほうがどうも主語・動詞といった関係の叙述的な感じを私は受けます。Point 6 の②の例もこの「一時的な状態」を叙述的に表しています。

　しかし、こうした分詞単独の位置に関するルールは十分明確なものがまだ見つかっていない状況です。この辺りも英文法が発展途上なところです。
　ですので、今のところ、「分詞単独でも名詞の後に置かれることがある」と覚えておくことが大切でしょう。

まとめ note

Point 4

過去分詞の限定用法…「～された」「～されている」の意味で名詞を
　　　　　　　　　　　　　修飾

the <u>car</u> <u>made</u> in Japan （日本で作られた車）

Point 5

過去分詞の位置…①名詞＋過去分詞＋語句
　　　　　　　　②単独の過去分詞＋名詞

① that <u>window</u> <u>broken by Tom</u> （トムにこわされたあの窓）

名詞＋現在分詞＋語句

② that <u>broken</u> <u>window</u> （あのこわされた窓）

単独の過去分詞＋名詞

Point 6

分詞単独でも、名詞のあとに置かれている場合がある。
① 〈分詞単独＋名詞〉
　　…区別や分類、習慣的な行動、持続性のある特徴を意味すると
　　　きに使われる。
② 〈名詞＋分詞単独〉
　　…名詞の「一時的な状態」を表すときに使われる。

② an elephant drinking （水を飲んでいる象）
　　a man smoking （たばこを吸っている男）

08
分
詞

② 分詞の叙述用法

　ここまで、分詞が名詞を修飾する用法、つまり、「限定用法」について説明してきましたが、それとは別に分詞には、右ページの Point 1 にあるように「叙述用法」というものがあります。

　要するに、わかりやすく言うと「補語になる分詞の使われ方」です。

　Point 2 は、第2文型（SVC）で補語に分詞が使われる用法です。後の章で述べる「分詞構文」との区別が困難な場合もあり、また『英文法解説』にも「分詞構文にも近い」と述べています。

　まったくその通りで、①〜④の例文では基本的に「〜の状態で（に）」で、その英文に応じて「〜して」「〜しながら」「〜されて」などと考えれば用は足りると思います。

　また、多くの参考書には、例文⑤のように〈keep 〜 ing〉を挙げて、これを「keep や remain、appear、seem などの補語を必要とする自動詞（不完全自動詞）の補語として分詞が用いられる。」として分詞の叙述用法を説明していますが、このような文法用語にこだわることなく、むしろ、動詞の使い方、または、成句的な言い方として覚えるのがよいでしょう。

　例文⑤で言うと、確かに「He = crying」とみなせるので、補語になっていると言えるかもしれませんが、keep に他動詞の「〜保つ、（ある状態）を続ける、維持する」という意味もありますので、crying を動名詞とみなして「〜することを維持する」つまり「〜し続ける」とも解釈できるのではないか、とも思うのです。

　疑義を感じるところですが、こういう議論に入り込んでしまうと、まさに「コウモリ問題」で、分類したことで新たな問題を生み出してしまう不毛な状況に陥りますので、やはり、成句的な言い方として、つまり、〈keep 〜 ing〉「〜し続ける」と覚えておくことが一番だということです。

2 分詞の叙述用法

Point 1

〔分詞の叙述用法〕
第 2 文型（SVC）や第 5 文型（SVOC）で分詞が補語（C）に用いられる用法。基本的に「〜の状態で［に］」と訳せる。

Point 2

〔第 2 文型（SVC）での分詞の叙述用法〕
　「〜して」「〜しながら」「〜されて」などと訳せる。

① She stood <u>facing</u> me. （彼女は私に向き合って立っていた。）

② He ran away <u>crying</u>. （彼は泣きながら走り去った。）

③ I lay on the floor <u>exhausted</u>. （私は疲れ切って床に寝ていた。）

④ She went home <u>relieved</u>. （彼女は安心して家に帰った。）

⑤ He kept <u>crying</u> for an hour. （彼は 1 時間泣き続けた。）

・参考・

〔コウモリ問題〕
　野口悠紀雄氏の『「超」整理法』（中公新書）に出てくる用語で、情報を整理しようとして項目に分類すると、複数の領域にまたがるものが出てきてどの領域に分類するかという新たな問題が出てきてしまうというもの。

次に、第 5 文型（SVOC）での分詞の叙述用法は、次ページの Point 3 のように
になります。

　この文の形では、分詞は補語になって目的語を説明していますが、第 2 文型
の場合よりこちらのほうが理解しやすいのではないかと思います。

　①の例文では、「生徒たち」the students を「待っている（状態）」waiting に「保
ち続けた」kept という形になっています。これは〈keep A ～ ing〉「A を～し
ている状態にし続ける」の意味の熟語として覚えておけばいいでしょう。次の
ものとも合わせて覚えておきましょう。

---

keep A ＋分詞　　「A を～している（された）状態にし続ける」
leave A ＋分詞　　「A を～している（された）ままにする」
find A ＋分詞　　「A が～している（された）のがわかる」

　こうした文型で、現在分詞が置かれたときと過去分詞が置かれたときの違い
は、今までの原則どおり、次のようになります。

S ＋ V ＋ O ＋現在分詞　「S は O を～している状態にする」
S ＋ V ＋ O ＋過去分詞　「S は O を～される状態にする」

---

　②の知覚動詞や③の使役動詞についても、分詞が叙述用法で使われていると
見ることもできますが、詳しくは「1. 文型」の 22 ページあたりから述べてい
ますので、そちらを参照してください。

Point 3

〔第 5 文型（SVOC）での分詞の叙述用法〕
「～を…の状態に」「～を…される［された］状態に」と基本的に訳す。
① 〈主語＋動詞（keep, leave, find など）＋目的語＋分詞〉
② 〈主語＋知覚動詞＋目的語＋分詞〉
　　…「（主語）は（目的語）が～している［される］のを（知覚）する」
③ 〈主語＋使役動詞＋目的語＋分詞〉
　　…「（主語）は（目的語）が～している［される］状態にする」

① I <u>kept</u> the students <u>waiting</u> for a long time.
（私は生徒たちを長い間待たせた。）

② I <u>saw you running</u> in the park yesterday.
（あなたが公園を走っているのを私は昨日見た。）

③ She <u>made me cook</u> lunch yesterday.
（彼女は昨日私に昼食を作らせた。）

08 分詞

171

③ 分詞の慣用表現

　分詞の慣用表現で注意を要するものに、右ページの Point 1 のようなものがあります。

　①の表現は、聞き手にとって新しい情報になる人・物が「〜している」または「〜されている」状態であることを表しています。

　もともと、〈There is［are］〜〉の there は「ほら、ほら」などと相手の注意を引いて、そのあとに現れる情報を際立たせるために使われていました。現在では、その意図は薄れているようですが、相手が知らないあるものの存在を知らせる前触れのような役割は残っています。

　例文①を、A boy is reading books about tennis. とすると、少し唐突な文になります。なぜなら、読み手や聞き手にとって新しい情報を文頭に持って来るのは、英語では抵抗があるからです。日本語の感覚からはわかりにくいですが、知っている情報から知らない情報への語順になるのが英語の文の自然な流れとされるからです。文頭に新情報を置くのを避けるため、この表現が使われます。

　②の表現では、〈go 〜 ing〉の後の場所を示す前置詞のところに、go につられて to を入れないよう注意が必要です。下の例のように、〜 ing の動作を行う場所を示す in や at、on などの前置詞を置くことになります。

go shopping <u>at</u> a supermarket（スーパーに買い物に行く）
go skating <u>on</u> the lake（湖にスケートに行く）
go jogging <u>around</u> the park（公園の周りをジョギングしに行く）

　なお、③〜⑤の表現の 〜ing の前に in や on を付けても意味は変わりませんが、現代英語では付けないほうがふつうとされます。

　⑥は複数人を意味するのがふつうですが、次のように 1 人の人を意味する場合もあります。
　（例）the accused（被告）　　　　the departed（故人）

③ 分詞の慣用表現

Point 1

---

① There is ［are］＋ S ＋分詞
「S が〜している〔〜されている〕」

② go 〜 ing 「〜しに行く」

③ be busy (in) 〜 ing 「〜するのに忙しい」

④ spend ＋［時間］＋ (in [on]) 〜 ing 「〜して〔時間〕を過ごす」

⑤ have difficulty [trouble / a hard time] (in) 〜 ing
「〜するのに苦労する、苦労して〜する」

⑥ the ＋分詞 「〜の人々」「〜の人」

---

① <u>There is</u> a boy reading books about tennis.
（一人の少年がテニスに関する本を読んでいる。）

<u>There is</u> no water <u>left</u> in this bottle.
（このビンに水は残っていない。）

② My father <u>went fishing</u> in the river.
（私の父は川に釣りに行った。）

③ My wife <u>was busy (in) packing</u> her suitcase.
（私の妻はスーツケースに荷物を詰めるのに忙しかった。）

④ They <u>spent hours (in [on]) watching</u> TV yesterday.
（彼らは昨日テレビを見て何時間も過ごした。）

⑤ He <u>had difficulty (in) answering</u> all the questions.
（彼はそのすべての質問に答えるのに苦労した。）

⑥ <u>the dying</u>（死にかけている人々）

08
分
詞

09 分詞構文

1 分詞構文の基本

現在分詞や過去分詞を副詞的に用いて、英文に状況や理由などの情報を加えるものを「分詞構文」といいます。

まず、参考書などに書かれてあるような基本を見ていきましょう。形は、～ing や過去分詞ですが、右ページの Point 1 に示すような多様な意味があります。

①の「動作の同時」は、「付帯状況」ともいうべきもので「～しながら」などと訳します。主節の後に置かれることが多いようです。

②「動作の連続」は「…して（そして）～」といった意味になりますが、前の動作なら前、後の動作なら後に置くことになります。② -1 や② -2 の例文では「箱を開けて」が先で「紙を中に入れた」が後の行為となります。

③の「とき」は①の「動作の同時」と重なる部分もあるかもしれませんが「～するとき」「～している間」という訳語で文頭に置かれるのがふつうとされています。

④「理由」は、例文のように主節との間に因果関係があるときに、「～なので」と訳すものです。置かれる位置は文頭が多いとされています。

⑤「条件」の「もし～ならば」や⑥「譲歩」の「～だけれども」「～だとしても」となるケースでは慣用表現以外はあまり多くはありません。

これらのうちのどの意味になるかは前後の文脈から考えることが必要です。

また、意味を明確にするため、「条件」のときは分詞の前に if を、「譲歩」のときは while を置いていることもあります。

こうした訳語は、日本語にするためのものであって分詞の本質を突いているものではないと私は感じます。翻訳が中心だった時代には重宝したものでしょうが、大量の英文を英文のまま短時間で読むことが必要とされる今の時代には、また別の、その語形の本質を把握したものが必要だと思います。

まとめ note

① 分詞構文の基本

Point 1

〔分詞構文が表す意味〕
① 動作の同時「〜しながら」（付帯状況）
② 動作の連続「…して（そして）〜」
③ とき「〜するとき」「〜している間」
④ 理由「〜なので」「〜して」
⑤ 条件「もし〜ならば」
⑥ 譲歩「〜だけれども」「〜だとしても」

分詞構文の意味は、前後の文脈から判断する。

① I was lying in bed, <u>watching</u> TV.
（テレビを見ながら、私はベッドに横たわっていた。）

②-1 <u>Opening</u> the box, he put the paper in it.
（箱を開けて、そして彼はその紙を中に入れた。）

②-2 He opened the box, <u>putting</u> the paper in it.
（彼は箱を開けて、そしてその紙を中に入れた。）

③ <u>Seeing</u> the police officer, he ran away.
（警官を見ると、彼は走り去った。）

④ <u>(Being) written</u> in French, the book was hard to read.
（フランス語で書かれていたので、その本は読むのが大変だった。）

⑤ <u>Compared</u> to her sister, she is more artistic.
（姉と比べると、彼女のほうが芸術的だ。）

⑥ <u>Admitting</u> what you say is true, I still can't believe it.
（君の言うことが本当だとしても、私はいまだにそれを信用できない。）

09 分詞構文

分詞構文の意味上の主語は、Point 2 に示すように基本的には主節の主語と同じになります。

　動名詞や不定詞の意味上の主語が、主節の主語と同じであることと同様です。

　例文①〜②では、それぞれの分詞の意味上の主語は、①では walking「歩いている」のは主節の主語の I「私」、②では persuaded「説得された」のは主節の主語の he「彼」であることを示しています。

　現在分詞が主語と能動関係であることを示し、過去分詞が受動関係を表すのは、分詞の限定用法のときと同じです。

　また、主節よりも時間的に前のことを表す場合は、Point 3 の①に示すように完了形の分詞構文〈having ＋過去分詞〉を使うことになります。このあたりも、動名詞や不定詞の場合と同じですね。

　ただし、分詞構文が主節より前にあるときや、特に前の動作の完了を強調したり、意味があいまいになるのを避けるのでなければ、わざわざ完了形にする必要はありません。① -1 の例文のような場合です。

　常識として時間的に前のことだとわかるのであれば、律儀に完了形にしなくてもよい、ということです。

　受動態の分詞構文は右ページの Point 3 の②〈being ＋過去分詞〉、完了形で受動態の分詞構文は③〈having been ＋過去分詞〉のようになります。

Point 2

〔分詞構文の意味上の主語〕

分詞構文の意味上の主語＝主節の主語

① <u>Walking</u> along the street, I met an old friend.

（通りに沿って歩いていると、昔の友人に私は出会った。）

② <u>Persuaded</u> by his colleague, he attended the conference.

（同僚に説得されて、彼はその会議に出席した。）

Point 3

〔完了形や受動態の分詞構文〕

① 完了形の分詞構文…〈having ＋過去分詞〉

② 受動態の分詞構文…〈being ＋過去分詞〉

③ 完了形で受動態の分詞構文…〈having been ＋過去分詞〉

① <u>Having visited</u> the park before, he got there easily.

（以前その公園へは行ったことがあるので、彼は簡単に到着した。）

①-1 <u>Opening</u> the bottle, he poured the wine into my glass.

（ボトルを開けて、彼は私のグラスにワインをついだ。）

② <u>Being used</u> economically, one bottle will last for six weeks.

（節約して使われれば、1 ビンで 6 週間は持つでしょう。）

③ <u>Having been brought</u> up in Brazil, he is good at soccer.

（ブラジルで育ったので、彼はサッカーが得意だ。）

09 分詞構文

完了形や受動態などの分詞構文だと、先に Point 3 で述べたような形になりますが、これら分詞構文の being や having been は Point 4 に示すように省略することができます。Point 3 の②③の例文を省略すると、右のページのようになります。

　こうした過去分詞で始まるものはわかりやすいですが、次のような英文はどうでしょうか。

④　Simpler, slower and repetitive, these lullabies seem to soothe
　　distressed infants better than other song types.

「単純で、ゆっくりと繰り返される子守歌は…」なんて訳してはいけません。Simpler の前には being が省略されているのです。正しくは、「より単純でゆっくりと繰り返される<u>ので</u>、これらの子守歌は他のタイプの歌よりもぐずっている赤ちゃんをうまくなだめるようだ。」となります。

　では、次の英文はどうでしょうか。

⑤　A woman of medium height and in early middle age, she had
　　a lined and pale face.

　A woman of medium ... と見ていって、she had ... と〈主語＋動詞〉が出てくる。何だ、この A woman of ... は？となるかもしれませんが、ここもその前に分詞構文の being が省略されています。

　訳例としては、「中背で中年になったばかりの女性だが、しわのある青白い顔をしていた。」となります。

　詳しい文構造は、右ページの・参考・を見てください。

　このような、形容詞や名詞で途切れている文は、分詞構文の being や having been の省略、または「15. 特殊構文」に出てくる「同格」を検討することが必要になります。

Point 4

分詞構文の being や having been は省略できる。
特に文頭に来る場合はふつう省略される。

② <u>Used</u> economically, one bottle will last for six weeks.
（節約して使われれば、1 ビンで 6 週間は持つでしょう。）

③ <u>Brought</u> up in Brazil, he is good at soccer.
（ブラジルで育ったので、彼はサッカーが得意だ。）

・参考・

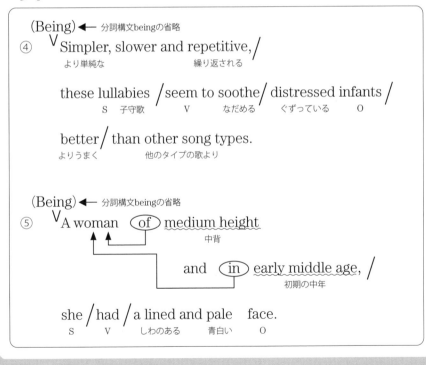

④ (Being) ← 分詞構文beingの省略
∨ Simpler, slower and repetitive, /
　　より単純な　　　　　　　繰り返される

these lullabies / seem to soothe / distressed infants /
S　子守歌　　　V　　なだめる　　ぐずっている　　O

better / than other song types.
よりうまく　　他のタイプの歌より

⑤ (Being) ← 分詞構文beingの省略
∨ A woman (of) medium height
　　　　　　　　　中背
and (in) early middle age, /
　　　　　初期の中年

she / had / a lined and pale　face.
S　　V　　しわのある　青白い　　O

09 分詞構文

2 ▶ 独立分詞構文

　さて、分詞構文の意味上の主語は基本的には主節の主語と同じということでしたが、場合によっては主節の主語と異なるときも実際にはあり、そうしたときは分詞の前にその意味上の主語を置くことになります。

　これを右ページの Point 1 に示すように「独立分詞構文」と呼んでいます。

　①の例文では、raining「雨が降る」の主語は主節の主語 he ではありませんので、天候を表すときの主語 it を分詞の前に置かなければなりません。

　②では、flying「なびいている」の主語は主節の主語 she ではありませんので、意味上の主語 her hair を分詞の前に置かなければ正しい英文にならないということです。

　こうした独立分詞構文は、極めて文語的な表現なのでくだけた言い方では今はまず使われませんが、②の例文のような、主語の一部を示す語句が分詞の意味上の主語の場合には、比較的よく使われるということです。

　あと気をつけなければならない独立分詞構文に、Point 2 に示してある〈There being 〜〉があります。これは、there is 構文の場合に、there を主語のように扱って独立分詞構文になっているものです。

② 独立分詞構文

Point 1

〔独立分詞構文〕
　意味上の主語が主節と異なる場合に、その分詞の前に意味上の主語を明示した分詞構文。

① It <u>raining</u> today, he decided to stay home.
（雨が降っていたので、彼は家にいることに決めた。）

② She ran up to him, <u>her hair</u> <u>flying</u> in the wind.
（彼女は髪を風になびかせながら、彼のところまで走ってきた。）

Point 2

there is 構文の場合
　　… there をそのまま残して〈There being 〜〉。

<u>There</u> <u>being</u> no food in the house, we decided to go shopping.
（その家には食べ物がなかったので、買い物に行くことに決めた。）

3 ▶ 分詞構文の慣用表現

　主節の主語と分詞構文の意味上の主語が違っていても、慣用的に用いられているために意味上の主語を省略している表現があります。

　そのような分詞構文の主な慣用表現をまとめると、右ページの Point 1 のようになります。

　①〜④は、speaking「〜を言ってみると」の意味の分詞構文に、frankly（率直に）や strictly（厳密に）、roughly（大まかに）、honestly（正直に）の副詞を付けた表現です。

　⑧の〈considering 〜〉は辞書には前置詞や接続詞の表記がありますが、もちろん動詞 consider「〜をよく考える、熟慮する」の分詞構文と理解しておけば十分でしょう。

　⑨の〈taking 〜 into consideration〉は「〜を考慮の中に入れると」が直訳です。

　⑩の〈given that 〜〉は「〜（という条件や仮定・状況など）が与えられたとすると」が直訳で、そこから「〜であるとすると」などの訳語になります。

　⑪〈supposing (that) 〜〉の supposing は動詞 suppose「〜だと思う、考える」の現在分詞です。ですから「〜ということを考えてみれば、思ってみたら」というのが文字通りの意味です。

　⑫の〈provided (that) 〜〉や⑬〈providing (that) 〜〉は動詞 provide「〜を提供する、与える」の過去分詞と現在分詞です。⑫のほうは「〜（という条件・仮定・状況など）が与えられたら」、⑬は「〜（という条件・仮定・状況など）を与えてみると」が直訳です。

　⑭〈weather permitting〉は意味上の主語 weather が置いてある慣用表現です。さすがにこれは省略してしまうと、何が許すのかわからなくなってしまうので、置かざるを得ない、決まりきった表現です。

③ 分詞構文の慣用表現

Point 1

〔分詞構文の主な慣用表現〕

①	frankly speaking	「率直に言うと」
②	strictly speaking	「厳密に言うと」
③	roughly speaking	「大まかに言うと」
④	honestly speaking	「正直に言うと」
⑤	speaking of ～	「～と言えば」
⑥	talking of ～	「～と言えば」
⑦	judging from［by］～	「～から判断すれば」
⑧	considering ～	「～を考慮すると」
⑨	taking ～ into consideration	「～を考慮すると」
⑩	given that ～	「～であるとすると」
⑪	supposing (that) ～	「もし～なら」
⑫	provided (that) ～	「もし～なら」
⑬	providing (that) ～	「もし～なら」
⑭	weather permitting	「天気が許せば」

① <u>Frankly speaking</u>, he wanted to take a rest.
（率直に言って、彼は休みが取りたかった。）

⑧ Your mother looks young, <u>considering</u> her age.
（年齢を考えると、あなたの母は若く見える。）

⑩ <u>Given that</u> he is inexperienced, he has done well.
（未経験であるとすると彼はよくやった。）

⑪ <u>Supposing that</u> she does not come, what would you do?
（もし彼女が来なかったら、あなたはどうしますか。）

⑫ I will lend him my bike, <u>provided</u> he use it carefully.
（彼が注意して使うなら、私の自転車を貸しましょう。）

⑭ The ship leaves tomorrow, <u>weather permitting</u>.
（天候が許せば、船は明日出ます。）

分詞構文の慣用表現で英文にも頻出の重要なものに、右ページの Point 2 に示している「付帯状況の with」があります。

　この「付帯状況」の表現は主節に状況説明を加えるのが主ですが、文脈によっては例文③のように「理由」や「条件」になる場合もあります。

　〈with ＋（代）名詞＋分詞〉の形で、現在分詞なら能動関係で「（代）名詞が〜している状態で」、過去分詞なら受動関係で「（代）名詞が〜されている状態で」となると参考書などでは説明していますが、若干、この説明には疑義が生じます。

　例文①のように「目を輝かせて」は with his eyes shining、②の「足を組んで」は with her legs crossed となっています。eyes「目」は能動、つまり自分の意志で shining「輝いている」、が一方、legs「足」は受動で crossed「組まれている」となっています。

　能動・受動を基準にすると、足は脳から離れていて脳の指令によって足は組まれるから過去分詞を使うのか、一方、目は脳に近いところにあるから、目がまるで意志を持っているように輝くから現在分詞を使うのか、などと考えさせられてしまいますが、実は違います。

　なぜなら、「目を閉じて」は、with his eyes closed と過去分詞を使うからです。つまり、身体の部位などによって現在分詞にするのか過去分詞にするのかが決まるわけではない、ということになります。

　そうするとどうも、例文①の shining「輝かせて」や③の coming「近づいて」などの「動き」を感じさせたり、「変化」を感じさせるような動作や状態、つまり進行形のような意味なら現在分詞を、②の crossed「組んで」や closed「閉じて」などの動作の完結的な状態を意味するのなら過去分詞を使うのではないかと考えられるのです。

　shining にはキラキラと輝く、という微かですが「変化・動き」が感じられますし、coming は、もちろん、近づいてきているので「変化・動き」だと認識して現在分詞を使っていると考えるほうが妥当でしょう。

　ちなみに、こうした〈付帯状況の with〉の表現では、分詞の代わりに右の Point 3 に示すような形もあります。このような形も英文の中にはよく出てきますので、知っておく必要があります。

まとめ note

Point 2

〔付帯状況(1)〕〈with ＋（代）名詞＋分詞〉
「（代）名詞が〜して〔〜されたままで〕」

① He talked about his daughter <u>with</u> <u>his eyes</u> <u>shining</u>.
（彼は自分の娘のことを目を輝かせて話した。）

② She always sits on a chair <u>with</u> <u>her legs</u> <u>crossed</u>.
（彼女はいつも足を組んでイスに座る。）

③ <u>With</u> <u>night</u> <u>coming</u> on, he closed his shop.
（夜が近づいたので、彼は店を閉めました。）

Point 3

〔付帯状況(2)〕「（代）名詞が〜して〔〜されたままで〕」
① 〈with ＋（代）名詞＋形容詞〉
② 〈with ＋（代）名詞＋副詞〉
③ 〈with ＋（代）名詞＋前置詞句〉

① with <u>my eyes</u> <u>open</u>（目を開けたままで）
　　　　名詞　　形容詞

② with <u>the TV</u> <u>on</u>（テレビをつけたままで）
　　　　名詞　　副詞

③ with <u>his hands</u> <u>in his pockets</u>（手をポケットに入れたままで）
　　　　名詞　　　　前置詞句

09 分詞構文

185

4 ～ing 形と過去分詞

　さて、ここまでで「動名詞」や「現在分詞」、「過去分詞」について一般的な基本を述べてきましたが、ここからは今までも少し触れましたが、私の考えるところを話したいと思います。

　たとえば、speak（話す）には、speaking や spoken という変化がありますが、英文を読むときに、文の先頭に、Speaking …ときたときは、どういう感じで読むでしょうか？

　この場合、文法的には、動名詞か分詞の限定用法か分詞構文かの可能性がありますが、そんな分類をネイティブ・スピーカーは考えながら読んでいるのか？ということです。

　もちろん、No. でしょう。

　とすると、この Speaking には何か動名詞や分詞という分類を超えた共通する部分があるのではないか、ということです。

　どうもそれは、いくつかの参考書などにも書いてあるように「～ing の形はその動作が行われている状況」を表しているのではないか、と私も思うのです。「動きや変化が感じられる状況」と言うこともできるでしょう。
　つまり、speaking なら「話している状況」が頭に浮かぶのではないか、ということです。

　右ページの Point 1 に示しているように、進行形でも動名詞でも分詞の限定用法でも分詞構文でも、「～している状況」と考えれば、どちらになるのかといった分類を考えなくても意味が取れるのではないか、ということで表した例文です。
　各例文の下には、～ing 形を「～している状況」と考えて直読直解した場合の感じを示しています。おそらくこんな感じで読んでいると思います。
　ただ、日本語と違って英語には「助詞」がないので、語順や話すときの強弱やイントネーション、表情などによって「助詞」がない分を補って意味を伝えているのだろうと思われます。

まとめ note

 ～ing 形と過去分詞

Point 1

> ～ing の形は「動き」や「変化」を含んで、「その動作が行われている状況」を表す。

① The boy was <u>speaking</u> English fluently.

（その少年は流暢に英語を話していました。）〔進行形〕

〈直読直解〉

The boy was 　 speaking English fluently.
（少年）（～だった）（話している状況）（英語を）（流暢に）

② <u>Speaking</u> English is difficult.

（英語を話すことは難しい。）〔動名詞〕

〈直読直解〉

Speaking English is difficult.
（話している状況）（英語）（～です）（難しい）

③ The boy <u>speaking</u> English well was my son.

（英語を上手に話している少年は私の息子だった。）〔分詞の限定用法〕

〈直読直解〉

The boy <u>speaking</u> English well 　 was 　 my son
（少年）（話している状況）（英語）（上手に）（～だった）（私の息子）

④ <u>Speaking</u> English fluently, he showed me the way.

（英語を流暢に話しながら、彼は私に道を教えた。）〔分詞構文〕

〈直読直解〉

Speaking English fluently, he showed me the way.
（話している状況）（英語）（流暢に）（彼は）（教えた）（私に）（道）

09 分詞構文

187

過去分詞については、受動態のところでも述べましたが、過去分詞の単語自体を見た瞬間に「その動詞が完了・完結した状況」がネイティブの頭には浮かび、そしてそのとき物事などが主語になっていたりすると結果的に「受動」の意味になるのではないかと考えられます。

　過去分詞というと、受動態のところで最初に学校では学習しますので、「過去分詞イコール受け身」という考えが固定化されているかもしれませんが、どうも考えると、「動詞の完了・完結」が先ではないかと思われるのです。
　そして、この「完了・完結」から場合によっては結果的に「受動」の意味に取れるのではないでしょうか。

　たとえば、右ページの Point 2 の①の完了形の例文を、〈直読直解〉的に考えると、「（持っている）（修理が完結した状況）」で「（以前）」がついているので「修理したことがある」といった経験用法の意味になるのでしょうし、②の受動態の例文だと「（存在した）（修理が完結した状況）」で「（この車）」が主語になっているので、「修理されました」と「受動」の意味になるのではないでしょうか。

　つまり、過去分詞は「完了・完結した状態」を表しているのだが、動詞の動作を行ったほうから見るのか、その動作をされたほうから見るのかで、日本語の都合で能動か受動かが決まってくると考えられます。

　repaired という過去分詞なら、元は「修理が完結した状況」ですが、〈人〉から見れば「修理した状況」で、〈車〉の方向から見ると「修理された状況」になります。しかし、どちらも「修理した」ので「完結」はしています。
　このように、「完了・完結」が主で、「受動」は日本語にする際に結果的に出てきたのではないか、ということです。

　「現在分詞・過去分詞と呼ぶよりも、未完了分詞・完了分詞と呼んだほうが正確かもしれない。」と記している参考書もあります。同じような考えですね。

まとめ note

Point 2

> 過去分詞は「その動詞が完了・完結した状況」を表し、前後の意味から結果的に「受動」の意味にもなる。

① He has <u>repaired</u> this car before.

（彼は以前この車を修理したことがある。）〔完了形〕

〈直読直解〉

He　　has　　　<u>repaired</u>　this car　before.

（彼は）（持っている）（修理が完結した状況）（この車）　　（以前）

② This car was <u>repaired</u> yesterday.

（この車は昨日修理されました。）〔受動態〕

〈直読直解〉

This car　was　　　<u>repaired</u>　yesterday.

（この車）（存在した）（修理が完結した状況）　（昨日）

③ The car <u>repaired</u> by him yesterday was green.

（彼によって修理されたその車は緑色だった。）〔分詞の限定用法〕

〈直読直解〉

The car　　<u>repaired</u>　　by him　yesterday　was　green.

（その車）（修理が完結した状況）（彼によって）　（昨日）　（存在した）（緑色）

④ <u>Repaired</u> yesterday, the car can be used today.

（昨日修理されたので、今日その車は使えます。）〔分詞構文〕

〈直読直解〉

<u>Repaired</u>　yesterday,　the car　can be used　today.

（修理が完結した状況）　（昨日）　　（その車）　　（使える）　　（今日）

09 分詞構文

ここで、〜 ing 形や過去分詞を使う文法項目をまとめてみると、右ページの Point 3 のようになります。

　このように考えると、「進行形」「動名詞」「受動態」「完了形」「分詞」がとてもすっきりと理解できるのではないかなと思うのです。

　たしかに、最初に基本を理解するのには、こうした用語があったほうがいいかもしれません。しかし、ある程度理解したら、こうした用語を意識せずに英文を読んだり聞いたりできることが大切になってきます。

　というのは、今、ほとんどの大学入試の試験問題やその他の資格試験では、私が大学受験したときのような難解な構文をまるでパズルを解くような感じで和訳させたりする問題はほとんどなくなり、短い時間に大量の英文を読ませる問題が主流だからというのが一つの理由です。いちいち動名詞か現在分詞かなどと考えている暇はありません。

　また、ネット環境の発展などにより、実質的に翻訳されるのを待つことなく直接に大量の英文を読んだり聞いたりすることが可能になったことも理由として挙げられるでしょう。

　実は、動名詞と現在分詞は歴史的にはその意味・用法も綴りも違っていましたので（動名詞は -ende、現在分詞は -inge という語尾です）、出自は違う単語だということになりますが、現代英語では同じ形です。

　形が同じなら、そこから感じ取るものに何か共通のものがあるのではないか、同じ形にしても別に不都合ではないと英語を話す人たちに感じさせる何かがあったから、時代を経ていくうちに、今では同じ形になったのではないかと考えています。

　「「分詞」と「動名詞」の違いが常に明白にわかるわけではなく、ときとしてどちらの用語を用いるべきか決めかねることがある。それゆえ「分詞」と「動名詞」という名前を用いることを避ける文法家もいる。」と述べている参考書もあります。

　いつか、動名詞と現在分詞は「〜 ing 形」と統一されて学校で教えられる日がくるのではないかと思います。その道のりは少し遠いのかもしれませんが。

まとめ note

Point 3

① 〔進行形の考え方〕
〈be 動詞＋〜 ing〉
（存在）＋（〜している状況） ⟹ 「〜しているところです」

② 〔動名詞の考え方〕
〈〜 ing〉
（〜している状況） ⟹ 「〜すること」

③ 〔受動態の考え方〕
〈be 動詞＋過去分詞〉
（存在）＋（完結した状況） ⟹ 「〜された、〜されている」

④ 〔完了形の考え方〕
〈have ＋過去分詞〉
（持っている）＋（完結した状況） ⟹ 「〜してしまった、
　　　　　　　　　　　　　　　　　〜している、〜したことがある、」

⑤ 〔分詞の限定用法の考え方〕
〈名詞＋〜 ing …〉
（名詞）＋（〜している状況） ⟹ 「〜している（名詞）」
〈名詞＋過去分詞 …〉
（名詞）＋（完結した状況） ⟹ 「〜された（名詞）、
　　　　　　　　　　　　　　　　〜されている（名詞）」

10 関係代名詞

1 関係代名詞の基本

「関係代名詞」というのは、右ページの Point 1 のようになりますが、大雑把にいうと名詞を修飾したり、補足説明したりする一つの方法です。

そして、関係代名詞によって修飾される名詞を「先行詞」といいますが、関係代名詞は、その先行詞の種類と関係代名詞が導く節の中での働きによって、Point 2 のように使い分けることになります。

あくまで「関係代名詞が導く節の中での働き」です。これをたまに、「英文全体での働き」と勘違いしていて、かなり混乱していた生徒がいましたが、決してそうではありません。極端に言えば、関係代名詞の使い分けは「関係代名詞と先行詞より前の英語の部分は関係ない」と理解しておいてもいいと思います。

では、先行詞が「人」の場合について見ていきましょう。
右ページの例文①〔主格〕は次の 2 文をつなげたものです。

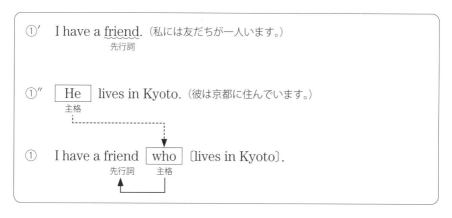

friend と He は同一人物なので、代名詞 He を関係代名詞 who にして、friend の後に置くと、who 以下の部分が friend を修飾することになります。

先行詞が「人」で、関係代名詞にする語が元の文で主語、つまり「主格」なら、関係代名詞は who が選択される、ということです。

1 ▶ 関係代名詞の基本

Point 1

関係代名詞…2つの文を関係づけてつなぐ働きと代名詞の役割を果たす。

先 行 詞…関係代名詞の前に置かれて修飾される名詞。

Point 2

〔先行詞と関係代名詞の格〕

先行詞	主　格	所有格	目的格
人	① who	② whose	③ whom（who）
人以外	④ which	⑤ whose / of which	⑥ which
人・人以外	⑦ that	――――	⑧ that

次の2点でどの関係代名詞を使うか決まる。

(1) 先行詞が「人」か「人以外」か。

(2) 関係詞節の中でどのような働きか。

〔先行詞が「人」の関係代名詞〕

① I have a friend <u>who</u> lives in Kyoto.〔主格〕

（私には京都に住んでいる友だちが1人います。）

② She has a brother <u>whose</u> name is Tom.〔所有格〕

（彼女には、名前がトムという兄がいる。）

③ She is a singer <u>whom</u> I like.〔目的格〕

（彼女は私が好きな歌手だ。）

右ページの例文②〔所有格〕は次の 2 文をつなげたものです。

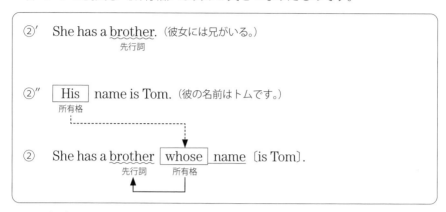

②′　She has a brother.（彼女には兄がいる。）
　　　　　　　　　　先行詞

②″　　His　 name is Tom.（彼の名前はトムです。）
　　所有格

②　She has a brother｜whose｜name〔is Tom〕.
　　　　　　先行詞　　所有格

　上の例文では、brother と His が同一人物なので、His を関係代名詞・所有格の whose に換えて name is Tom の前に置き、先行詞 brother の後につなぐと「名前がトムという兄」の意味になります。

　所有格の関係代名詞 whose では、必ず〈whose ＋名詞〉の形になっていることに注意してください。

　例文③〔目的格〕は次の 2 文をつなげたものです。

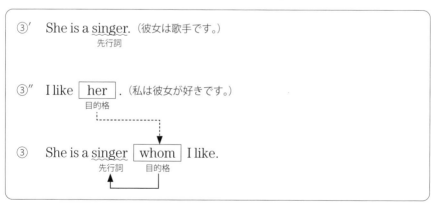

③′　She is a singer.（彼女は歌手です。）
　　　　　　　先行詞

③″　I like　｜her｜.（私は彼女が好きです。）
　　　　　　目的格

③　She is a singer｜whom｜I like.
　　　　　　先行詞　　目的格

　singer と her が同じ人物なので、her を関係代名詞・目的格の whom に換えて I like の前に置き、先行詞 singer の後につなぎます。これで「私が好きな歌手」と係るようになります。

　右の表で、（who）となっているのは、口語では目的格でも who が使われることがあるので、（　）に入れています。

まとめ note

Point 2 （再掲）

〔先行詞と関係代名詞の格〕

先行詞	主　格	所有格	目的格
人	① who	② whose	③ whom（who）
人以外	④ which	⑤ whose / of which	⑥ which
人・人以外	⑦ that	——	⑧ that

〔先行詞が「人」の関係代名詞〕

① I have a friend <u>who</u> lives in Kyoto. 〔主格〕
  （私には京都に住んでいる友だちが 1 人います。）

② She has a brother <u>whose</u> name is Tom. 〔所有格〕
  （彼女には、名前がトムという兄がいる。）

③ She is a singer <u>whom</u> I like. 〔目的格〕
  （彼女は私が好きな歌手だ。）

10 関係代名詞

次は先行詞が「人以外」の場合です。

　先行詞が「人以外」で、関係代名詞にする語が元の文で主語、つまり「主格」なら、関係代名詞は which が選択されます。

　右ページの例文④〔主格〕は次の 2 文をつなげたものです。

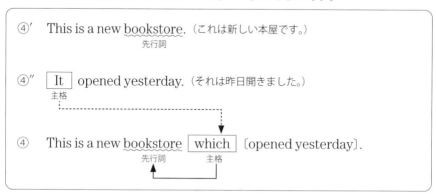

　bookstore と It は同一物なので、代名詞 It を関係代名詞 which にして、bookstore の後に置くと、which 以下の部分が bookstore を修飾することになります。

　右ページの例文⑤〔所有格〕は次の 2 文をつなげたものです。

　上の例文では、house と Its が同一物なので、Its を関係代名詞・所有格の whose に換えて roof is green の前に置き、先行詞 house の後につなぐと「屋根が緑色の家」の意味になります。

Point 2 （再掲）

〔先行詞と関係代名詞の格〕

先行詞	主　格	所有格	目的格
人	① who	② whose	③ whom（who）
人以外	④ which	⑤ whose / of which	⑥ which
人・人以外	⑦ that	——	⑧ that

〔先行詞が「人以外」の関係代名詞〕

④　This is a new bookstore <u>which</u> opened yesterday.〔主格〕
　　（これは昨日開いた新しい本屋です。）

⑤　She lives in the house <u>whose</u> roof is green.〔所有格〕
　　〔She lives in the house the roof <u>of which</u> is green.〕
　　（彼女は屋根が緑色の家に住んでいる。）

⑥　This is the bike <u>which</u> I bought yesterday.〔目的格〕
　　（これは私が昨日買った自転車です。）

所有格で、of which を使うと次のようになります。

She lives in the <u>house</u> the roof <u>of which</u> is green.

〈the ＋名詞＋ of which〉の語順になることに注意が必要です。

関係代名詞 which から変化した所有格の形はないので、代わりに whose や of which を使いますが、これらは古風な形で現代ではあまり使われません。

また、whose はもともと、「人」に使う who の変化ですから、ネイティブにも違和感を持つ人が多く、先行詞が物の場合に使うのをなるべく避ける傾向にあります。

こうしたことから、with などを使って次のようにするほうが違和感がなくて、多いようです。

She lives in the house <u>with</u> the green roof.
（彼女は緑色の屋根の家に住んでいる。）

さて次に、例文⑥の〔目的格〕は次の 2 文をつなげたものです。

bike と it が同じ物なので、it を関係代名詞・目的格の which に換えて I bought yesterday の前に置き、先行詞 bike の後につなぎます。これで「私が昨日買った自転車」と係るようになります。

まとめ note

Point 2 （再掲）

〔先行詞と関係代名詞の格〕

先行詞	主　格	所有格	目的格
人	① who	② whose	③ whom（who）
人以外	④ which	⑤ whose / of which	⑥ which
人・人以外	⑦ that	——	⑧ that

〔先行詞が「人以外」の関係代名詞〕

④ This is a new bookstore <u>which</u> opened yesterday. 〔主格〕

（これは昨日開いた新しい本屋です。）

⑤ She lives in the house <u>whose</u> roof is green. 〔所有格〕

（彼女は屋根が緑色の家に住んでいる。）

⑥ This is the bike <u>which</u> I bought yesterday. 〔目的格〕

（これは私が昨日買った自転車です。）

関係代名詞には who、which のほかに、右ページの Point 2 に示すように that があります。

例文⑦⑧の that の〔主格〕〔目的格〕は、who や which のときと同じように、次のように先行詞に係ります。

関係代名詞 that は、先行詞が人でも動植物でも物でも使えますが、所有格はありません。

さらに、関係代名詞 that には右の Point 3 のような特徴があります。次はそれぞれの例文です。

① Mike is the only boy 　that 　 knows me.
（マイクは私を知っているただ一人の少年だ。）

④ He is not the naughty boy 　that 　 he was.
（彼は昔のようないたずら坊主ではない。）

⑤ Who 　that 　 loves you will say such a thing?
（君を愛している人なら誰が、そんなことを言うだろうか。）

that には which のようなどちらかを選ぶ選択のイメージはありませんが、特定のものを指し示すイメージが強くあります。

そのため、先行詞が the only や the ＋最上級などで強く限定され、話題の対象を選択する必要がなくなる場合は、that が好まれるということです。

また、Point 3 の各項目以外で、「人」が先行詞の場合は who を使うことが多く、実際には that は which の代わりに使われることになります。

これは、話題にしている人を「あれ」と指し示すのはやや失礼な感じを与えるからです。人が先行詞の場合は、who が多く好まれます。

Point 2 （再掲）

〔先行詞と関係代名詞の格〕

先行詞	主　格	所有格	目的格
人	① who	② whose	③ whom (who)
人以外	④ which	⑤ whose / of which	⑥ which
人・人以外	⑦ that	——	⑧ that

〔that の関係代名詞〕

⑦　This is a new bookstore <u>that</u> opened yesterday.〔主格〕
（これは昨日開いた新しい本屋です。）

⑧　This is the bike <u>that</u> I bought yesterday.〔目的格〕
（これは私が昨日買った自転車です。）

Point 3

① 先行詞に、all, any, every, no, the first, the last, the only, the same, the very, 形容詞の最上級がついているとき、関係代名詞は that が好まれる。

② 先行詞が〈人＋動物［物］〉の場合、関係代名詞は that を使う。

③ 先行詞が everything、nothing、anyone、anything、all などの場合、関係代名詞は that を使う。

④ 先行詞が〈人〉で、関係代名詞節内の be 動詞の補語に当たる場合、関係代名詞は that に限られる。

⑤ 先行詞が疑問詞 who の場合、who who…と続くのを避けるため、関係代名詞は that が好まれる。

2 関係代名詞と前置詞

目的格の関係代名詞では、右ページの Point 1 にも注意が必要です。

　たとえば、上の例文①から関係代名詞を使って「これは彼が働く事務所です。」としたい場合、②の例文のように office を先行詞にしてその後に関係代名詞 which を置きますが、he works の後に「（事務所）の中で」にあたる前置詞の in を忘れないようにしなければいけません。

　また、先行詞が「動詞＋前置詞」の目的語になっている場合、Point 2 についても注意が必要です。

　前述の②の例文は、Point 2 の③の例文のように、前置詞 in を関係代名詞 which の前に置くことができるのです。

　ただし、こうした前置詞を関係代名詞の前に置くのは、とても硬い書きことば向きの表現で、通常の口語では Point 2 の④の例文のように、前置詞は後ろに置き、関係代名詞も省略するのがふつうです。

　さらに、どんな前置詞でも関係代名詞の前や文尾に自由に置けるかというとそうではありません。ことはそう単純ではないのです。
　beside、beyond、during、except、near などの前置詞は文尾に置くと不自然になるため原則として関係代名詞の前に置きます。また、go through 〜（〜を経験する）や laugh at 〜（〜を笑う）などの連語では、これをふつう切り離さないので、through や at の前置詞は文尾に置くことになります。注意が必要ですね。

　また、関係代名詞の that は Point 3 に示すように、その前に前置詞を置けません。

　関係代名詞が that の場合、⑤の例文のように前置詞は末尾に置くことしかできないことになります。
　⑥の例文のように that の前に前置詞を置くのは誤りです。

2 関係代名詞と前置詞

Point 1

先行詞が「動詞＋前置詞」の目的語の場合、前置詞を忘れない。

① He works in the office. （彼はその事務所で働いている。）

② This is the office which he works in.
（これは彼が働く事務所です。） この前置詞を忘れない。

Point 2

先行詞が「動詞＋前置詞」の目的語にあたる場合、前置詞を関係代名詞の前に置くことができる。

③ This is the office in which he works.
（これは彼が働く事務所だ。）

④ This is the office he works in. 〔通常の口語〕
（これは彼が働く事務所だ。）

Point 3

関係代名詞 that の前には前置詞は置けない。

⑤ He found the star that he was looking for.
（彼は探していた星を見つけた。）

⑥ He found the star for that he was looking. （誤）
　　　　　　　　　×　　　×

10 関係代名詞

③ 関係代名詞の省略

関係代名詞の目的格は、右ページの Point 1 にあるように省略できます。

ですから、右の例文のように文中で〈名詞＋主語＋動詞〜〉の形になっていたら、目的格の関係代名詞が省略されているのではないかと考えましょう。

また、目的格の省略は、主に、例文①のように関係代名詞が動詞の目的語になっている場合が多いのですが、②のように前置詞の目的語のときも省略できますので、注意が必要です。

ただ、どんな場合でも目的格なら省略できるかというと、そういうわけでもなく、右の Point 2 に示すように、1 つの先行詞に 2 つ以上の関係代名詞が使われているとき、2 番目以降の関係代名詞は省略しません。

また、実際の英文では下の例のように先行詞と関係代名詞が離れていることが時々ありますが、そうした場合も省略は避けられます。

Alex got the part in the play 　that　〔Tom wanted〕.

（アレックスはトムがやりたかったその劇の役を得た。）

こうした例では、省略してしまうと、その後の〈主語＋動詞〜〉がどうつながるのか不明になり、意味が曖昧になってしまうので省略されないのがふつうです。

さて、ここでは、〈名詞＋主語＋動詞〜〉の形を関係代名詞・目的格の省略ということで説明しましたが、もともと、この〈名詞＋主語＋動詞〜〉という語順は、関係代名詞の省略ではなくて、後ろの〈主語＋動詞〜〉が前の名詞を修飾する独自のつながりだとする考え方があります。そして、この〈主語＋動詞〜〉の節を「接触節」と呼んでいます。

〈名詞＋主語＋動詞〜〉の修飾パターンは、関係副詞や接続詞のところでも見受けられますので、重要な考え方です。

まとめ note

 関係代名詞の省略

Point 1

> 目的格の関係代名詞は、省略することができる

① This is the bike[∨]I bought yesterday.〔動詞の目的語〕
名詞＋主語＋動詞

（これは私が昨日買った自転車です。）

② The garage[∨]he keeps his car <u>in</u> is over there.〔前置詞の目的語〕
名詞＋主語＋動詞

（彼が車を置いているガレージは向こうにあります。）

Point 2

> 1つの先行詞に2つ以上の目的格の関係代名詞が使われる場合、
> 2番目以降の関係代名詞は省略しない。

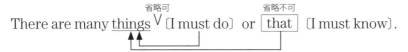

（しなければならないことや知らなければならないことがたくさんある。）

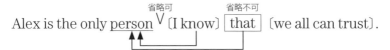

（アレックスは私が知っている人で私たち全員が信頼できる唯一の人です。）

目的格の省略は、よく知られているところですが、実は主格の省略も右ページの Point 3 に示すようにあります。

　関係代名詞の格は、今まで見てきたように、主格、所有格、目的格ですが、実は下の①の例文のように、関係代名詞が関係代名詞節内の補語になっている場合があります。この場合、関係代名詞は主格の that（先行詞が人以外なら which も可）に限られます。

①　He is not the naughty boy　| that |　he was.

　このとき、人が先行詞であっても who で代用できません。しかし、通常、右ページの例文①のように、この that は省略されます。つまり、関係代名詞の主格であっても省略できるということです。

　②③④については、There is や Here is、It is はその後の文を導く形式的で軽い表現であり、それらを除いて、たとえば、②を次のように、

②′　Nothing could be done about it.

としても文が完成しているので、省略が可能になると考えられます。

　⑤は、下のように、関係代名詞の直後に I think や they say などが挿入されているもので、参考書によっては、これを「連鎖関係代名詞」と名付けていますが、この場合も主格の関係代名詞ですけれども省略できます。

主格
He is a doctor　| who |　〔(they say) is very strict〕.

　また、①④⑤では、「目的格か主格に関係なく〈先行詞＋主語＋動詞〉の形になっているので省略が可能なのだ」とする説もあります。
　なるほどと思える一つの説です。ここでも「接触節」の考え方が重要な役割を果たしているように思えます。こうした理屈などで覚えておきましょう。

Point 3

〔関係代名詞・主格の省略〕

主格の関係代名詞は、制限用法で次の場合に省略できる。

① 関係代名詞が、be 動詞の補語の場合。
② There is ～、Here is ～ に続く場合。
③ 〈It is ～ that…〉の強調構文の場合。
④ 関係代名詞節に there is がある場合。
⑤ 関係代名詞の直後に I think などが挿入されている場合。

(連鎖関係代名詞)

(that)
① He is not the naughty boy he was.

（彼は昔のようないたずら坊主ではない。）

(that)
② There was nothing could be done about it.

（それについてはどうすることもできなかった。）

(that)
③ It is not everybody can do that.

（だれでもそれができるとは限らない。）

(that)
④ I have told him all there is to tell.

（言うべきことは全部彼に言った。）

(who)
⑤ He is a doctor they say is very strict.

（彼はとても厳しいと人々が言っている医者です。）

10 関係代名詞

たまたま、ある問題集を見ていたら、ある入試英文について次のような解説がありました。

Second, <u>distances there</u> <u>were</u> <u>not</u> <u>very great</u>, and <u>the large</u>
        S①   V①   C   S②

                             — 関係代名詞 that ＋ were が省略

<u>number</u> of ┃ towns and villages ┃ all quite near one another <u>made</u>
                                                     V②

<u>roadbuilding</u> <u>economical</u>.
     O   C

第 2 に、そこでの距離はあまり長くはなく、また互いにかなり接近した町や村の数が多かったことにより、道路建設の費用が節約された。

英文を含む文章全体は、自動車はヨーロッパで始まり、アメリカで大量生産が行われたという論旨で、この英文はなぜ自動車がヨーロッパで始まったのかを説明する第 2 の理由を述べているところです。

この解説の〈関係代名詞 that ＋ were が省略〉を見て、私は？？？となりました。こりゃ、何だ？という感じです。

〈that ＋ were〉となっているので、関係代名詞 that の主格なのだろう。先行詞は towns and villages のはずだ。1 行目の and 以下は SVOC の第 5 文型で、〈make A B〉「A を B にする」の形になっています。

しかし、右ページにもう一度、Point 3 の〔関係代名詞・主格の省略〕を載せていますが、この〈関係代名詞 that ＋ were が省略〉の部分は、一体これのどれに当てはまるというのでしょうか？まったくトンチンカンな解説としか言いようがありません。しかも、were まで省略されています。

正しくは、右の・参考・の分解図のとおりで、これは関係代名詞の主格の省略でもなんでもなくて、前置詞 near が one another の語句を引き連れて、towns and villages を修飾しているだけです。間に入っている all quite は near 以下の前置詞句に係って意味を強めているのです。

どうしてこんな間違えた説明になったのかはわかりませんが、まずまず売れている問題集らしいので、もう少ししっかり確認しないとこれではこの本で勉強する人たちが可哀相だなぁと残念な気持ちになりました。

Point 3 （再掲）

〔関係代名詞・主格の省略〕

　主格の関係代名詞は、制限用法で次の場合に省略できる。

① 関係代名詞が、be 動詞の補語の場合。
② There is, Here is に続く場合。
③ It is ～ that…の強調構文の場合。
④ 関係代名詞節に there is がある場合。
⑤ 関係代名詞の直後に I think などが挿入されている場合。

（連鎖関係代名詞）

・参考・

〔正しい構文分解図〕

the large number of

towns and villages 〔all quite near one another〕

前置詞 near が towns and villages を
修飾している。

※こうした前置詞句の名詞修飾に加えて、形容詞も語句を伴うと下の
　例のように名詞の後ろから修飾することが、しばしばありますので、
　知っておく必要があります。

a large box full of flowers （花で一杯の大きな箱）

wine famous all over the world （世界中で有名なワイン）

④ 関係代名詞の非制限用法

さて、今までは先行詞を直接修飾する関係代名詞を説明してきました。

こうした関係代名詞の使い方を、先行詞を修飾して制限しますので右ページの Point 1 に示すように、「制限用法」または「限定用法」と呼びます。

これに対して、Point 2 にあるように、先行詞に関する補足説明を加える用法を「非制限用法」または「継続用法」といいます。

非制限用法では，ふつう先行詞の後にコンマを置かなければなりません。そして和訳するときには、Point 2 にあるように、前後の文に応じて接続詞を補うのが基本です。

こうした「制限用法」と「非制限用法」では、次のような英文で意味に違いが出てきます。

ⓐ　He has two sisters who live in Kyoto.〔制限用法〕
（彼には京都に住んでいる娘が 2 人いる。）

ⓑ　He has two sisters, who live in Kyoto.〔非制限用法〕
（彼には娘が 2 人いて、そして彼女たちは京都に住んでいる。）

これはよく出てくる例文ですが、ⓐの文では、彼には娘が 2 人だけしかいないのかどうかはわかりません。ただ京都に住んでいる娘は 2 人いるのだけど、他のどこかに住んでいる娘がいる可能性があります。

しかし、ⓑの文では、娘は 2 人しかいないことになります。そして、その 2 人の娘は京都に住んでいる、と補足説明しているのです。

4 関係代名詞の非制限用法

Point 1

> 制限用法（限定用法）…関係代名詞が先行詞を修飾する用法。

Point 2

> 非制限用法（継続用法）
> 　…先行詞の後にコンマを置き、先行詞に関わる補足的な説明を
> 　加える用法。
> 　〔訳し方〕①「そして〜」　　②「しかし〜」
> 　　　　　　③「なぜなら〜」　④「〜だけれども」
> 　　　　　　⑤「もし〜ならば」

① Tom is a teacher, <u>who</u> teaches English.
（トムは先生で、<u>そして</u>彼は英語を教えます。）

② He gave me a book, <u>which</u> wasn't so interesting.
（彼は私に本を1冊くれた<u>が</u>、それはあまり面白くなかった。）

③ I don't want the watch, <u>which</u> is too old.
（私はその時計はほしくない。<u>なぜなら</u>古過ぎるからだ。）

④ The boy, <u>who</u> was very tired, kept walking.
（その少年は、とても疲れていた<u>けれども</u>、歩き続けた。）

⑤ Students, <u>who</u> want to succeed, should study.
（学生は、<u>もし</u>成功したい<u>ならば</u>、勉強すべきだ。）

10　関係代名詞

211

また、この非制限用法には、いくつか制約があって、まず Point 3 のように、関係代名詞 that には非制限用法がありません。

　なぜ、who や which には非制限用法があって、that にはないのか。
　これに答えている参考書を私はまだ知りません。今のところ覚えるしかないようです。ただ、次のようにも思われます。

　②の正しい例文を見てみると、〈, who〉の部分は「そして彼女たちは…」となるので、接続詞と代名詞の働きが〈, who〉の部分に認められているということです。
　しかし、例文①のようになると、〈, that〉の部分には「そして」に当たる接続詞の働きが認められていない、ということになります。
　コンマがなければ、that は例文③のように関係代名詞として機能します。

　前に述べたように, that には、特定のものを指し示すイメージが強くあります。つまり、ある集団の中の特定のものを指し示すイメージです。
　ですから、他にも娘がいる含みのある③の例文では成立するが、2人の娘そのもの全体を指してしまう①のような非制限用法の文では使えない、ということなのかもしれません。
　また、that が単数の代名詞や形容詞、副詞、接続詞など多機能であり、〈, that〉が関係代名詞とは特定しにくいこともあるかもしれません。
　これはあくまで仮説です。理解のヒントにしてください。

　さて、Point 4 にあるように、非制限用法の関係代名詞は省略できないことも覚えておきましょう。これは省略ありにしてしまうと、文自体が成立しなくなるからです。
　②の例文では、2つの文をつなぐ接続詞がありませんので、英文のきまりに反しているのです。2つの文をつなぐときは、接続詞を置くか、セミコロン（;）を置かなければならない、という英文のルールがあるのです。セミコロンは接続詞の代わりになります。

　また、Point 5 に示すように、非制限用法の which は、前の句や節（の一部）を先行詞として受けることがあります。例文①の which は、トムが日本語を話せると言ったことを先行詞として受けています。
　さらに、名詞を伴った非制限用法も②のように which にはあります。

Point 3

> 関係代名詞 that は、非制限用法で使うことはできない。

① He has two sisters, that live in Kyoto. （誤）
   ×

② He has two sisters, who live in Kyoto. （正）
   （彼には娘が 2 人いて、そして彼女たちは京都に住んでいる。）

③ He has two sisters that live in Kyoto. 〔制限用法〕
   （彼には京都に住んでいる娘が 2 人いる。）

Point 4

> 非制限用法の関係代名詞は目的格でも省略できない。

① She received a letter, which she read many times. （正）
   （彼女は手紙をもらって、そしてそれを何度も読んだ。）

② She received a letter, she read many times. （誤）
   ×

Point 5

> ① 非制限用法の which は、前の句や節（の一部）を先行詞にすることができる。
> ② 非制限用法の which には〈which ＋名詞～〉の形もある。

① Tom said he could speak Japanese, which was untrue.
   （トムは日本語を話せると言ったが、それはうそだった。）

② I said nothing, which fact made her angry.
   （私は何も言わなかった。そしてその事実が彼女を怒らせた。）

10 関係代名詞

5 その他の関係代名詞

　whatは「何」の意味で疑問詞になったり、間接疑問文で使われたりしますが、関係代名詞としても右ページのPoint 1のように機能します。

　他の関係代名詞と違って、what自体に先行詞を含んでいるところが大きな特徴です。

　また、「〜すること（もの・状態）」といった意味になるため、whatが導く部分は名詞節になります。

　名詞と同じものですから、文中では主語や目的語、補語，前置詞の目的語の位置に置くことができます。各例文は次のような構造になっています。

① ┃What┃〔is good to you〕is bad to me.
　 ├───── 主　語 ─────┤

② I understood ┃what┃〔he said〕.
　　　　　　　　├───── 目的語 ─────┤

③ This book is ┃what┃〔I need〕.
　　　　　　　　├──── 浦　語 ────┤

④ Tom told me about ┃what┃〔he did yesterday〕.
　　　　　　　　　　　├───────── 前置詞の目的語 ─────────┤

　また、whichと同じく右のPoint 2に示すように、whatにも後に名詞を伴った用法があります。

He gave the child ┃what money┃〔he had〕.

　この場合、whatは「どんな〜でも」といった意味で、「少ないながらも」といったニュアンスが含まれます。

　この例文でいうと、「少ないながらも持っていたお金はどんなお金でも」といった意味合いになります。ちょっとした誇張表現ですね。

　さらに、この意味をはっきり言いたいときは、後に出てくるwhatever（どんな〜でも）を使うことがふつうです。

5 ▶ その他の関係代名詞

Point 1

〔関係代名詞 what〕
① それ自体の中に先行詞の意味を含み、「〜すること（もの・状態）」の意味を表す。
② 文中で、主語・目的語・補語・前置詞の目的語になる。

① <u>What</u> is good to you is bad to me. 〔主語〕
（君に良いことが私には悪い。）

② I understood <u>what</u> he said. 〔目的語〕
（私は彼が言ったことがわかった。）

③ This book is <u>what</u> I need. 〔補語〕
（この本は私が必要としているものです。）

④ Tom told me about <u>what</u> he did yesterday. 〔前置詞の目的語〕
（トムは彼が昨日したことを私に話した。）

Point 2

〈what ＋名詞〜〉…「〜するだけの、〜するすべての」

He gave the child <u>what money</u> he had.
（彼は持っているだけのお金をその子どもにあげた。）

さらに、押さえておかないといけない、関係代名詞 what を含む重要表現には右ページの Point 3 のようなものがあります。

　これ、ほとんどの参考書に載っているような重要表現ですが、なぜそんな意味になるのかわかりやすく説明してくれているものは、私の知る限りあまりありません。

　ただ、覚えなさい、といった感じで書いてあることがほとんどですが、こんな例文をちょっと見ただけでは、「なんで、"関係" っていう訳語が出てくんの？」と不思議に感じる人も多いのではないかと私は思うのですが、実は、これ、〈to B〉のところをカッコにくくって考えるととても簡単なのです。

　Point 3 の例文でいうと次のようになります。

$$\underset{A}{\underline{\text{Air}}} \text{ is } \underset{B}{(\text{to }\underline{\text{us}})} \boxed{\text{what}} \underset{D}{\underset{C}{[\underline{\text{water}} \text{ is to } \underline{\text{fish}}]}}.$$

　この英文でいうと「空気は私たちにとって、水が魚に対してそうであるようなものである」というのが直訳です。
　Air はもちろん主語で、to us は「私たちにとって」、what 以下は関係代名詞節で文全体の補語になっていて、「水が魚に対するもの」といった意味です。文としては単なる〈主語＋動詞＋補語〉の形です。

　これをかなり意訳して「空気と私たちの関係は水と魚の関係に等しい。」としているのですが、なぜ、そんな意訳をしたのかも説明してくれないと、学習者にはすぐにはわかりにくいし、そもそも上のように直訳的に訳しても十分意味は通じるし、英文の構造から離れていないこちらのほうがいいのではないかと思うのですが、一体誰がこんな訳し方に決めたのでしょうか？

　それはさておき、さらに関係代名詞 what には Point 4 のような覚えておくべき慣用表現があります。⑧の with は「〜に関する」といった意味で「A に関してのことや B に関することで」が直訳です。

Point 3

〈A is to B what C is to D.〉
　「A と B の関係は、C と D の関係と同じだ。」
　←「B にとって A は、D に対する C のようなものだ。」

Air is to us what water is to fish.
（空気と私たちの関係は、水と魚の関係と同じだ。）

Point 4

〔what を使った慣用表現〕

①	what is better	「もっと良いことに」
②	what is worse	「もっと悪いことに」
③	what is more	「おまけに、その上さらに」
④	what S is〔are〕	「現在の S（S が今存在している姿）」
⑤	what S was〔were〕	「過去の S（S が過去存在していた姿）」
⑥	what you〔we/they〕call	「いわゆる」
⑦	what is called	「いわゆる」
⑧	what with A and（what with）B	「A やら B やらで」

① Jenifer is beautiful, and what is better, kind.
（ジェニファーは美しくて、さらに良いことに親切だ。）

② It began to rain, and what was worse, I had no umbrella.
（雨が降り始めて、そしてもっと悪いことに傘がなかった。）

③ She said it, and what is more, she did it.
（彼女はそう言って、そしてその上さらにそれを実行した。）

⑤ Alex isn't what he was.（アレックスは昔の彼ではない。）

⑦ He is what is called a fraud.（彼はいわゆる詐欺師だ。）

⑧ What with overwork and stress, she got sick.
（過労やらストレスやらで、彼女は病気になった。）

さて、次のその他の関係代名詞は、右ページの Point 5 に示す as です。

「6. 不定詞」の章で、この as の歴史的な成り立ちと本質的な意味は述べましたが、この単語はこんな短い綴りなのにいろいろな働きのある語で、学習者にとっては本当に難儀な単語です。なにせ、これを関係代名詞とは認めず接続詞だとする学者の方もいるぐらいです。

しかし、避けて通ることはできない重要表現なので、一応、Point 5 に示す型を覚えて乗り切りましょう。

①は、as を that に置き換えることも可能です。

従来、文法書には下の例文のように、as は〔同種類〕、that は〔同一物〕を表し、意味が異なるとされていましたが、実際は区別なく使われているようです。ただし、as の後に名詞のみが続く場合、that に置き換えることはできません。

This is the same shirt as he had on yesterday.
（これは彼が昨日着ていたのと同じ種類のシャツです。）〔同種類〕
This is the same shirt that he had on yesterday.
（これは彼が昨日着ていたシャツそのものです。）〔同一物〕

③の 2 つ目の例文の〈as is often the case with 〜〉は、as を使った定番表現です。この case は「事実、実情」といった意味です。「〜にはしばしば実情だが」というのが直訳です。

他に関係代名詞のように使われるものに Point 6 の but があります。

これは、先行詞には no などの否定の意味を持つ語がきて、but 自体、否定の意味を持ち「〜しない」の意味なので、文全体では二重否定の文になり、強い肯定を表す言い方になります。しかし、古い言い回しで、現在では例文のようなことわざに見られるくらいです。

さらに、他の関係代名詞として、Point 7 のように than が挙げられます。先行詞は比較級を含む語になります。

Point 5

〔関係代名詞 as〕

① 〈the same ～ as …〉 「…するのと同じような～」

※この as は that に置き換え可。

② 〈such ～ as …〉 「…するような～」

③ 主節やその一部を先行詞にする as

① Tom owns <u>the same</u> car <u>as</u> I do.

（トムは私が持っているのと同じような車を持っている。）

② You should read <u>such</u> books <u>as</u> are good for your study.

（あなたは研究のためになるような本を読むべきです。）

③ Her feet were bare, <u>as</u> was the custom in those days.

（彼女は素足だったが、それは当時の習慣だった。）

<u>As is often the case with</u> him, Alex was not at home.

（アレックスにはよくあることだが、彼は家にいなかった。）

Point 6

〔関係代名詞 but〕… 「～しない…」

There is no rule <u>but</u> has some exceptions.

（例外のない規則はない。）

Point 7

〔関係代名詞 than〕… 「～よりも…、～以上に…」

They made <u>more</u> cars <u>than</u> were necessary.

（彼らは必要以上に多くの車を作った。）

10 関係代名詞

11 関係副詞、複合関係詞

1 ▶ 関係副詞の制限用法

関係代名詞は名詞や代名詞などを先行詞としましたが、右ページの Point 1 のように時や場所などを先行詞として副詞の働きをするのが「関係副詞」です。

①の例文は、下に示すように次の 2 文をつなげたものです。

関係副詞 where は例文①″の at the place の代わりを果たしています。これを①′ の先行詞にする place の後において She works をつなげれば関係副詞 where 以下が place に係ることになります。

上の例で、関係副詞 where が at the place の代わりになっているように、関係副詞は Point 2 に示すように〈前置詞＋関係代名詞〉の代わりを果たすのです。関係副詞は関係代名詞に前置詞を加えたものだと言えます。

ですので、Point 1 の例文①は Point 2 の⑥のように、関係代名詞と前置詞 at を使って表すこともできるのです。

ただし、関係代名詞 that の前に前置詞は置けないことは忘れないようにしましょう。

なお、関係副詞 where は、場所を表す名詞だけでなく、Point 3 のように「状況」や「場合」を表す名詞も先行詞とすることがあります。

まとめ note

1 関係副詞の制限用法

Point 1

〔関係副詞〕…2 つの文を関係づけてつなぐ働きと副詞の役割をする。
① where …場所を表す名詞の後につけて使う。
② when …時を表す名詞の後につけて使う。
③ why …reason（理由）という単語の後につけて使う。
④ how …「～する方法」の意味。先行詞はない。
⑤ that …where、when、why、how の代わりになる。
　　　　　　ほとんど省略されることが多い。

① I know the place <u>where</u> she works.
（彼女が働く場所を私は知っている。）

② Friday is the day <u>when</u> he is busy.（金曜日は彼が忙しい日です。）

③ She told me the reason <u>why</u> she cried.
（彼女は泣いた理由を私に話した。）

④ I know <u>how</u> he has done it.
（どんなふうに彼がそれをしたか私は知っている。）

Point 2

関係副詞＝前置詞＋関係代名詞

⑥ I know the place <u>at which</u> she works.

Point 3

関係副詞 where の先行詞 … 場所、状況、場合など

Think about the <u>case</u> <u>where</u> smoking does harm to us.
（喫煙が私たちに害をおよぼす状況を考えましょう。）

右ページの②の例文は、下のように次の2文をつなげたものです。

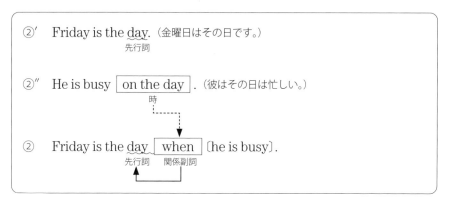

②′　Friday is the day.（金曜日はその日です。）
　　　　　　　　　　先行詞

②″　He is busy ｜ on the day ｜.（彼はその日は忙しい。）
　　　　　　　　　　　時

②　Friday is the day ｜ when ｜〔he is busy〕.
　　　　　　　　　　先行詞　　関係副詞

関係副詞 when は例文②″の on the day の代わりを果たしています。これを①′の先行詞にする day の後において he is busy をつなげれば関係副詞 when 以下が day に係ることになります。

関係副詞 when も、⑦のように〈前置詞＋関係代名詞〉で置き換えることができます。

さて、関係副詞 why は Point 1 に示すように、先行詞に the reason を置くという特徴があります。

また、この関係副詞 why を使った重要表現には Point 4 のようなものがありますが、これは、「これが［それが］、なぜ～するのかということです」というのが直訳になります。
それを日本語らしくして、「こう［そう］いうわけで～、だから～」という訳語にしています。

こういうふうに先行詞がないと、間接疑問文と変わりがないように感じられます。何度も先行詞のない関係副詞 why に出会っていると、わりと区別がなくなってくるように感じられるはずです。それが自然な感じ方なのかもしれません。どちらで考えてもいいと思います。

まとめ note

Point 1 （再掲）

〔関係副詞〕…2つの文を関係づけてつなぐ働きと副詞の役割をする。
② when …時を表す名詞の後につけて使う。
③ why …reason（理由）という単語の後につけて使う。

② Friday is the day <u>when</u> he is busy.（金曜日は彼が忙しい日です。）

⑦ Friday is the day <u>on which</u> he is busy.（正）

③ She told me the reason <u>why</u> she cried.
（彼女は泣いた理由を私に話した。）

Point 4

〈This［That］is why ～〉 「こう［そう］いうわけで～、だから～」
           ←「これ［それ］が～の理由です」

It's too noisy. <u>That's why</u> I hate a big city.
（うるさ過ぎる。だから私は大都会がきらいなのだ。）

・参考・

〔間接疑問文〕
　who や what などの疑問詞が、I know ～ や I wonder ～ などの後に続いて、下の例文のように文の一部になるとき、この文を「間接疑問文」という。

　　I know <u>who</u> he is.（私は彼が誰なのか知っている。）

　　Do you know <u>how</u> he went to the hospital?
　　（どのように彼が病院へ行ったのか知っていますか。）

　　Will you tell me <u>why</u> she can play tennis?
　　（なぜ彼女はテニスができるのか教えてくれませんか。）

11
関係副詞、複合関係詞

関係副詞 how は右ページの Point 1 にあるように、先行詞はありません。ですから、この④の例文も間接疑問文と変わりがないように感じられます。

　「この場合は、間接疑問の疑問副詞と区別しにくいときがある」と述べている参考書もあります。区別しにくいどころでなく、ネイティブなんかは同じもんだと思っているんじゃないかと感じます。

　なお、関係副詞 how は Point 5 のように、〈the way how ～〉は古い形で今では使われず、〈the way ～〉か〈how ～〉のどちらかにしないといけません。

　歴史的に昔は〈the way how ～〉という形だったため、関係副詞の中に入れられていますが、この形を今ではもう取らないとなると、果たしてこのままずっと関係副詞の中に how を入れといていいのだろうか、と少し気掛かりです。

　なぜなら、〈how ～〉の形だと、まさに間接疑問文と区別がつかないからです。では、〈the way ～〉は何なのでしょう。

　way はもちろん名詞で「方法、道、点」などの意味があるのですが、次の例文のように the way だけで接続詞的に使われることがあります。

Do it the way you were taught. （教わったようにやりなさい。）

　in the way や in a way that ～ なら in があるのでわかりやすいのですが、この in が脱落して、〈the way ～〉で「～する方法・様子で、～ように」などの意味で後ろの語句と前の部分をつないでいるのです。

　しかし、あくまで名詞です。感じとしては関係詞のようにも思えますが、副詞のような働きもありますし、なんとも特殊です。もちろん〈the way ～〉を関係副詞には入れないのがふつうです。

　辞書や参考書では、「名詞の接続詞化（接続詞用法）」として処理されていますが、そのうち way に接続詞の項目が生まれるのかもしれません。

　ある単語が品詞を移動していく一つの例なのかもしれません。

　関係副詞の that は、Point 6 に示すように、少し制限があります。また、参考書によっては、関係副詞に含めていないものもあります。

まとめ note

Point 1 （再掲）

〔関係副詞〕…2つの文を関係づけてつなぐ働きと副詞の役割をする。
① where …場所を表す名詞の後につけて使う。
② when …時を表す名詞の後につけて使う。
③ why …reason（理由）という単語の後につけて使う。
④ how …「様子・状態・方法」の意味。先行詞はない。
⑤ that …where、when、why、how の代わりになる。
　　　　　ほとんど省略されることが多い。

④ I know <u>how</u> he has done it.
（どんなふうに彼がそれをしたか私は知っている。）

Point 5

〈the way how ～〉の形は、現代では全く使われない。
〈the way ～〉か〈how ～〉のどちらか一方を使う。

⑧ I know <u>the way</u> he has done it.
　 = I know <u>how</u> he has done it.

Point 6

関係副詞の that は where の代わりに用いるとき、先行詞は place、
somewhere、anywhere、everywhere、nowhere に限られて、
それ以外の語句では前置詞が必要になる。

⑨ I will never forget the day <u>that</u> I first met her.
（彼女に初めて会った日を私は忘れないでしょう。）

⑩ There was a fire at the <u>hotel</u> <u>that</u> he was staying <u>at</u>.（正）
（彼が泊まっていたホテルで火事があった。）

There was a fire at the <u>hotel</u> <u>that</u> he was staying.∧（誤）
　　　　　　　　　　　　　　　　　　　　　　　　　×

また、関係副詞と先行詞の関係では右ページの Point 7 のように、どちらかを省略することが可能です。

　ただし、where の場合は先行詞が主に place のときなど、右ページの例文①ⓐのように省略できます。

　関係副詞 when も、例文②ⓐのように先行詞が day や time などのとき省略されることがあります。

　こうしたことは、where なら place が、when なら day や time が、ほとんど意味の近い単語なので、その重複を避けたからかもしれません。

　しかし、place には名詞か動詞しかありません。①ⓐの例文の場合は、the が付いているので名詞です。ところが、work には「働く」という意味では自動詞しかありません。すると理屈の上では、前置詞の in や at などが文末などに必要になるのではないだろうかと思うのですが、実際は不要なのです。これは品詞の定義からすると、矛盾したことになります。また、自動詞、他動詞という分類も何だったんだ、ということになるのではないでしょうか。

　こうしたことを書いていると、また、169 ページで触れた「コウモリ問題」を思い出します。分類しようとすると、複数の項目にまたがるものが出てきて分類に困るという問題です。品詞分類はそれなりに学習の役に立ちますが、あまり深入りすると、費用効果の少ない新たな問題を生み出してしまいます。

　現在の品詞分類を基本にすると不可解な思いがするのですが、考えてみると、place など明らかに where に意味が近いものや、day や time などの when に関連する語は、関係副詞に類する働きを認められているということが言えるのではないでしょうか。

　そのうち、ひょっとしたら、「準関係副詞」という項目ができて、place や day、time はそこに入れられるかもしれません。

　さて、関係副詞については、Point 8 についても注意しましょう。この場合、関係副詞は省略できません。いくらなんでもこれを省略してしまうと、意味がわからなくなるからです。

Point 7

> 関係副詞 where、when、why と先行詞は、そのどちらか一方を省略することができる。

①ⓐ I know the <u>place</u> she works.
ⓑ I know <u>where</u> she works.
②ⓐ Monday is the <u>day</u> he is busy.
ⓑ Monday is <u>when</u> he is busy.
③ⓐ She told me the <u>reason</u> she cried.
ⓑ She told me <u>why</u> she cried.

Point 8

> 先行詞は、関係副詞の前につけられることが多いが、まれに離れたところに置かれることがある。
> この場合、関係副詞は省略できない。

<u>The day</u> will come <u>when</u> she will forgive you.

先行詞　　　　　　　関係副詞

（彼女があなたを許す日が来るでしょう。）

11 関係副詞、複合関係詞

227

2 ► 関係副詞の非制限用法

　関係代名詞と同じように、関係副詞 where と when には非制限用法があります。why と how には非制限用法はありません。

　非制限用法の訳し方を、再度ここで確認すると右ページの Point 1 のようになります。前後の文脈にあわせて、①〜⑤の接続詞を補って訳すのが基本です。

　さて、少し話は変わりますが、ここで when の働きを見てみると、疑問文や間接疑問文で使われる疑問副詞の用法や、関係副詞や接続詞、代名詞、名詞などの品詞分類が辞書には載っています。

　働きがこれぐらいある、ということで when の用法を知るには有益ですが、さて、こんな分類を考えていちいち英文を読んだり聞いたりネイティブはするのだろうか、という疑問が沸いてきます。
　そうではなくて、何か、when には when の核となる意味、コアとなるイメージがあるのではないだろうか、と思うのです。

　いろんな使われ方を考えてみると、どうも when は漠然と「時」を表す記号のようなものと考えたほうがいいのではないだろうか、という思いに至りました。
　ただ、具体的に何年、何月、何日、何時などを示すものではないけれども、しかし、前に出てきた時を示す語句の代わりにもなれる、そんな感じの語ではないか、と思われるのです。何かいい when を表す記号、略図、アイコンのようなものはないだろうかと考えるのですが、これがなかなか難しい。とりあえず、Point 2 にその感じとなるものを示しておきました。感じをつかんでください。

　そして、where は「場所」を、why は「理由」を表し、how は「様子・状態」を示す記号のようなものと考えることができるのではないかと思います。さらに拡大して who は「人」、what は「物・事」、which は「選択」を漠然と表す記号のようなものとすることで、品詞分類から抜け出した英文解釈が可能になるのではないかと思っています。

2 関係副詞の非制限用法

Point 1

> 関係副詞の非制限用法は、where と when にしかない。

〔非制限用法（継続用法）の訳し方〕
① 「そして〜」　　② 「しかし〜」　　③ 「なぜなら〜」
④ 「〜だけれども」　⑤ 「もし〜ならば」

① He went into the room, <u>where</u> he listened to jazz.

（彼はその部屋へ入って行って、そして、そこでジャズを聞いた。）

② I called him on the day, <u>when</u> he was busy.

（私はその日に彼に電話した。しかし、その日彼は忙しかった。）

Point 2

① <u>When</u>　did you play　tennis?〔疑問文〕
　（時）　　（君はしたか）　　（テニス）
　→（いつ君はテニスをしましたか。）

② I　know　<u>when</u>　she　will come.〔間接疑問文〕
（私は）（知っている）　（時）　（彼女）　（やって来る）
　→（彼女がいつやって来るか私は知っている。）

③ He　was born　in the year　<u>when</u>　the war　ended.〔関係副詞〕
（彼は）　（生まれた）　（年に）　（時）　（戦争）　（終わった）
　→（彼は戦争が終わった年に生まれた。）

④ She　visited　me　<u>when</u>　I　was sick.〔接続詞〕
（彼女は）（訪ねてきた）（私を）　（時）（私が）（病気だった）
　→（私が病気のときに彼女は訪ねてきた。）

④ He　knew　the <u>when</u>　and　where　of the meeting.〔名詞〕
（彼は）（知っていた）　（時）　（と）　（場所）　　（会議の）
　→（会議の時間と場所を彼は知っていた。）

複合関係詞の用法

今まで学んだ関係代名詞と関係副詞をまとめて「関係詞」と呼びますが、これに‐ever が付いたものを「複合関係詞」といい、それぞれに「複合関係代名詞」と「複合関係副詞」があります。こんな名前はともかく、その使われ方や意味を理解するほうが大切ですが…。

まず、参考書に書いてあるような基本を複合関係代名詞から見ていきますと、右ページの Point 1 のようになります。

それぞれに 2 通り意味があって、ⓐは名詞節（名詞の働きをする主語＋動詞）で、ⓑは譲歩（「～だけれども」）の意味になる副詞節です。譲歩の用法は、〈no matter ～〉で置き換えられます。

しかし、これ、①の whatever の場合だと「何であっても」と考えると、ⓐⓑどちらにも当てはまるのです。ⓐだと「望むことは何であっても彼はやろうとした。」とできますし、ⓑなら「君の問題が何であっても…」とできるのです。

②ⓐでは「最初に終わる人は誰であっても賞を手にします。」、ⓑは「今やって来る人が誰であっても…」、③ⓐなら「ほしいものはどちらであっても取りなさい。」、ⓑは「借りようとするものがどちらであっても…」となって、形式上の名詞節や副詞節の区別がこの場合、あまり必要ではなくなってしまいます。名詞の働きをしている、副詞の働きをしている、という理解は一応必要かもしれませんが。

こんな風に、つまり、whatever は「何であっても」、whoever は「誰であっても」、whichever は「どちらであっても」といった具合でネイティブは感じているのではないでしょうか。

③ 複合関係詞の用法

Point 1

〔複合関係代名詞〕

① whatever
   ⓐ「〜するものは何でも」
   ⓑ「何が［を］〜しても」= no matter what

② whoever
   ⓐ「〜する人は誰でも」
   ⓑ「誰が［を］〜しても」= no matter who

③ whichever
   ⓐ「〜するものはどちらでも」
   ⓑ「どちらが［を］〜しても」= no matter which

①ⓐ He tried to do <u>whatever</u> he wanted.
   「〜するものは何でも」

   (彼は自分がほしいと思ったことは何でもやろうとした。)

  ⓑ <u>Whatever</u> your problems are, you must overcome them.
   「何が〜しても」

   (君の問題が何であろうとも、それらを克服しなければならない。)

②ⓐ <u>Whoever</u> finishes first gets a prize.
   「〜する人はだれでも」

   (最初に終わった人はだれでも賞を手にします。)

  ⓑ <u>Whoever</u> may come now, I won't let him in.
   「だれが〜しても」

   (だれが今来ても、私は中に入れません。)

③ⓐ Take <u>whichever</u> you want.
   「〜するものはどちらでも」

   (ほしいものはどちらでも取りなさい。)

  ⓑ <u>Whichever</u> you may borrow, you must return it to her.
   「どちらを〜しても」

   (どちらを借りるとしても彼女に返さなければならない。)

11 関係副詞、複合関係詞

231

さて、複合関係副詞も同様に、ほとんどの参考書にはPoint 2のように説明されています。

　複合関係副詞①wheneverと②whereverにもそれぞれ2通り意味があって、ⓐは時や場所を表す副詞節で、ⓑは譲歩の意味になる副詞節の場合です。
　また、複合関係代名詞と同じく、譲歩の用法はそれぞれ〈no matter 〜〉で置き換えられます。

　しかし、これもwheneverなら「いつであっても」と考えると、ⓐⓑどちらにも当てはまるのです。ⓐだと「好きなときは<u>いつであっても</u>あなたは働くことができる。」とできますし、ⓑなら「あなたが来るのが<u>いつであって</u>…」とできるのです。

　②ⓐでは「行きたいのが<u>どこであっても</u>君は行ってよい。」、ⓑは「彼女が夕食に行くのが<u>どこであっても</u>…」、となって、名詞節や副詞節の区別がこの場合も、あまり必要ではなくなります。

　複合関係副詞でも、こんな風にwheneverは「いつであっても」、whereverは「どこであっても」といった具合でネイティブは感じているのではないでしょうか。区別して別々の訳語を覚える必要がなくなります。

　howeverには譲歩の意味しかないとされています。例文③ⓑのHowever hardのように〈however ＋形容詞・副詞〉で意味のひとかたまりになっていますが、③ⓒのようにhoweverだけのときもあります。

　ちなみに、everの原義は「いかなる時でも」ですが、そこから「絶対に、どんなことがあっても」などの意味にもなって、また、他の語とつながるとその語を強める働きがあります。

まとめ note

Point 2

〔複合関係副詞〕
① whenever
   ⓐ「〜する時はいつでも」
   ⓑ「いつ〜しようとも」 = no matter when
② wherever
   ⓐ「〜するところならどこでも」
   ⓑ「どこで〜しようとも」 = no matter where
③ however
   ⓑ「どんなに〜しようとも」 = no matter how

①ⓐ You can work <u>whenever</u> you like.
      「〜する時はいつでも」
   (好きな時にいつでもあなたは働くことができる。)

   ⓑ <u>Whenever</u> you come, we will be waiting for you.
      「いつ〜しようも」
   (君がいつ来ようとも、私たちは君を待っているでしょう。)

②ⓐ You may go <u>wherever</u> you want to.
      「〜するところならどこでも」
   (行きたいところならどこでも君は行ってよい。)

   ⓑ <u>Wherever</u> she goes for dinner, I'll go, too.
      「どこに〜しようとも」
   (どこに夕食に彼女が行こうとも、私も行こう。)

③ⓑ <u>However</u> hard your work, I won't help you.
      「どんなに〜しようとも」
   (どんなに君の仕事がきつかろうとも、私は手伝わない。)

   ⓒ <u>However</u> you try to escape, you can't get out of here.
   (どんなに逃げようとしても、君はここから出ることはできない。)

12 接続詞

① 等位接続詞

　下のように、文の中で、語と語や、句と句、文と文などを結びつける働きをすることばを「接続詞」といいます。

〔語と語〕 Tom <u>and</u> Alex（トムとアレックス）

〔句と句〕 by bus <u>or</u> by train（バスで、または電車で）

〔文と文〕 I like English, <u>but</u> I don't like math.
　　　　　（私は英語が好きです。しかし、数学は好きではない。）

　　　　　She is kind, <u>so</u> everyone likes her.
　　　　　（彼女は親切です。それでみんなは彼女が好きです。）

　さらに接続詞には「等位接続詞」と「従位接続詞」があり、そのうち、右ページの Point 1 の and や but、or、so など、語と語、句と句、文と文を「対等の関係」で結びつけるものを「等位接続詞」といいます。

　また、文と文を「主と従の関係」で結びつけて、時や理由や条件などを表す接続詞を「従位接続詞」といいます。

```
        ┌ 等位接続詞…and, but, or など
接続詞 ┤
        └ 従位接続詞…that, if, whether, when, while, if など
```

　なお、⑤の nor は例文⑤のように、前に必ず否定の文があることに注意してください。⑥の for は主節の前に出せないことに気をつけましょう。

　また、接続詞と命令文を組み合わせた重要なものとして、Point 2 の表現があります。これは長文の中に少し複雑な形で混じると、意外と気付かない場合もありますので注意が必要です。

1 等位接続詞

Point 1

①	and	「〜と…、〜そして…」
②	but	「〜しかし…、〜だが…」
③	or	「〜かそれとも…、〜または…」
④	so	「〜、それで…」
⑤	nor	「〜もまた…でない」
⑥	for	「というのは〜だからだ」

⑤ Mike <u>didn't</u> smoked, <u>nor</u> did he drink.

（マイクはタバコを吸わなかったし酒も飲まなかった。）

⑥ He felt no fear, <u>for</u> he was very brave.

（彼は全く怖くなかった。というのはとても勇敢だったからだ。）

Point 2

① 〈命令文 , and 〜 . 〉「…しなさい、そうすれば〜」
② 〈命令文 , or 〜 . 〉「…しなさい、そうでないと〜」

① <u>Study</u> English, <u>and</u> you can read the book.

（英語を勉強しなさい、そうすれば君はその本が読めます。）

② <u>Study</u> English, <u>or</u> you can't read the book.

（英語を勉強しなさい、でないと君はその本が読めません。）

1 2 接続詞

さて、接続詞は単語1語だけでなく、右ページのPoint 3のように、いくつかの語句が関連して1つの接続詞の働きをするものがあり、これを「相関接続詞」と呼んでいます。

　④の〈not only A but（also）B〉「AだけでなくBもまた」では、alsoが省略されることもあります。
　また、not onlyを文頭に出して、その後に主語＋動詞が続く場合は、下のように倒置（疑問文の語順）にするのがふつうです。

Not only did Alex arrive late, but he also brought a wrong book.
（アレックスは遅れてきただけでなく、間違った本も持ってきた。）

　これらの相関接続詞が、次の例文のように主語になっている場合があります。このとき、動詞の単数・複数などをどうするのかということが一つ問題になります。

Neither she nor I am responsible for the failure.
（彼女も私もその失敗に対する責任はない。）

　こうした場合の動詞の形は、右ページのPoint 4のようになりますが、これは次のように考えると理解しやすいでしょう。

---

① 　意味に重点があるほうに合わせる。
② 　どちらも含める場合は複数扱い。
③ 　どちらか1つなら、動詞に近いほうに合わせる。
④ 　どちらも含まないなら、動詞に近いほうに合わせる。

　まず、どちらに意味の重点があるかを考えることがポイントです。
　〈not only A but（also）B〉（AだけでなくBもまた）は、Bに意味の重点があると考えてください。〈A as well as B〉（BだけでなくAも）は、Aに重点があります。〈not A but B〉（AでなくB）は、もちろんBに動詞を合わせます。

　どちらの意味の重さも同じなら、②→③→④と検討していきましょう。

まとめ note

Point 3

① both A and B … 「A と B の両方とも」
② either A or B … 「A か B のどちらか」
③ not only A but (also) B 「A だけでなく B もまた」
④ A as well as B 「B と同様に A も、B だけでなく A も」
⑤ not A but B 「A でなく B」
⑥ neither A nor B 「A も B も（両方とも）～でない」

① He had <u>both</u> a car <u>and</u> a house.（彼は車も家も両方持っていた。）

② I will give you <u>either</u> a pen <u>or</u> a pencil.
（私はあなたにペンか鉛筆のどちらかをあげましょう。）

③ He was <u>not only</u> happy <u>but also</u> satisfied.
（彼はうれしかっただけでなく満足でもあった。）

④ She gave me food <u>as well as</u> clothes.
（彼女は私に服だけでなく食べ物もくれた。）

⑤ <u>Not</u> I <u>but</u> you are to read a paper.
（私ではなくあなたが論文を読むことになっている。）

⑥ He is <u>neither</u> dark <u>nor</u> fair.（彼は黒髪でもないし金髪でもない。）

Point 4

〔相関接続詞が主語のときの動詞の形〕

	意　味	動詞の形
both A and B	A も B も	複数扱い
either A or B	A か B のどちらか	B に合わせる
not only A but (also) B	A だけでなく B もまた	B に合わせる
A as well as B	B だけでなく A も	A に合わせる
not A but B	A でなく B	B に合わせる
neither A nor B	A も B も～でない	B に合わせる

１２ 接続詞

2 ▶ 従位接続詞(1)

従位接続詞では、まず、主に「〜ということ」の意味で、右ページの Point 1 のように様々な働きをする接続詞の that を見ていきましょう。

③の「動詞の目的語となる節を導く」that には、次のようなものがあります。

〔〈動詞＋ that 〜〉の主な動詞〕
hear that 〜	「〜だと聞いている」
hope that 〜	「〜だといいと思う」
know that 〜	「〜だと知っている」
say that 〜	「〜だと言う」
think that 〜	「〜だと思う」

④の「同格となる節を導く」that は、後の「15. 特殊構文」のところで詳しく述べます。

⑤の「前置詞の目的語になる節を導く」that は、主に、〈in that 〜〉「〜という点において」と〈except that 〜〉「〜という点を除いて」の 2 つの表現に限られます。

⑥の「形容詞や分詞に続く節を導く」that、つまり〈be ＋形容詞＋ that〉の形をとるものには、次のようなものがあります。

be afraid that 〜	「〜ではないかと心配する」
be glad that 〜	「〜ということがうれしい」
be sorry that 〜	「〜ということが残念だ」
be sure that 〜	「きっと〜だと思う」

この接続詞の that は Point 2 に示すように省略することができます。①④⑤では省略しないのがふつうです。

2 ► 従位接続詞(1)

Point 1

〔接続詞 that の主な働き〕
① 主語となる節を導く。仮主語 it を用いることが多い。
② 補語となる節を導く。
③ 動詞の目的語となる節を導く。
④ 同格となる節を導く。
⑤ 前置詞の目的語になる節を導く。
⑥ 形容詞や分詞に続く節を導く。

① <u>That</u> you study Japanese now is a good idea.
（君が今日本語を学ぶのはいい考えです。）

② Her opinion was <u>that</u> you didn't understand her.
（彼女の意見は君が彼女を理解していないということだった。）

③ I know <u>that</u> she is kind.
（彼女が親切なのを私は知っている。）

④ You should remember the fact <u>that</u> you are my daughter.
（あなたは私の娘だという事実は覚えておいたほうがいい。）

⑤ I don't agree to his plan <u>in that</u> it is expensive.
（彼の計画は費用がかかるという点で私は賛成しない。）

I agree to his plan <u>except that</u> it is expensive.
（費用がかかるという点を除いて私は彼の計画に賛成だ。）

⑥ I am glad <u>that</u> he passed the examination.
（彼が試験に合格したことが私はうれしい。）

Point 2

上の②③⑥の場合、接続詞の that は省略できる。

従位接続詞での問題の一つに、if と whether の用法の違いがあります。

　whether は「〜かどうか」という意味で後に続く〈主語＋動詞〉などを次の例文のようにまとめる働きをする接続詞です。

I asked her <u>whether</u> she could write to me soon.
（すぐに私に手紙が書けるかどうか私は彼女にたずねた。）

　if にも、「もし〜ならば」の他に「〜かどうか」という意味があります。そして、上の例文は下のように if に置き換えることが可能です。

I asked her <u>if</u> she could write to me soon.

　また、whether は、仮主語の It を受ける接続詞として次の例文のように使うこともできます。

<u>It</u> is uncertain <u>whether</u> the report is true.
（そのレポートが正しいかどうかはわからない。）

　この場合も、下のように if で置き換えることが可能です。

<u>It</u> is uncertain <u>if</u> the report is true.

　しかし、if が「〜かどうか」の意味で使えるのはこの 2 つの場合だけです。その他の詳細も含めると次ページ Point 3 の表のようになります。

　つまり、whether は全てにおいて使えるけれども、if は③の「動詞の目的語として使う」以外は使えず、①「主語として使う」場合も仮主語 it を置かないと使えない、ということです。

　「〜かどうか」の意味では、if はかなり制約のあるものだと覚えておきましょう。

Point 3

whether … 全てにおいて使える。

if … ①「主語として使う」場合は仮主語 it を置かないと使え
ない。

③「動詞の目的語として使う」以外は使えない。

〔if と whether の用法の比較〕

用　　法	whether	if
①主語として使う	○	△（※）
②補語として使う	○	×
③動詞の目的語として使う	○	○
④前置詞の後に続ける	○	×
⑤名詞と同格の節として使う	○	×
⑥直後に or not を続ける	○	×
⑦直後に to 不定詞を続ける	○	×

※①主語の if は仮主語 it を置くなら可能。

① <u>Whether</u> the report is true is uncertain. （正）

（そのレポートが正しいかどうかはわかならい。）

<u>If</u> the report is true is uncertain. （誤）
×

<u>It</u> is uncertain <u>whether</u> the report is true. （正）

<u>It</u> is uncertain <u>if</u> the report is true. （正）

② The problem is <u>whether</u> she will be able to come here. （正）

（問題は彼女がここに来ることができるかどうかだ。）

The problem is <u>if</u> she will be able to come here. （誤）
×

③ I asked her <u>whether</u> she could write to me soon. （正）

I asked her <u>if</u> she could write to me soon. （正）

（すぐに私に手紙が書けるかどうか私は彼女にたずねた。）

3 従位接続詞(2)

「時」や「原因・理由」、「条件や譲歩」を表す主な接続詞は、右ページの Point 1 のようになります。通常、主節の前にも後にも置けますが、前に置くときは、コンマ「,」を置いて従属節がそこで切れていることを示します。

〔原因・理由を表すもの〕として、⑦ because、⑧ as、⑨ since、⑩ for がありますが、as や since は聞き手がすでに知っている情報（旧情報）を後に続け、because は聞き手の知らない新しい情報（新情報）を原因・理由として伝えます。なので、〈Why ～ ?〉に対する答えとして as や since は使うことができません。

for は後に新情報を続け、必ず主節の後に置くという制約があります。しかし、for は because よりも因果関係は弱いとされています。because が原因・理由を明確に示すには適しているということになります。

また〈not ～ because …〉の意味には注意が必要です。not がどこまで係るかによって、ⓐ「…なので～ない」ⓑ「…だから～というわけではない」の二通りに解釈できます。文脈で判断することになります。

I don't want this bag because it's a brand name.
ⓐ（ブランド品なので、私はこの鞄はほしくない。）
ⓑ（ブランド品だから私はこの鞄がほしい、というわけではない。）

さて、when ～ や if ～ などは、時や条件を表す「副詞節」と呼ばれるものですが、ここで注意しなければならないのが、「時や条件を表す節の中の動詞は、未来の内容を表す場合でも現在形にする」ということでした。

次の例文では、when が導く節では、tomorrow があるので、内容としては未来ですが、動詞は現在形 come でよいということになります。

When you come home tomorrow, I will tell you about it.
（明日君が家に帰って来たとき、私はそれについて話しましょう。）

などと、多くの参考書では説明していますが、これに関しては「2. 基本時制」で詳しく述べましたので、そちらを参照してください。

3 従位接続詞(2)

Point 1

〔時を表すもの〕

① when「〜するとき」　② before「〜する前に」

③ after「〜したあとに」　④ since「〜して以来」

⑤ while「〜する間に」　⑥ till [until]「〜するまで」

〔原因・理由を表すもの〕

⑦ because〔新情報〕「〜なので」　⑧ as〔旧情報〕

⑨ since〔旧情報〕　⑩ for〔新情報〕「というのは〜だから」

〔条件や譲歩を表すもの〕

⑪ if「もし〜なら」〈条件〉

⑫ though「〜だけれども」〈譲歩〉

① <u>When</u> he is free, he plays tennis.

（彼は暇なときテニスをします。）

⑤ <u>While</u> I was out, she visited me.

（外出している間に彼女が私を訪ねてきた。）

⑥ Ken lived in Canada <u>until</u> he was twelve.

（ケンは 12 歳までカナダに住んでいた。）

⑦ I like Tom <u>because</u> he is kind to everyone.

（みんなに親切なので私はトムが好きです。）

⑪ <u>If</u> it rains tomorrow, they won't play tennis.

（もし明日雨ならば、彼らはテニスをしないでしょう。）

⑫ <u>Though</u> it was raining, they played soccer.

（雨が降っていたけれども、彼らはサッカーをした。）

Point 2

時や条件を表す副詞節では、未来の内容でも動詞は現在形。

12 接続詞

さらに〔時〕に関する従位接続詞には、右ページの Point 3 のようなものがあります。いろいろあって大変ですが、文法規則を理解することと同じくらい、こうした表現を覚えておくことはとても重要です。

①の when は 243 ページの Point 1 の①の when と違って、前の文に続けて「(〜すると) そのときに…」となります。

① We were having dinner <u>when</u> the telephone rang.
(夕食を食べていると、そのとき電話が鳴った。)

⑤の〈hardly [scarcely] 〜 when [before] …〉は「…のときは、ほとんど〜ない」が直訳で、誇張的な表現で動作の連続を表しています。⑦の〈no sooner 〜 than …〉も直訳は「…よりも〜は少しも早くない」で同じような誇張的表現です。

④の〈the moment (that) 〜〉の右ページの例文では、

He ran away <u>the moment</u>〔she came in〕.

このように、the moment に she came in が係っているように感じられます。「彼女が入ってきた瞬間、彼は走り去った。」が直訳です。

ここにも〈名詞＋主語＋動詞〉のつながりがあって、関係代名詞や関係副詞の省略のような修飾関係が感じられます。こういう語順で前の名詞に係るのが英語の一つのパターンなのでしょう。

⑥⑧⑨⑩⑪も同様に、〈名詞＋主語＋動詞〉のつながりがあって、instant や time には接続詞の品詞は辞書にはないのですが、関係副詞 when に近い「時」を表す語なので、こうした複文の従属節になると接続詞的な働きをするのだろうと理解しておきましょう。

⑪ <u>Next time</u> I am born, I want to be a scientist.
(次に生まれてくるときは私は科学者になりたい。)

Point 3

①	〜 when …	「(〜すると) そのときに…」
②	once 〜, …	「いったん〜すると…」
③	as soon as 〜	「〜するとすぐに」
④	the moment (that) 〜	「〜するとすぐに…」
⑤	hardly [scarcely] 〜 when [before] …	「〜するとすぐに…」
⑥	the instant 〜	「〜するとすぐに…」
⑦	no sooner 〜 than …	「〜するとすぐに…」
⑧	every [each] time 〜	「〜するたびに…」
⑨	the first time 〜	「初めて〜するとき…」
⑩	the last time 〜	「この前に〜したとき…」
⑪	next time 〜	「次に〜するとき…」

② <u>Once</u> it is lost, time will never return.

（いったん失うと時間は二度と戻ってこない。）

③ <u>As soon as</u> she closed the front door, the doorbell rang.

（彼女が玄関ドアを閉めるとすぐに玄関ベルが鳴った。）

④ He ran away <u>the moment</u> she came in.

（彼女が中に入るとすぐに彼は走り去った。）

⑤ I had <u>hardly</u> spoken to her <u>when</u> she was gone.

（私が話すか話さないうちに彼女は行ってしまった。）

⑥ <u>The instant</u> I entered the house, the dog began barking.

（私が家に入るとすぐに、犬が吠えだした。）

⑦ She had <u>no sooner</u> seen me <u>than</u> she ran away.

（彼女は私を見るとすぐに逃げ去った。）

⑧ <u>Every time</u> he goes out, he forgets something.

（彼は出かけるたびに何かを忘れる。）

⑨ <u>The first time</u> she played tennis, she was five.

（初めてテニスをしたとき、彼女は5歳だった。）

⑩ He had a cavity <u>the last time</u> he went to the dentist.

（この前歯医者に行ったとき彼には虫歯が1本あった。）

〔原因・理由〕や〔目的〕〔結果・程度〕などと分類されている従位接続詞には、次ページ Point 4 のようなものがあります。

②③④は分詞構文の表現です。

③は分詞構文の現在分詞〜 ing に強調のため〈as S does〉が付け足されたものです。

ただ、この構文では、〜 ing が進行形の意味なら〈as S〉の後に be 動詞を置き、進行形と解されない場合は、do [does, did] を置きます。

④では、過去分詞を使った分詞構文で受動の意味ですから、〈as S〉の後には主語の S にあわせて be 動詞を置くことになります。

⑨の〈so 〜 that …〉「とても〜なので…」は中学でお馴染みの重要構文です。

⑨　He was <u>so</u> hungry <u>that</u> he couldn't run.
　　（彼はとても空腹だったので走れなかった。）

しかし、この so の後に a hot day などの〈冠詞＋形容詞［副詞］＋名詞〉を置くときは注意が必要です。この場合、⑩のように、so のすぐ後に形容詞や副詞を置いて so hot a day の語順になるようにします。so が副詞で後に名詞を直接置けないことから、こうした冠詞の前に形容詞が出るイレギュラーな語順になってしまいます。

⑩　It was <u>so</u> hot a day <u>that</u> I didn't go out.
　　（とても暑い日だったので私は外出しなかった。）

⑪の〈such 〜 that …〉では such と that の間に、そのまま〈冠詞＋形容詞［副詞］＋名詞〉を置くことになります。

⑪　It was <u>such</u> a hot day <u>that</u> I didn't go out.

Point 4

①	now that 〜	「今や〜だから、〜なので」
②	seeing that 〜	「〜であるからには、〜であることからして」
③	doing as S does	「この通り［実際］S は〜しているので」
④	done as S is	「この通り［実際］S は〜されているので」
		〔S は主語を表しています〕
⑤	so that 〜	「〜するために、〜するように、その結果〜」
⑥	in case 〜	「する場合に備えて、〜するといけないから」
⑦	for fear that 〜	「〜することを恐れて、〜しないように」
⑧	lest 〜	「〜しないように、〜するといけないので」
⑨	so 〜 that …	「とても〜なので…」
⑩	so ＋形容詞［副詞］＋冠詞＋名詞＋ that …	
		「とても〜な（名詞）なので…」
⑪	such 〜 that …	「とても〜なので…」

① <u>Now that</u> I know the truth, I will have no trouble.

（今や真実を知っているので、苦労することはないでしょう。）

② <u>Seeing that</u> he is not busy, he can help you.

（忙しくないことから、彼はあなたを手伝えます。）

③ <u>Trusting him as I did</u>, I didn't notice his mistake.

（実際、彼を信頼していたので彼のミスに私は気付かなかった。）

④ <u>Written as it is</u> in French, the book is not easy to read.

（この通りフランス語で書かれているので、その本は読むのは簡単ではない。）

⑤ He gave me his address <u>so that</u> I could contact him.

（私が連絡が取れるように彼は私に彼の住所を教えた。）

⑥ You should take your coat <u>in case</u> it snows.

（雪が降るといけないので、コートを持って行ったほうがいい。）

⑦ She walked carefully <u>for fear that</u> she should fall down.

（転ばないように彼女は気をつけて歩いた。）

⑧ He took his umbrella <u>lest</u> it rain.

（雨が降るといけないので、彼は傘を持って行った。）

〔条件〕や〔譲歩〕〔制限〕〔様態〕を表す従位接続詞には、次ページ Point 5 のようなものがあります。どれも英文理解には必要なものばかりです。

①の〈unless ～〉は次の例文のように、主節の内容を否定する唯一の条件を示すので、他にも条件があって唯一の条件ではない場合は unless は使えません。

Our baby never cries <u>unless</u> she is hungry.
（私たちの赤ちゃんは、おなかがすいているのでなければ泣きません。）
Alex works late at night <u>unless</u> he is too tired.
（アレックスは疲れすぎているのでなければ、夜遅くまで働きます。）

⑦の〈even if ～〉は仮定の If を強めたもので「仮に～だとしても」、つまり、事実かどうか不確実な内容を述べることが多く、一方、⑧の〈even though ～〉は、もともと「譲歩」を表す接続詞 though（～だけれども）を even が強めたもので、この場合、事実であることが確定している内容を述べることが多いとされています。

⑨の〈while ～〉は「～間に」の意味でしたが、譲歩などで次のような意味にもなります。主節の前に置くか後に置くかで意味が少し違いますので、注意してください。

⑨ⓐ　<u>While</u> I like the shape of the car, I don't like its color.
　　　（車の形は気に入っているけれども、色が好きではない。）
⑨ⓑ　She has read thirty pages, <u>while</u> he has read only five.
　　　（彼女は 30 ページ読んだ、が一方彼は 5 ページだけだ。）

⑩の〈as［so］far as ～〉は far（遠い、遠く）を使っているように、〔距離や程度の限度〕について「～する限り」です。
⑪の〈as［so］long as ～〉は long（長い）を使っているように〔時間の制限や条件〕について「～する限り、～する間は」になります。

⑬の like はアメリカ英語のくだけた言い方で、話し言葉では使いますが、書き言葉では as を用いるのがふつうです。

Point 5

①	unless ～	「～でない限り、もし～でないならば」
②	suppose [supposing] that ～	「～としたら」
③	provide [providing] that ～	「～としたら、～の条件で」
④	granted that ～	「仮に～としても、～は認めるとしても」
⑤	whether ～ or not / whether or not ～	
		「～であろうとなかろうと」
⑥	whether A or B	「A であろうと B であろうと」
⑦	even if ～	「たとえ～としても」
⑧	even though ～	「たとえ～としても」
⑨	while ～	ⓐ〔主節の前で〕「～だけれども」
		ⓑ〔主節の後で〕「…だ、が一方～」
⑩	as [so] far as ～	「～する限り」
⑪	as [so] long as ～	「～する限り、～する間は」
⑫	as ～	「～ように」
⑬	like ～	「～ように」

⑤ <u>Whether</u> we win <u>or</u> lose, we will celebrate.

（勝っても負けても私たちはお祝いをするでしょう。）

⑦ <u>Even if</u> you are my friend, I refuse to help you.

（たとえ（仮に）君が私の友人であるとしても、私は協力できない。）

⑧ <u>Even though</u> you are my friend, I refuse to help you.

（君は私の友人である（ことは事実だ）けれど、私は協力できない。）

⑩ <u>As far as</u> I can remember, I have never seen it.

（覚えている限り、私はそれを見たことはない。）

⑪ I will never forget it <u>as long as</u> I live.

（生きている限り、私はそれを決して忘れないだろう。）

⑫ Give up smoking <u>as</u> your doctor advised.

（医者が忠告したように、喫煙をやめなさい。）

⑬ She wears makeup <u>like</u> other girls do.

（他の女の子がするように、彼女は化粧をする。）

13 比　較

① 原級・比較級・最上級の基本

「比較」って、「仮定法」の次に嫌なところじゃないでしょうか。

何かと何かを比べてどっちがどっちだ、って簡単なものならいいんだけど、そういうのがいくつか出てきたりすると、ややこしくなって、あれっ？どっちがどうだったけ？って面倒なことになったりする。

それに、ややこしい表現や紛らわしいものが多いんです。なんでそんな意味になるのか、あんまり説明がない熟語があって、余計にわからない。
そういうわけで、「比較」は苦手だという方、まあまあいます。

ですから、できるだけ説明がつくところは説明をつけて話を進めていきたいと思います。
まずは、基本のところから確認していきましょう。

big（大きい）や small（小さい）、long（長い）や short（短い）など、人や物の様子・状態を述べる語を「形容詞」といい、well（上手に）や early（早く）など動作・状態の様子を述べる語を「副詞」といいます。

これらは、他の人や物と比べたり、ある範囲や集団の中で比べて述べることもでき、これを「比較の文」といいます。

こうしたとき、形容詞や副詞は他の人や物と比べて述べる場合は「比較級」に、ある範囲や集団の中で比べて述べる場合は「最上級」という形に変化します。もとの形は「原級」といいます。

その「比較級」や「最上級」の作り方は、右ページの Point 1 のようになります。

⑥のような比較的つづりの長い語は、原級の前に more、most をつけて比較級、最上級を作ることになります。

① 原級・比較級・最上級の基本

Point 1

〔比較級・最上級の作り方〕

① 原級＋ -er, -est をつける。

　　(例) old → older, oldest

② 語尾が e で終わる語 → 原級＋ -r, -st をつける。

　　(例) large → larger, largest

③ 〈子音字＋ y〉で終わる語

　　　　　　　→ y を i にかえて -er, -est をつける。

　　(例) early → earlier, earliest

④ 〈短母音＋子音字 1 個〉の語

　　　　　　→ 子音字を重ねて -er, -est をつける。

　　(例) big → bigger, biggest、hot → hotter, hottest

⑤ 不規則変化するもの

　　(例) good, well → better, best

　　　　many, much → more, most

　　　　bad, ill → worse, worst

　　　　little → less, least

⑥ more ＋原級、most ＋原級で変化するもの

　　(例) beautiful → more beautiful, most beautiful

〔more、most をつけて比較級、最上級を作る語〕

beautiful（美しい）	difficult（難しい）
exciting（興奮させる）	famous（有名な）
important（大切な）	interesting（興味深い）
popular（人気のある）	quickly（速く）
slowly（ゆっくり）	useful（役に立つ）

まず、原級を使った基本構文は、右ページの Point 2 のようになります。①は人や物などの様子や状態を述べるのに、比べるものを出してきて、「それと同じくらい～ですよ」と述べる表現です。「同等比較」とも言います。
　②の否定文になったときの訳し方にも注意してください。

　Point 3 は、比較級を使って他と比べてより具体的に述べる表現です。than の後に比較するものを持ってきます。
　Point 4 は、最上級を使って、3つ（3人）以上の集団の中で「一番何々だ」と人や物の様子や状態を述べる表現です。

　なお、②の例文のように、fast（速く）、early（早く）、well（上手に）などの副詞の最上級には the はつけても、つけなくてもどちらでも OK です。

　最上級で注意しなければならないのが、「～の中で、～のうちで」の意味の、後につける of と in です。この使い分けは主に次のようになります。

> of … 代名詞の目的格や all、数などを表す名詞
> in … 空間と捉えられる場所や範囲を表す名詞

〔例〕 of all（すべての中で）　　　　　　of the three（3人の中で）
　　　of them（彼らの中で）　　　　　　of us all（私たちみんなの中で）
　　　in my class（私のクラスの中で）　in his family（彼の家族の中で）
　　　in Japan（日本の中で）　　　　　 in the world（世界の中で）

　class や family、Japan や world で in を使うということは、in の持つ下のイメージから、ネイティブはこうした名詞を「空間」や「環境」と捉えていると考えてください。of を使っているときは、of の下図のイメージで、all や数、代名詞を大きな円に入る個々の構成物だと捉えているのではないかと思われます。その中で「一つが一番～」という突出した感じです。

〔of のイメージ〕
本体からあまり
離れていない。
本体に付随・所属
している。
少し突出しているイメージもある。

〔in のイメージ〕
空間〔環境〕の
中にいるイメージ

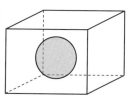

まとめ note

Point 2

〔原級の基本構文〕
① 〈as ＋原級＋ as 〜〉　　「〜と同じくらい…」
② 〈not as ＋原級＋ as 〜〉　「〜ほど…ではない」

① He is <u>as tall as</u> Tom.（彼はトムと同じくらい背が高い。）
He runs <u>as fast as</u> Tom.（彼はトムと同じくらい速く走ります。）

② He is <u>not as tall as</u> Tom.（彼はトムほど背が高くありません。）
He <u>doesn't</u> run <u>as fast as</u> Tom.（彼はトムほど速く走りません。）

Point 3

〔比較級の基本構文〕
〈比較級＋ than 〜〉　　「〜よりも…」

① Mt. Fuji is <u>higher than</u> Mt. Asama.〔形容詞の比較級〕
（富士山は浅間山より高い。）

② Tom can run <u>faster than</u> Mike.〔副詞の比較級〕
（トムはマイクより速く走れます。）

Point 4

〔最上級の基本構文〕
〈the ＋最上級＋ of［in］〜〉　「〜の中でいちばん［最も］…」

① Tom is <u>the youngest in</u> his family.〔形容詞の最上級〕
（トムは彼の家族の中で一番若いです。）

② Mike runs <u>(the) fastest of</u> the three.〔副詞の最上級〕
（マイクは 3 人の中で一番速く走ります。）

1
3

比
較

2 原級を使った重要表現

さて、ここからが少し大変になっていきますが、読み進めてください。

　まず、〈as 〜 as〉は「…と同じくらい〜」ですが、それがどれくらい同じなのかを示そうとするには、この〈as 〜 as〉の前に適する語句を置くことになります。右ページの Point 1 に示す①〜②はそうした表現です。
　just「ちょうど」や exactly「まさに」など、どのくらい同じかを表すには、①のような語を〈as 〜 as〉の前に置くことになります。

　②の「…の何倍だ」も同じように〈as 〜 as …〉の前に「倍」を表す times を置いて表します。
　「2 倍〜」は〈twice as 〜 as〉と学校では教えていましたが、two times も実際はアメリカ英語では用いられることがあるので、今では試験などでバツにするのは少し問題があるでしょう。「3 倍」以降は〈− times as 〜 as〉の形です。

　③は〈as 〜 as …〉の表現ではありませんが、倍数を表す構文なのであわせて載せています。名詞の部分に入る語としては、右ページに示すようなものがありますが、この表現でもやはり〈the ＋名詞＋ of …〉の前に「倍」を表す twice や− times が置かれることに共通点を見い出しておきましょう。
　例文では「この犬はこのネコの重さの 2 倍です」が直訳です。〈three times the number of …〉なら「…の数の 3 倍」、〈five times the depth of …〉なら「…の深さの 5 倍」になります。time は名詞で twice は副詞なのですが、the よりも前に出てこうした使い方になるのは少し変な感じが私はするのですが、こうしたところも品詞分類の課題なのかもしれません。

　⑤のように、〈as 〜 as〉の間には〈形容詞＋名詞〉を置くこともできますが、そのとき冠詞 a [an] が付いていると、as のすぐ後に形容詞がきます。例文では、元は a kind boy ですが、何が同じくらいなのかをはっきり示すため、kind が a より前に出て as にくっついた表現です。「意味のつながりが近い語は近くに置く」という、英語に限らず、すべてのことばの原則からきているのではないかと思われます。

254

② 原級を使った重要表現

Point 1

① just as 〜 as …　　　「…とちょうど同じくらい〜」

〔〈as 〜 as〉の前に置ける語〕

just（ちょうど）　　　　　　　exactly（まさに）

about（おおよそ）　　　　　　almost（ほとんど）

② － times as 〜 as …　　「…の－倍〜」

③ 倍数＋ the ＋名詞＋ of …　「…の－倍〜」

〔名詞の部分に入る語〕

number（数）　　　amount（量）　　　size（大きさ）

weight（重さ）　　length（長さ）　　height（高さ）

depth（深さ）　　　speed（速さ）

④ as 〜 as － can　　　　「（－が）できるだけ〜」

⑤ as ＋形容詞＋ a [an] ＋名詞＋ as …

　　　　　　　　　　　　「…と同じくらい〜な（名詞）」

① His pie is <u>just as</u> big <u>as</u> my pie.

（彼のパイは私のパイとちょうど同じ大きさだ。）

② This pencil is <u>three times as</u> long <u>as</u> that one.

（この鉛筆はあの鉛筆の 3 倍長い。）

③ This dog is <u>twice the weight of</u> this cat.

（この犬はこのネコの 2 倍の重さだ。）

④ She got up <u>as</u> early <u>as</u> she <u>could</u> yesterday.

（彼女は昨日できるだけ早く起きた。）

⑤ He is <u>as kind a boy as</u> my son.

（彼は私の息子と同じくらい親切な少年です。）

１３ 比較

〈as 〜 as〉を使った主な表現は、さらに Point 2 のようになります。

　①は、「どんな〜、どんなものでも〜」を意味する any が〈as 〜 as〉にくっついた表現、②は「過去、現在、未来のいつでも」を表す ever がくっついた表現です。

　ただ、②では、例文でいうと、元は a clever man なのが、何が同じくらいなのかをはっきり示すため、clever が a より前に出て as にくっついた形になります。語順が違うことに惑わされないことが大事です。

　③④は、数や量の多さを強調する表現です。その後には、大きな数を表す語や多量を示す語句をおいて、誇張する言い方になります。

　good は多様な訳語がありますが、「妥当な、適した、十分な」といった意味から⑥のような訳語になるのでしょう。

　much は量や程度が大きいことを表す語です。〈so 〜 as〉は〈as 〜 as〉と同じ意味で、ふつう否定文で使われる語句です。なので、〈not so much 〜〉は「それほど〜ではない」を表す表現になります。
　こうしたことから、⑦は、少しわかりにくいかもしれませんが、「B ほどには、それほど A ではない」といった感じが直訳で、日本語らしくすると「A というよりもむしろ B」となります。

　⑧は④の一種の強調表現を否定で使って「〜することほどもしない」といった意味からきています。

　⑨や⑩は、否定語の No や Nothing と〈as 〜 as〉表現を組み合わせたものです。同等比較の〈as 〜 as〉を使いながら、実質は最上級の意味を表している表現です。

Point 2

> ① as ＋原級＋ as any（＋単数名詞）「どの～にも劣らず…」
> ② as ＋原級＋ a ［an］＋名詞＋ as ever ～
> 「これまで～した誰［何］にも劣らず…」
> ③ as many as ～　　　「（数の多さを表して）～も」
> ④ as much as ～　　　「（量の多さを表して）～も」
> ⑤ as many ［much］ ～　「同じ数［量］の～」
> ⑥ as good as ～　　　「～同然、～も同様」
> ⑦ not so much A as B　「A というよりもむしろ B」
> ⑧ not so much as ＋動詞の原形　「～さえしない」
> ⑨ No other ＋単数名詞… as ［so］＋原級＋ as ～
> 「～ほど（原級）な（名詞）は他に一つもない」
> ⑩ Nothing … as ［so］＋原級＋ as ～
> 「～ほど（原級）なものは一つもない」

① Mallory is <u>as beautiful as any</u> of her friends.
（マロリーは友だちの誰にも劣らず美しい。）

② Steven is <u>as clever a man as ever</u> lived.
（スティーブンは誰にも劣らず賢い人だ。）

③ He had <u>as many as</u> 900 books.（彼は 900 冊も本を持っていた。）

④ The box cost <u>as much as</u> 50,000 yen.（その箱は 5 万円もした。）

⑤ There are eight events <u>as many</u> days.
（8 日間で 8 つのイベントがある。）

⑥ This car was <u>as good as</u> new.（この車は新品同然だった。）

⑦ She is <u>not so much</u> a writer <u>as</u> a journalist.
（彼女は作家というよりもジャーナリストだ。）

⑧ She didn't <u>so much as say</u> good-bye.
（彼女はさよならさえ言わなかった。）

⑨ <u>No other</u> girl is <u>as pretty as</u> Jennifer.
（ジェニファーほど可愛い少女は他にいない。）

⑩ <u>Nothing</u> is <u>as difficult as</u> math.（数学ほど難しいものはない。）

③▶ 比較級を使った重要表現

　たとえば、「私はテニスがとても好きです。」を英語でいうと、I like tennis very much. 。

　それじゃ、「野球よりテニスのほうが好きです。」なら、「much の比較変化は much‐more‐most だから…」と考えて、I like tennis more than baseball. とする。しかし、これが誤りになるのです。ここらへんが、ことばの理屈どおりにいかないところです。正しくは、動詞 like には比較級は more ではなく better を使って、I <u>like</u> tennis <u>better than</u> baseball. としなくてはいけません。

　…などと長年、学校などでは教えていて、私も教えていたのですが、『オーレックス英和辞典』（旺文社）のネイティブのアンケート調査によると、なんと、どちらを使っても間違いではない、特に意味に違いはない、ということなのです。動詞 like に more、most を使ってもよい、ということになります。自戒の念も込めて、右ページ Point 1 の①に挙げています。こうした語法の変化からか、共通テストでは文法問題はなくなりました。

　②の〈比較級＋ and ＋比較級〉は「だんだん〜、ますます〜」ですが、more を前に置く interesting などの比較級の場合は③のように〈more and more ＋原級〉の形になります。

　また、比較級の文を強調して述べるときは、④のように、much をその比較級の前に置きます。「〜よりずっと」という意味になります。
　比較級を修飾する語句は much も含めて④の下枠のようになります。very は比較級の強調には使えないことに注意しましょう。

　⑤と⑥は、many と much の使い分けを理解しておくことが大事です。
　many は数えられる名詞、much は数えられない名詞に使う、ということでした。

　⑦の〈比較の差の数値〉を〈比較級＋ than 〜〉の前に置くのは、〈as 〜 as〉の前に just「ちょうど」や exactly「まさに」、－ times「－倍」などの修飾語句を置くのと、同じようなことです。

3 ▶ 比較級を使った重要表現

Point 1

①	like 〜 better［more］than …	「…より〜のほうが好きだ」
②	比較級＋ and ＋比較級	「だんだん〜、ますます〜」
③	more and more ＋原級	「ますます〜、だんだん〜」
④	much ＋比較級＋ than 〜	「〜よりずっと…」

> 「かなり、ずっと」… much、far、a lot、still、even
> 「少し」… a little、a bit

⑤	many more ＋可算名詞の複数形	「ずっと多くの〜」
⑥	much more ＋不可算名詞	「ずっと多くの〜」
⑦	比較の差の数値＋比較級＋ than 〜	「〜よりも（差の数値）…」

① I <u>like</u> tennis <u>better［more］than</u> baseball.
（私は野球よりテニスのほうが好きです。）

② It is getting <u>warmer and warmer</u>.
（だんだん暖かくなってきている。）

③ The movie became <u>more and more</u> interesting.
（その映画はますます面白くなった。）

④ He is <u>much</u> taller than she. （彼は彼女よりずっと背が高い。）
Russian is <u>far</u> more difficult than Spanish.
（ロシア語はスペイン語よりかなり難しい。）

⑤ He has <u>many more pens</u> than me.
（彼は私より多くのペンを持っている。）

⑥ I have <u>much more money</u> than you.
（私はあなたより多くのお金を持っている。）

⑦ She was <u>two years older than</u> me.
（彼女は私より2歳年上だった。）

さらに、比較級を使った重要表現は右ページの Point 2 のようになります。

①の〈more than 〜〉は、よく「〜以上」と訳されていますが、正確には、「〜よりも多く」で、その数は含みません。ですから、more than two を「2 以上」とすると間違いなのです。正しくは「2 より多い」です。

これに関連する問題が、2020 年度のセンター試験第 4 問の長文問題に出てきました。次の英文はその長文の中の一文です。

No <u>more than two</u> consecutive throws were allowed from the same location for this group.〔consecutive は「連続した」という意味の形容詞〕
（このグループは同じ位置から続けて 2 回より多く投げることは許されなかった。）

設問は内容一致文の選択問題で、「続けて 3 回以上投げることはルールに反していた」の選択肢を正解とするものでした。ですので、more than two を「2 回以上」と考えていると、これを正解に選べないことになります。ここで悩んだ受験生も多いと思います。センター試験はよく作られているなあ、と私は感じました。

さて、many や much の比較級 more が後に名詞を伴う場合は、②のように〈more ＋名詞〉の形をそのままにして文を作ることになります。

③の表現は、同一の人や物について述べるもので、‐ er の比較変化をする語でも、than 以下の〈主語＋動詞〉が省略されているときは、例文のように〈more ＋原級〉の形を用います。

④は、2 つを比べてどちらかの程度がより低いかを表す表現です。less は little の比較級でしたね。little ‐ less ‐ least でした。

⑤は、比べるものが 2 つの場合で「2 つ（人）のうち一方がより〜だ」と述べる言い方です。この表現では 2 つのうちのどちらか 1 つに限定されるので、比較級ですが、その前に the を置くことになります。

⑥や⑦は比較級ではありませんが、類似表現ということで載せています。ラテン語起源の表現なので、than ではなく to を使うところが特徴です。

Point 2

> | ① | more than ～ | 「～よりも多く」 |
> |---|---|---|
> | ② | more ＋名詞＋ than ～ | 「～より多くの…」 |
> | ③ | more ～ than … | 「…というよりも～」 |
> | ④ | less ＋原級＋ than ～ | 「～より（原級の程度が）低い、
～ほど…ない」 |
> | ⑤ | … the ＋比較級＋ of the two | 「2 つのうちで～なほう」 |
> | ⑥ | be superior to ～ | 「～より優れている」 |
> | | be inferior to ～ | 「～より劣っている」 |
> | | be senior to ～ | 「～より地位が上（先輩）である」 |
> | | be junior to ～ | 「～より地位が下（後輩）である」 |
> | ⑦ | prefer ～ to … | 「…よりも～を好む」 |

① He had <u>more than</u> two commemorative coins.

（彼は記念コインを 3 枚以上持っていた。）

② I have <u>more books than</u> him.

（私は彼より多くの本を持っている。）

③ She was <u>more pretty than</u> beautiful.

（彼女は美しいというより可愛かった。）

④ He is <u>less proud than</u> you.

（彼はあなたほどうぬぼれていない。）

⑤ He chose <u>the bigger of the two</u> bikes.

（2 台の自転車のうち大きいほうを彼は選んだ。）

⑥ She <u>was superior to</u> the other teachers.

（彼女は他の教師よりも優れていた。）

⑦ I <u>prefer</u> watching games <u>to</u> playing them.

（私はゲームをするより見るほうが好きだ。）

引き続き、比較級を使った重要表現が続きます。比較級の表現はなかなか多いんです。うんざり！ もう、お腹いっぱい！ なんて言わずに一応見てくださいね。

　①は、疑問詞 Which や Who と比較級を組み合わせた表現です。

　このあたりは中学で出てくる表現ですが、注意しなければならないのは、Which や Who は 3 人称単数扱いになるということです。現在形なら、一般動詞は 3 人称単数形にしなければいけません。

　また、基本的には Who は人、Which は人間以外に使いますが、その区別は厳密ではなく、人のときに Which を使っていることもあります。

　②は、疑問詞 Which や Who と like better［more］の表現を組み合わせたものです。答えにも better［more］が要ることに注意しましょう。

　③〜⑥は、比較級を使っているけれども実質、内容は最上級と同じになる重要表現です。

　③の no other の後の名詞は単数形にすることに注意してください。一人ひとり、一つひとつと比較している感じです。例文では、ジェニファーと他の少女一人ひとりと比べている感じです。

　⑤の than any other の後も単数名詞になることに気をつけましょう。「他のどの〜」だから意味から考えると複数形にしたいところですが、ここは単数形になります。
　意識としては、あれもこれもどれもとそれぞれ一つずつに着目している感じだと考えられます。

Point 3

① Which［Who］〜＋比較級 , A or B ?

　　　　　　　　「A と B ではどちらのほうが〜か」

② Which［Who］〜＋ like better［more］, A or B ?〉

　　　　　　　　「A と B ではどちらのほうが好きですか」

③ No other ＋単数名詞…比較級＋ than 〜

　　　　　　　　「〜より（比較級）なものは他に一つもない」

④ Nothing … 比較級＋ than 〜

　　　　　　　　「〜より（比較級）なものは一つもない」

⑤ 〜＋比較級＋ than any other ＋単数名詞

　　　　　　　　「〜は他のどんな（名詞）よりも…」

⑥ 〜＋比較級＋ than anything else

　　　　　　　　「〜は他のどんなものよりも…」

① Who runs faster, Ken or Hiroshi?　　　Ken does.

（健とひろしではどちらが速く走りますか。）　　（健です。）

Which is older, this car or that one?　That car［one］is.

（この車とあの車ではどちらが古いですか。）　　（あの車です。）

② Which do you like better［more］, tea or coffee?

（お茶とコーヒーではどちらが好きですか。）

　　　　　　　　　　　　I like tea better.（お茶です。）

③ No other girl is prettier than Jennifer.

（ジェニファーより可愛い少女は他にいない。）

④ Nothing is more difficult than math.

（数学ほど難しいものは何もない。）

⑤ Jennifer is prettier than any other girl.

（ジェニファーは、他のどんな少女よりも可愛い。）

⑥ Math is more difficult than anything else.

（数学は他のどんなものよりも難しい。）

1 3 比較

263

比較級を使った重要表現が右ページ Point 4 に示すようにまだまだ続きます。

①〜③は定冠詞の the がポイントです。定冠詞の the は「限定されたもの、特定されたことがら」などを表します。比較の表現では「それだけ、その分だけ」といった意味です。

①の〈the ＋比較級 〜, the ＋比較級 …〉では、「増えた（または減った）分だけ、その分だけますます…」というのが直訳です。例文①で言うと、「上に上がった分だけ、その分だけより寒くなる」ということです。

この表現では、例文ⓐのように〈主語＋動詞〉が省略されることもあります。また、〈more ＋原級〉の場合は、ⓑのようにこれを離さず the の後に置きます。〈the ＋比較級＋名詞〉の場合も、ⓒのようにこれらを離さず the の後に置きます。何が増えたのか（減ったのか）を明示するために該当する語はくっつけておかないといけないのです。
　つまり、ここでも「意味のつながりが近い語は近くに置く」ということです。

②の the も「それだけ、その分だけ」といった意味で、all は〈the ＋比較級〉を強めています。because の後には〈主語＋動詞〉、for の後には名詞（句）が続いて原因・理由を示しています。例文は「欠点のためその分だけまったくよりもっと好きだ」というのが直訳です。

③は none がその後の語句を打ち消しています。例文でいうと「財産のためにその分だけより幸せということは全くない」が直訳です。

⑤の表現は、前に否定文があり、その内容を受けて「ましてや〜ない」とさらに否定するものです。much は less を強めて「ずっと、さらに」、less は「より少ない、より程度が低い」といった意味を表します。

Point 4

① the ＋比較級 ～, the ＋比較級 …
「～すればするほど、ますます…」

② all the ＋比較級＋ because［for］～　「～なので、それだけ…」

③ none the ＋比較級＋ because［for］～
「～だからといって、それだけ…というわけではない」

④ know better than to ＋動詞の原形
「～するほど愚かではない、～しないくらいの分別はある」

⑤ 否定文～, much［still, even］less …
「～、ましてや…なおさらない」

⑥ sooner or later　「遅かれ早かれ」

⑦ more or less　　「多かれ少なかれ、程度の差はあれ」

① <u>The higher</u> they went up, <u>the colder</u> it got.
（彼らは上に上がれば上がるほど、ますます寒くなった。）

 ⓐ <u>The sooner</u>, <u>the better</u>. （早ければ早いほど良い。）

 ⓑ <u>The more excited</u> he got, <u>the more quickly</u> he spoke.
 （興奮すればするほど、ますます彼は速く話した。）

 ⓒ <u>The more books</u> you have, <u>the more wisdom</u> you gain.
 （本を多く持てば持つほど、それだけ多くの知恵を得る。）

② I liked him <u>all the better for</u> his faults.
（彼には欠点があるので、かえってそれだけ私は彼が好きだ。）

③ She is <u>none the happier for</u> her great wealth.
（金持ちだからといって彼女が幸せだというわけではない。）

④ I <u>know better than to</u> trust him.
（私は彼を信用するほどばかじゃない。）

⑤ He can't read Japanese, <u>much less</u> write it.
（彼は日本語を読めない、ましてや書くことはなおさらできない。）

⑥ <u>Sooner or later</u>, human beings will face a food crisis.
（遅かれ早かれ、人類は食糧危機に直面するだろう。）

⑦ I was <u>more or less</u> satisfied. （多かれ少なかれ私は満足だった。）

13
比
較

比較級を使った重要表現もようやく右の Point 5 で終わりです。しかし、ここが丸暗記では何のことやらさっぱりわからないところです。

　実は、ここでのポイントは no と not の違いにあります。

　つまり、no には話し手の気持ちが強く入っていて「〜どころではない、むしろその逆だ、絶対にない」といった反語的な思いが含まれるのに対し、not は単に文や語句を否定するだけ、という違いがあるのです。

　①の例文では「明白にそうではない」例を than 以下に置いて、主語も〈no more 〜〉「より〜では絶対にない」といった強い否定の気持ちを示したものです。

　①の反対の意味になるのが②の表現です。

　こちらは than 以下に「明白にそうである」例を示して〈no less〉「より〜が少ないことは絶対にない」、つまり「同様にそうである」ことを表す表現です。①②は、あまり日本語にない発想の表現なので理解しにくいところです。

　③の no にも話し手の気持ちが入っていて、例文では bigger を使っていますが、「〜より大きいどころじゃない、むしろその逆だ」といった、小ささを強調する反語的な表現です。

　④の no にも話し手の気持ちが入っていて、例文では「500 円より多いどころではない」といった気持ちから「たった 500 円しか」といった訳語になります。

　同様に⑤では「500 円より少ないなんてとんでもない」という思いから「500 円も」の意味になります。

　⑥では、not は単に more than を否定するだけです。ですから「〜よりも多くはない→多くとも、せいぜい」の意味になります。

　同様に⑦は、not が単に less than を否定するだけですから「〜よりも少なくはない→少なくとも」の意味になります。

Point 5

①	no more ～ than…	「…でないのと同様に～ない」
②	no less ～ than…	「…であるのと同様に～である、…に劣らず～である」
③	no ＋比較級＋ than ～	「～の…しかない」
④	no more than ～	「たった～しか、たった～だけ」
⑤	no less than ～	「～も」（多いことを強調）
⑥	not more than ～	「多くても～、せいぜい～」
⑦	not less than ～	「少なくとも～」

① You are <u>no more</u> a prince <u>than</u> I am a princess.
（私がお姫様でないのと同様に、あなたは王子様ではない。）

② Kyoto is <u>no less</u> wonderful in spring <u>than</u> in autumn.
（京都は、秋同様に［秋に劣らず］春も素晴らしい。）

③ His computer is <u>no</u> bigger <u>than</u> this book.
（彼のパソコンはこの本の大きさしかない。）

④ He had <u>no more than</u> 500 yen.
（彼はたった 500 円しか持っていなかった。）

⑤ He had <u>no less than</u> 500 yen. （彼は 500 円も持っていた。）

⑥ He had <u>not more than</u> 500 yen.
（彼は多くても 500 円持っているだけだった。）

⑦ He had <u>not less than</u> 500 yen.
（彼は少なくとも 500 円は持っていた。）

最上級を使った重要表現

　最上級を使った重要表現は、比較級ほどは多くありませんので、少しほっ、としてください。少しだけですが。

　さて、like を使った英文は、比較級のところでも述べたように、最上級においても右ページ Point 1 の①のように most も best も使えます。昔、学校などで more、most は使えないと習った方は認識を新たにしておきましょう。また、この表現では副詞の最上級になりますので the は省略できます。

　②は、最上級の表現と「〜のうちの一つ」を意味する〈one of 〜〉を組み合わせて、「一番〜なうちの一つ、最も〜なうちの一つ」という意味になる表現です。この場合、最上級の後は複数名詞にすることになります。

　「一番〜な」なのがいくつもある。考えると少し矛盾したような文ですが、こうしたところがことばの理屈では割り切れないところです。

　③は、Which や What、Who の疑問詞と最上級を組み合わせて、「3 つまたは 3 人以上の集団の中で、「どれが［何が、誰が］一番〜か」とたずねる文の形です。

　この場合も、Which、What、Who は 3 人称単数扱いになります。
　答え方も、一般動詞の疑問文には do［does, did］で、be 動詞には be 動詞で答えることになります。

　④は、〈Which［What, Who］… the ＋最上級＋ in［of］… ?〉と〈like 〜（the）best［most］〉を組み合わせたものです。the は省略可能です。

また、例文のように、〈which ＋名詞〉で「どの〜」という疑問文にもなります。

　答えの文にも（the）best［most］を付けるのがふつうです。
　このあたりは基本事項でしたね。

まとめ note

④ 最上級を使った重要表現

Point 1

① like ～ (the) best [most] of [in] …
　　「…の中で～がいちばん好きだ」
② one of the ＋最上級＋複数名詞
　　「いちばん～な…の１つ」
③ Which [What, Who] … the ＋最上級＋ in [of] …？
　　「…の中で一番 [最も] ～なのはどれ [何、誰] ですか」
④ Which [What, Who] …like (the) best [most] in [of] …？
　　「…の中で一番 [最も] 好きなのはどれ [何、誰] ですか」

① I like tennis (the) <u>best</u> [most] of all sports.
　（私はすべてのスポーツの中でテニスが一番好きです。）
② This is <u>one of the most popular sports</u> in Japan.
　（これは日本で一番人気のあるスポーツの１つです）
③ <u>Which</u> is <u>the oldest</u> car <u>of</u> all?　That black one is.
　（全ての中で一番古い車はどれですか。）　　（あの黒い車です。）
　<u>What</u> is <u>the easiest</u> book <u>of</u> all?　This one is.
　（全ての中で一番簡単な本は何ですか。）　　（これです。）
　<u>Who</u> runs <u>(the) fastest</u> <u>in</u> my class?　　Tom does.
　（私のクラスの中で誰が一番速く走りますか。）　　（トムです。）
④ <u>Which</u> season do you <u>like (the) best</u> [most]?
　（どの季節があなたは一番好きですか。）
　I like summer <u>(the) best</u> [most]. （夏が一番好きです。）

原級を使いながら否定的な最上級の意味になるものに右ページの Point 2 の①のような表現があります。least は little の最上級でした。

　②は最上級を強めるために very を前に置いた表現です。
　最上級の意味を強めたいときは、very も含めて次の語句を使います。the の前に置くのか、後に置くのかに注意が必要です。

〔the の後〕　　　very「まさに」
〔the の前〕　　　much、by far「断然、ずばぬけて」

This dictionary is <u>much the best</u>.（この辞書はずばぬけて良い。）

　③は、最上級の前に序数を置いて「〜番目に…」の表現になります。

　④の〈at least〉は「最も少ない状況で、最も程度が低い状態で」というのがもともとの意味で、ここから「少なくとも」といった訳語になっています。これも含めて同様な表現をまとめると次のようになります。

---

at（the）least　　　「少なくとも」
at（the）most　　　「多くとも、せいぜい」
at（the）best　　　「一番いい状態でも、せいぜい」
at（the）worst　　　「最も悪い状態でも、最悪でも」

---

　at はもともと、「点」を意味して、比較的狭い場所や地点、時刻を示す前置詞ですが、ここでは「状況・状態」を表しています。

　さて、最上級の表現でも Point 3 の①に示すように、the を付けない場合があります。「叙述用法」とは、補語の位置において名詞の状態などを述べる用法です。

　また、②のように、主語に付いた最上級で譲歩の意味を表すことがありますので、文脈で判断することになります。

まとめ note

Point 2

①	the least ＋原級	「最も〜でない」
②	the very ＋最上級〜	「まさに最も〜」
③	the ＋序数＋最上級	「〜番目に…」
④	at (the) least	「少なくとも」

① He stayed at <u>the least expensive</u> hotel in Kyoto.

（彼は京都で最も値段の高くないホテルに泊まった。）

② This is <u>the very best</u> dictionary.

（これはまさに最上の辞書です。）

③ He is <u>the third tallest</u> in his class.

（彼はクラスで 3 番目に背が高い。）

④ It will cost <u>at least</u> 50,000 yen.

（それは少なくとも 50,000 円はするでしょう。）

Point 3

① 同一の人や物の中においての比較では、叙述用法の場合、最上級でも the をふつうは付けない。

② 主語に最上級が含まれている場合、「どんな〜でさえ」という譲歩の意味を表すことがある。

① I was <u>happiest</u> when I was with her.

（私は彼女といたときが一番幸せでした。）

② <u>The wisest man</u> makes some mistakes.

（どんなに賢い人でもミスはするものだ。）

14 仮定法

① 仮定法過去

「仮定法」って、みんなが一番嫌いな奴じゃないでしょうか。

なんだかわかんない、っていう人が一杯います。私も高校生のときは、わかったようなわからないような感じでした。

しかし、考えてみると、ここがなかなかおもしろい。どこがおもしろいの？と思う人が多いと思いますが、ここが英文法の特にまだ発展途上のところじゃないかと思うのです。

私の考えは別にあるのですが、それは後にして、ともかく、今、高校などで教えている仮定法をひととおり述べます。

仮定法とは、大雑把に言えば、「事実ではない、またはまずあり得ないことを空想して述べる言い方」だということができますが、基本となる形には「仮定法過去」と「仮定法過去完了」の2つがあります。まず、この2つを理解しておくことが大切になります。

はじめに「仮定法過去」ですが、学校の英文法で教えている基本は右ページの Point 1 のようなものです。

If I <u>knew</u> his address, I <u>could write</u> to him.
（もし私が彼の住所を知っているなら、私は彼に手紙を書けるだろう。）

上の例文では、「実際には彼の住所を知らないので、手紙が書けない」というのが現在の事実です。この事実に反する空想が「仮定法過去」です。

名前は「仮定法過去」ですが、あくまで「現在の事実に反することや、<u>未来のこと</u>でもまずあり得ないこと」を意味します。動詞の過去形を使っていることから、こんな名前になっていますが、ここがまずみんなが混乱しやすいところです。名が体を表していないと、やはり理解するのが大変なんです。

ちなみに、〈If 〜 〉の部分を「if 節」または「従属節」、後半の〈主語＋would など＋動詞原形…〉の部分を「主節」または「帰結節」といいます。If 節が be 動詞のときは、右ページ Point 2 のようになります。

1 仮定法過去

Point 1

仮定法過去…現在の事実に反することや、未来のことでもまずあり
得ないことを想像して述べる表現。

〔仮定法過去の基本形〕

If ＋主語＋動詞過去形 〜, 主語＋ would ＋動詞原形…
　　　　　　　　　　　　　　　　　should
　　　　　　　　　　　　　　　　　could
　　　　　　　　　　　　　　　　　might

〔意味〕「もし〜なら、…だろう」（would, should のとき）
　　　　「もし〜なら、…できるでしょう」（could のとき）
　　　　「もし〜なら、…かもしれないだろう」（might のとき）

If I knew his address, I would write to him.〔現在の事実に反すること〕
（もし私が彼の住所を知っているなら、手紙を書くだろう。）

If I knew his address, I could write to him.〔現在の事実に反すること〕
（もし私が彼の住所を知っているなら、手紙を書けるだろう。）

What would you do if this house caught fire?〔まずあり得ないこと〕
（もしこの家が火事になったら、どうしますか。）

Point 2

If 節が be 動詞のときは were を使う。（口語では was もある。）

If I were you, I wouldn't do such a thing.
（もし私があなたなら、そんなことはしないだろう。）

14 仮定法

② ▶ 仮定法過去完了

　仮定法過去は「現在」の事実に反することや、まずあり得ないことの想像でしたが、「過去」の事実に反する想像は「仮定法過去完了」を使います。

　その基本の形と意味は、今の文法では右ページの Point 1 のようになります。

If I had known his address, I could have written to him.
（もし彼の住所を知っていたなら、手紙を彼に書くことができたのに。）

　上の例文では、「実際には彼の住所を知らなかったので、手紙が書けなかった」というのが過去の事実です。この過去の事実に反する空想が「仮定法過去完了」です。

　完了形の単元で習うように、「過去完了」は通常、ある過去の時点より前のことを述べるのに使われます。つまり、「ある過去よりももっと前の過去」を表すのです。これを「大過去」という人もいます。
　ところが、仮定法では、名前は「仮定法過去完了」なのに、あくまで「過去の事実に反すること」を意味するのです。

　「過去完了を使っているのに、ただ過去の事実に反する空想を述べている」ということに、完了形の単元で習ったことと違うため、学習する者はまず混乱します。過去完了形を使っていることから、こんな名前になっていますが、仮定法過去と同様に、名が体を表していないので、学習者は混乱するばかりです。

　そして、多くの参考書は、このことを「事実ではないことを示すために、現在のことなら過去形、過去のことなら過去完了形、と時制を一つ前に戻すことになるのだ」と説明しています。

　しかし、この説明では、「なぜ時制を一つ前に戻さないといけないのか」という疑問が残ったままになるのです。
　こうしたことも、仮定法をわかりにくくする一つの原因でしょう。

まとめ note

2 ▶ 仮定法過去完了

Point 1

> 仮定法過去完了…過去の事実に反することを想像して述べる表現。

〔仮定法過去完了の基本形〕

> If ＋主語＋過去完了 ～, 主語＋ would ＋ have ＋過去分詞 ….
> should
> could
> might

〔意味〕
「もし～だったら、…だっただろう」（would, should のとき）
「もし～だったら、…できただろう」（could のとき）
「もし～だったら、…だっただろう」（might のとき）

If I <u>had known</u> his address, I <u>would have written</u> to him.
（もし私が彼の住所を知っていたなら手紙を書いただろう。）

If I <u>had known</u> his address, I <u>could have written</u> to him.
（もし彼の住所を知っていたなら手紙を書くことができたのに。）

If I <u>had known</u> his address, I <u>might have written</u> to him.
（もし私が彼の住所を知っていたなら手紙を書いたかもしれない。）

3 ▶ 仮定法過去完了＋仮定法過去

　ここまでで学習したように、「現在」の事実に反することや「未来」のことでもまずあり得ないことには「仮定法過去」、「過去」の事実に反することには「仮定法過去完了」を使いますが、それだけではなく「もし昔こうだったら、今はこうだよなぁ。」という場合には、この仮定法の基本構文の 2 つを組み合わせた右ページの Point 1 のような形が使われることになります。

　これは「過去において〜だったら、今は…だろう」と過去の事実に反する行動や出来事・状況が現在に影響を及ぼしていることを示す表現です。

　この文では過去の事実に反する空想なので、if 節は仮定法過去完了を使うことになります。一方、主節は「今は…だろう」と今現在の状況を述べますので、仮定法過去の帰結節の形を使うことになります。

　If I had taken the train, I could be in Kyoto now.
　（もしその電車に乗っていたら、今頃は京都にいられるのに。）

　上の例文では、If I had taken the train,（もしその電車に乗っていたら、）が過去の事実に反する空想なので、仮定法過去完了の if 節（従属節）の形を使い、（今頃は京都にいられるのに）は現在の事実に反する帰結節の内容を表すので、仮定法過去の帰結節（主節）を使うことになるのです。

　帰結節で使われる would、should、could、might は、現在の事実に対する思いを述べ、would have、should have、could have、might have は、過去の事実に対する思いを述べる表現だと理解していれば、十分にわかりやすいものだと思います。

　ここまでは多くの参考書にも説明がありますが、実は、場合によっては、右の Point 2 のように、この逆の組み合わせもあります。
　例文では、「大人でない」ことが今の事実なので仮定法過去、「そのときもっと注意していた」は過去の想像なので、仮定法過去完了の帰結節になります。

まとめ note

③ 仮定法過去完了＋仮定法過去

Point 1

〔仮定法過去完了＋仮定法過去〕

If ＋主語＋過去完了〜, 主語＋ would ＋動詞原形….
　　　　　　　　　　　　　　　 should
　　　　　　　　　　　　　　　 could
　　　　　　　　　　　　　　　 might

〔意味〕

「もし〜だったら、…だろう」（would, should のとき）

「もし〜だったら、…できる（のに）」（could のとき）

「もし〜だったら、…かもしれない（のに）」（might のとき）

If I had taken the train, I could be in Kyoto now.
└── 仮定法過去完了の if 節 ──┘ └── 仮定法過去の帰結節 ──┘

（もしその電車に乗っていたら、今頃は京都にいられるのに。）

Point 2

〔仮定法過去＋仮定法過去完了〕

If ＋主語＋過去形〜, 主語＋ would have など＋過去分詞….

〔意味〕

「（今）もし〜ならば、（あのとき）〜だっただろう」など

If you were older, you would have been more careful then.
└── 仮定法過去の if 節 ──┘ └──── 仮定法過去完了の帰結節 ────┘

（もっと君が大人なら、その時もっと注意していたでしょう。）

14 仮定法

277

4 ► were to や should を使った仮定法

　ここまで仮定法過去は「現在の事実に反すること、またはあり得ないことを想像して述べる表現」で、仮定法過去完了は「過去の事実に反することを想像して述べる表現」だと説明しました。

　この 2 つの表現が仮定法の中心ですが、どちらも「事実とは違う、まずありえない」ということが大事なポイントです。

　しかし、これらとは別に、「まだ事実が確定していない将来や未来のことがらで、しかも実現する可能性が低いと話し手が思っている仮定」を表す表現が別に 2 つあります。

　まずその 1 つ、〈were to の仮定法〉は右ページの Point 1 のようになります。「もし仮に〜ならば」と訳すことがポイントです。

　この〈If 〜 were to …〉は、全く実現不可能な仮定から実現の可能性がある仮定まで、いろいろな段階の仮定を表すことができます。

　実は、この〈were to の仮定法〉は〈be to 構文〉を過去形にしたものと考えられます。〈be to 構文〉とは Point 2 のようなものでした。いくつか意味がありますが、これらは前後の文脈でどの意味になるのか判断することになります。しかし、結局のところ、これから先のこと、未来・将来のことがらを述べる表現だということができます。

　これを過去形にして、断定しない、ぼやかした、曖昧な言い方にして、実現する可能性が低いことを表現したのが〈were to の仮定法〉だと考えることができるでしょう。

　口語では、主語が 1 人称単数や 3 人称単数の場合に〈was to 〜〉が使われることがあります。また、文語調では if を省略して、〈Were ＋主語＋ to 〜 〉の語順になることがあります。

Were the sun to go out, all living things would die.
（もし仮に太陽が消滅したら、生物はみな死ぬだろう。）

4 were to や should を使った仮定法

Point 1

〔were to の仮定法〕

If ＋主語＋ were to ＋動詞原形 ～, 主語＋ would ＋動詞原形 ….

            should
            could
            might

〔意味〕
「もし仮に～ならば、…だろう」（would, should のとき）
「もし仮に～ならば、…できるだろう」（could のとき）
「もし仮に～ならば、…かもしれない」（might のとき）

If you <u>were to</u> die, they would be sad.
（もし仮にあなたが死んだら、彼らは悲しむでしょう。）

If a tiger in your zoo <u>were to</u> get away, what would you do?
（もし仮にあなたの動物園のトラが逃げだしたら、あなたはどうしますか。）

Point 2

〔be to 構文〕
予定「～する予定だ」、運命「～する運命だ」、義務「～すべきだ」、
可能「～できる」、意志「～するつもりだ」などを表す。

The concert <u>is to</u> be held tonight. 〔予定〕
（コンサートが今夜行われることになっている。）

If you <u>are to</u> get there by noon, you had better hurry. 〔意志〕
（もし昼までにそこに着くつもりなら、急いだほうがいい。）

もう１つの表現は〈If 〜 should …〉という表現ですが、これは右の Point 3 のようになります。「もし万一〜ならば」と訳すことがポイントです。

If it <u>should</u> snow in April, they will be surprised at it.
（もし万一４月に雪が降ったら、彼らは驚くでしょう。）

　この〈If 〜 should …〉は、そうした事態が起こるか起こらないかわからないが、話し手が可能性が少ないと思っている場合に用います。しかし、絶対に起こりえないことがらの仮定には使えません。

　上の例文でいうと、４月に雪が降る可能性はまずほとんどないのだが、絶対にないとは言えない、というような状況を表していることになります。

　should は shall の過去形で、助動詞のところでも述べましたが、shall は大雑把に言うと「神の意志」「天の意志」を表す助動詞です。「（神の意志によって）〜することになっている」というような意味です。

　自分の意志ではなく、元が神の意志・天の意志を表す shall を弱めた形の should なので、「自分では思いもせず（神の意志によって）万一…」「そうとは自分の気持ちとしては思っていないのに（天の意志なのか）万一…」などといった、気持ちを表していると思われるのです。
　幾分なりとも予想外、想定外な気持ちがこの should で表されているのでしょう。助動詞のところに出てきた「感情の should」と似ているものがあると私は思います。

　were to と、この should の仮定法とを合わせて、未来の内容を仮定するので「仮定法未来」とする場合もありますが、これは、使っている動詞の変化形から名前を付けている「仮定法過去」や「仮定法過去完了」と矛盾することになるので、最近はあまり言われなくなりました。混乱させるような文法用語は淘汰されていくのが、英語を習得しようとする者にとっては望ましいことだと思われます。また、動詞に過去形を使うので「仮定法過去」の一つであるとする場合もありますが、呼び方はともかく、この形と意味を覚えておくことが大切でしょう。

まとめ note

Point 3

〔should の仮定法〕

If ＋主語＋ should ＋動詞原形 〜, 主語＋ will ＋動詞原形 ….
　　　　　　　　　　　　　　　　　　　　shall
　　　　　　　　　　　　　　　　　　　　would
　　　　　　　　　　　　　　　　　　　　should

〔意味〕「もし万一〜ならば、…だろう」

<u>If</u> it <u>should</u> snow in April, they will be surprised at it.
（もし万一４月に雪が降ったら、彼らは驚くでしょう。）

※ if 節の部分の可能性が五分五分のような単なる条件と話し手が思っているときは、主節のところに will や shall を使い、起こる可能性が極めて少ない内容だと思っている場合には、would や should を使います。
このことからも、過去形は過去の意味を表す場合もあるが、本質的には現在形の意味を弱めた形だということが言えます。

14 仮定法

⑤ if の省略

さて、ここまで if を使った文ばかり出てきて多少うんざりしてきた人もいるかもしれませんが、ここからはいったい if とは何だ、という話です。

多くの参考書にもあるように、仮定法においては、右ページの Point 1 に示していますが、倒置にすることで、if を省略することができます。

ただ、この形をとれるのは were、had、should の場合だけで、その他の助動詞（could, might など）が前に出ることはまずありません。また、この形は文語調、つまりほとんどは書き言葉で使われることになります。

「倒置」というのは、主語と動詞の語順を入れ替えたもので、つまり疑問文の形でもあります。疑問詞を使った疑問文を除いて、疑問文というのは、場合によっては、I don't know. などと答えることもあるかもしれませんが、基本的には、Yes か No で答えるものです。

一方、if も、Point 2 の図に示すように、「現状 A だけど、もし B ならば…」というような二者択一のようなイメージが感じられます。
この二者択一のイメージから、「もし～ならば…」という日本語の意味にもなりますし、名詞節を導く場合、「～かどうか」、譲歩の意味では「～だけれども」などの訳語が当てはまると考えられます。

疑問文、つまり倒置した文にも、基本的には Yes か No で答える二者択一の性質があるので、こうした共通点によって、if の代わりになることができるのではないかと思われるのです。

また、文語的で古風な表現ですが、下の例文のように倒置、つまり動詞を前に出した形には「～だけれども」という譲歩の意味もあります。こうしたことも、倒置と if が置き換えることができるぐらい似た性質を持っているということの証拠なのかもしれません。

Come what may, we will go ahead.
（何が起ころうと、前に進むつもりだ。）

5 ▶ if の省略

Point 1

> were、had、should を主語の前に出して倒置にすると、if を省略
> できる。

<u>Were he</u> a parent, he would feel differently.

(もし彼が親なら、彼は違ったふうに感じるだろう。)

<u>Had she</u> gone to the station, she couldn't have seen him.

(もし彼女が駅へ行っていたら、彼とは会えなかったでしょう。)

<u>Should anything</u> happen, call me.

(もし万一何かあったら、私に電話してください。)

Point 2

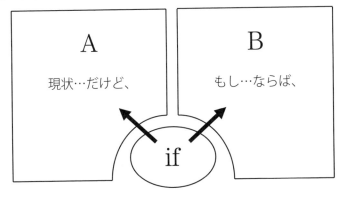

〔if のイメージ〕＝二者択一

A

現状…だけど、

B

もし…ならば、

if

① 「現状 A だけど、もし B ならば…」⇒「もし〜ならば…」
② 「A なのか B なのか」⇒「〜かどうか」
③ 「現状 A だけど…」⇒「〜だけれども」

1
4
仮定法

⑥ 仮定法を含む重要表現

　「if の省略」のところで、さらにややこしい倒置の話になって頭がついていってないよ、と思っておられる読者の方もいるかもしれませんが、ここからまた、『理屈でわかる…』と題している以上、触れずにはおられない、if を使った重要表現に入ります。どうか読み続けてください。

　仮定法を含む重要表現には、まず右ページの Point 1 のようなものがあります。ここでは、for の捉え方がポイントです。

　まず、①の〈If it were not for 〜〉「もし〜がなければ」ですが、この it は漠然と「状況」を表す it とも考えられますし、後から出てくるもの、つまり for 以下のものを指す it とも考えられます。

　次に for ですが、前置詞 for は基本的には「方向」を表しますが、そこから意味が広がって「目的・用途（〜のために）」「追求（〜を求めて）」「交換（〜と交換に）」など多様な意味が辞書に掲載されるほどになりました。ここでの for をどう捉えるかが難しいところですが、どうも「〜に対して」といったぐらいの意味ではないかと私は考えます。

　つまり、〈If it were not for 〜〉は噛み砕いて考えると「〜に対してそれがもしないならば」や「〜に対してもし（それが）ない状況ならば」といったことになるのでしょう。

　②の〈Were it not for 〜〉は、①を倒置にして if を省略した形です。
　③④は、それぞれ①②を仮定法過去完了にしたものです。

　⑤の〈But for 〜〉ですが、この but は前置詞で「〜以外、〜を除くと」などの意味です。for は「〜に対して」と考えてもいいですし、「原因・理由」を表す「〜のために、〜のおかげで」と考えることもできそうです。
　つまり、「〜に対して（それを）除くと」や「〜のおかげ（原因）であることを除いて（考えると）」などと噛み砕くことができそうです。

　こうしたことをヒントにして、覚えていきましょう。

6 ▶ 仮定法を含む重要表現

Point 1

①	If it were not for 〜	「もし〜がなければ、…」
②	Were it not for 〜	「もし〜がなければ、…」
③	If it had not been for 〜	「もし〜がなかったならば、…」
④	Had it not been for 〜	「もし〜がなかったならば、…」
⑤	But for 〜, ….	「もし〜がなければ、…」
		「もし〜がなかったら、…」
⑥	Without 〜, ….	「もし〜がなければ、…」
		「もし〜がなかったら、…」

① <u>If it were not for</u> water, we could not live.

（もし水がなければ、私たちは生きることができないだろう。）

② <u>Were it not for</u> water, we could not live.

（もし水がなければ、私たちは生きることができないだろう。）

③ <u>If it had not been for</u> air, we would have died.

（もし空気がなかったら、私たちは死んでしまっていただろう。）

④ <u>Had it not been for</u> air, we would have died.

（もし空気がなかったら、私たちは死んでしまっていただろう。）

⑤ <u>But for</u> this license, I could not drive.

（もしこの免許がないなら、私は運転できないでしょう。）

<u>But for</u> his car, I would have been late.

（もし彼の車がなかったら、私は遅れていただろう。）

⑥ <u>Without</u> this map, I might get lost.

（もしこの地図がないなら、私は道に迷っているかもしれない。）

<u>Without</u> him, I couldn't have solved the problem.

（もし彼がいなかったら、私は問題を解決できなかっただろう。）

さらに、仮定法を含む重要表現としては、右ページの Point 2 があります。

　⑦⑧は、「まるで〜であるか［あったか］のように」と、何かにたとえて述べる表現です。この例文では、仮定法、つまり過去形や過去完了形を使っているので、「実際には病気ではない」と思っていることを意味します。

　この〈as if 〜〉の表現では、後に直説法、つまり⑦ -1 のように現在形を使うこともできますが、そうすると「話者は実際にそう思っている」ことを表します。このことからも現在形と過去形の本質が見えてきます。

　また、⑦などの英文の主節の動詞を過去形の looked「見えた」にすると、「時制の一致」や、過去のことは仮定法過去完了だから…と考えて、右ページの⑦ -2 の例文のように〈as if 〜〉内を had been にすると、実は例文の下の和訳のようになって、意味が変わってしまうのです。

　looked「見えた」の「その時点でそうであるかのように」という意味である限り、⑦ -3 のように were でいいのです。これに対して、えっ？「病気のよう」なのは過去のことなのに、仮定法過去のままでいいの？と疑問に思いませんか。仮定法過去は現在の事実に反する空想のはずなのに、と。

　このことを「仮定法は非現実を表すので、時制の一致はしない」と多くの参考書では「時制の一致の例外」ということで説明しています。「時制の一致」は簡単にいうと右ページのとおりで、詳しくは、「3．完了時制」の「5．時制の一致」を見てほしいのですが、しかし、上の「非現実を表すので」というだけで「過去の空想だけど仮定法過去でいい」というのはどうも釈然としません。強引さを感じます。今までの説明と矛盾します。

　また、ある参考書では同じような例文を挙げたあとに、「仮定法過去は、通例、「現在の事実に反する仮定」を示すものであり、これが「過去の事実に反する仮定」を示すのは、きわめてまれなことである。」として、「まれなこと」で説明を片づけてしまっているのですが、これでは、さらに釈然としない気持ちが深まるばかりです。
　「仮定法過去は現在の空想のはずなのに、なぜこの場合は過去の時点の空想を表すのか」という矛盾した疑問が残ったままです。

Point 2

⑦　as if [as though] ＋主語＋過去形 〜 .

「まるで〜であるかのように」

⑧　as if [as though] ＋主語＋過去完了 〜 .

「まるで〜であったかのように」

⑦　He looks <u>as if</u> he <u>were</u> ill.（彼は病気のように見える。）

⑧　He looks <u>as if</u> he <u>had been</u> ill.

（彼は病気だったように見える。）

⑦-1　He looks <u>as if</u> he <u>is</u> ill.（彼は病気のように見える。）

〔直説法（現在形）を使うと、話者は彼が病気だと思っている。〕

時制の一致：主節が過去形のときは、従属節も過去形になる。

I <u>think</u> that he <u>is</u> busy.（彼は忙しいと私は思う。）
　現在形　　　　　現在形

〔主節の think を過去形にすると、従属節の is も過去形になる。〕

I <u>thought</u> that he <u>was</u> busy.（彼は忙しいと私は思った。）
　過去形　　　　　　過去形

⑦-2　He <u>looked</u> as if he <u>had been</u> ill.

（彼は病気だったように見えた。）

※過去のことは仮定法過去完了だから…と考えて had been にする
　と、looked よりも前のことになってしまう。

⑦-3　He <u>looked</u> as if he <u>were</u> ill.

（彼は病気のように見えた。）

※過去形 looked になっても、「その時点でそうであるかのように」
　という意味である限り、仮定法過去のままでいい。

ところが、このことを解決するには、とりあえず、右ページの Point 3 のように考えれば、なんと、判断する基準はできてしまうのです。このように考えれば、間違うことがありません。悩みはすっきり解決です。

　つまり、「時制の一致の例外」として単にこの矛盾を片付けてしまうのではなく、主節の動詞の「時」を基準にして、その時点でのことを言うのか、それより前のことを言うのかで、仮定法を 過去にするか、過去完了にするかを決める、ということなのです。
　これが一番理にかなった考え方です。

　ただ、そうすると、ここで一つとても重大な仮説を考えないといけなくなります。

　つまり、仮定法過去は「現在の」ではなくて、「ある時点の事実に反する空想、または可能性が低いこと」ということになり、仮定法過去完了は「過去の」ではなく「ある時点よりも前の空想」を表すのではないかということです。

　ただし、その基準となる「ある時点」とは、〈as if 〜〉や後に出てくる〈I wish 〜〉などの文の場合、仮定法の部分は、今述べているように主節の動詞の示す「時」が基準となり、右の例文⑦ -3 や⑦、⑦ -2 のようになるのです。

　一方、今までの仮定法過去や仮定法過去完了での説明で出てきた、

If I knew his address, I would write to him.
（もし私が彼の住所を知っているなら手紙を書くだろう。）
If I had known his address, I would have written to him.
（もし私が彼の住所を知っていたなら手紙を書いただろう。）

などの、if を使った文では、文が書かれた時や発話された時が「基準の時」になると考えられるのです。まとめると Point 4 のようになります。

Point 3

〈as if [as though] 〜〉は、主節の動詞の「時」を基準にして、

①その時点のことなら　⇒仮定法過去

「まるで〜であるかのように」

②その時点より以前のことなら⇒仮定法過去完了

「まるで〜であったかのように」

⑦-3　He looked as if he were ill.

（彼は病気のように見えた。）

　※ looked と同じ時点で「まるで〜であるかのように」という意味である限り、仮定法過去でいい。

⑦　He looks as if he were ill.

（彼は病気のように見える。）

　※ looks と同じ時点で「まるで〜であるかのように」という意味なので、仮定法過去でいい。

⑦-2　He looked as if he had been ill.

（彼は病気だったように見えた。）

　※ looked の時点よりも前に「まるで〜であったかのように」という意味なら、仮定法過去完了にする。

Point 4

〔基準となる時点〕

〈if 〜〉などの文なら発話の時点、〈as if 〜〉などの文であれば主節の動詞が示す時を基準とする。

14 仮定法

つまり、書かれた時や発話された時と同じ時のことなら「仮定法過去」、書かれた時や発話された時よりも前のことなら「仮定法過去完了」を使うことを意味します。

　要するに、結果的には、if などの文では発話の時点が基準となるので、仮定法過去なら「現在」の空想などになり、仮定法過去完了なら「過去」の空想となって、同じことにはなります。
　ただ、厳密な定義は右ページの Point 5 のようにしなければならないでしょう。

　とすると、これは、〈as if 〜〉や〈I wish 〜〉などの文の場合でも、「時制の一致」のところで出てきた右に示す・参考・の「時制の考え方」と結局、主節が過去形のときは同じことになるのです。何も「時制の一致の例外」とする必要がなくなるのです。

　ただ、そうすると、やはり、過去形に関しては Point 6 のように①「ある過去の時点のこと」と②「基準となる時点における空想や可能性が低いこと」、過去完了形には①「ある過去の時点よりも前のこと」と②「基準となる時点よりも前の空想」のそれぞれ 2 通りの意味をもともと含有していると考えなければならないことになります。

　どちらを意味しているかは、〈as if 〜〉や〈I wish 〜〉などの表現や、if の文、would、could や should have などの助動詞の過去形、前後の文の意味や文脈が、意味を確定してくれると考えることになります。

　こうしたことは、まだあまり一般の参考書には書かれていません。それは Point 6 に示すような過去形と過去完了形の本質を基本とせず、直説法と仮定法の二本立てで文法理論を組み立てているからです。

　しかし、今まで述べてきたように考えてもらえば、仮定法を「時制の一致の例外」などとして強引に「例外」で片づけてしまわずとも、すっきりわかるのではないでしょうか。
　そして、「時制の一致」や「時制の一致の例外」という文法用語は不要になって、使わなくても済んでしまうのです。

まとめ note

Point 5

〔厳密な仮定法の定義〕
仮定法過去…基準となる時点の事実に反する空想、または可能性の
　　　　　　低いことを表す。
仮定法過去完了…基準となる時点よりも前の空想を表す。

・参考・

〔時制の考え方〕

主節が過去形で従属節が過去形なら、それは同じ過去の時点の
ことがらを表している。

主節が過去形で従属節が過去完了なら、従属節は主節の表す時
よりも前のことがらを表す。

Point 6

〔過去形〕
　　①ある過去の時点のこと
　　②基準となる時点における空想や可能性が低いこと
〔過去完了形〕
　　①ある過去の時点よりも前のこと
　　②基準となる時点よりも前の空想

さて、だいぶ複雑な話が続きましたが、まださらに、仮定法を含む重要表現としては、右ページの Point 7 のようなものがあります。

　⑨⑩は、現在や過去の事実と異なることを願ったり、悔やんだりする気持ちを表す表現です。この〈I wish 〜〉の主節と従属節の時制の関係も、前のページで述べた〈as if 〜〉のときと同じで、右の例文⑨-1〜⑨-3のようになります。

　⑪⑫も、現在や過去の事実と異なる強い願望や後悔を表すものですが、⑨⑩の〈I wish 〜〉よりやや強い言い方になります。

　⑬は、「もう〜してもいい時間なのに、まだしていない」と相手に注意を促す表現です。実際はまだその動作が行われていないところに仮定法の意味が含まれています。
　また、time の前に about や high を伴って意味を加えることもあります。

It's about time you took a bath.（もうそろそろお風呂に入る時間です。）
It's high time you took a bath.（もうとっくにお風呂に入る時間です。）

　⑭の〈wonder if 〜〉は、「〜か（どうか）なと思う」という意味です。その後に仮定法過去を置いて丁寧さを表しています。

　仮定法は可能性や実現性が低いことを表し直接的な意味合いが薄れるので、「もしよければ〜」「もしできれば〜」といった丁寧な表現として使うことができるのです。

　⑮の mind は「〜を嫌だと思う、気にする」という意味で、〈Would you mind if 〜 ?〉は「もし〜したら、あなたは嫌でしょうか」というのが文字通りの意味です。would を使うことで丁寧な表現になります。
　また、〈if 〜〉の後の動詞は過去形（仮定法過去）にするのが丁寧な感じになってふつうですが、現在形でもかまいません。ただ、現在形を使うとくだけた感じになります。

Point 7

⑨　I wish ＋主語＋過去形 ～ .　　　「～ならいいのになあ」

⑩　I wish ＋主語＋過去完了 ～ .　　「～ならよかったのになあ」

⑪　If only ＋主語＋過去形 ～ .　　　「～でさえあればなあ」

⑫　If only ＋主語＋過去完了 ～ .　　「～でさえあったらなあ」

⑬　It is time ＋主語＋過去形 ～ .　　「もう～してもよい時間だ」

⑭　I wonder if ＋主語＋過去形 ～ .　「～していただけますか」

⑮　Would you mind if ～ ?　　　　「～してもよろしいですか」

⑨　I wish I were a university student.

（私は大学生ならいいのになあと思う。）

⑩　I wish I had married another man.

（私は別の男と結婚すればよかったのになあと思う。）

⑪　If only I could swim.

（私は泳ぐことさえできればいいのになあ。）

⑫　If only our team had won the game.

（私たちのチームがその試合に勝ってさえすればなあ。）

⑬　It's time you took a bath.

（もうお風呂に入る時間です。）

⑭　I wonder if you could help me.

（私を手伝っていただけますでしょうか。）

⑮　Would you mind if I used this umbrella?

（この傘を使ってもよろしいでしょうか。）

⑨ -1　I wish I had been a university student.

（大学生ならよかったのになあと私は思う。）

⑨ -2　I wished I were a university student.

（大学生ならいいのになあと私は思った。）

⑨ -3　I wished I had been a university student.

（大学生ならよかったのになあと私は思った。）

14 仮定法

7 ► if ～ に代わる表現

　今までかなり if を含む文を見てきましたが、if を含まない文で仮定法になるものが、右ページの Point 1 のようにいくつかあります。

　こうした場合、何度も言ってますが、仮定法かどうかは主節の動詞に、would や could などの助動詞の過去形があるかどうかで判断することになります。

　①はわかりやすいように「いい友だちなら…」と「なら」を入れていますが、英文そのままだと「いい友だちはそんなことを言わないでしょう。」です。やはり would が仮定法の意味を表しています。

　②③では、不定詞や分詞に仮定の意味を含ませて、やはり would や couldn't have でその仮定法の意味を受けています。

　④のように場所・立場・時などの副詞句にも仮定の意味を含めることができます。やはり、could have caught や would が仮定法であることを示しています。

　⑤の〈with ～〉「～があれば」や〈without ～〉「～がなければ」、⑥の otherwise「もしそうでなければ」も仮定法で使われます。

　⑦の suppose は「～だと思う、考える」などの動詞で、〈Suppose ～〉は形としては命令文、〈Supposing ～〉は分詞構文で仮定の意味を表していて、主節はやはり would などの助動詞の過去形で受けます。

　また、⑧のように、関係代名詞が非制限用法で仮定を表している場合があります。
　関係代名詞の後に had という動詞の過去形（仮定法過去）があることと、あとに would があることが仮定法であることを表しています。

⑦ if 〜 に代わる表現

Point 1

---

① 主語　　　② 不定詞　　　③ 分詞

④ 場所・立場・時などの副詞（句）

⑤ with や without

⑥ otherwise「もしそうでなければ」

⑦ Suppose 〜、Supposing 〜「もし〜としたら」

⑧ 関係代名詞

---

① <u>A good friend</u> wouldn't say things like that.

（いい友だちなら、そんなことは言わないでしょう。）

② <u>To see</u> her, they would think her an angel.

（彼女を見れば、彼らは彼女を天使だと思うでしょう。）

③ <u>Arriving late</u>, you couldn't have taken the plane.

（遅れて到着していたら、その飛行機に乗れなかったでしょう。）

④ <u>Two minutes earlier</u>, he could have caught the train.

（2分早ければ、彼は電車に乗れただろう。）

<u>In your place</u>, I would do my best.

（あなたの立場なら、私は全力を尽くすでしょう。）

⑤ <u>With</u> one more person, we could play baseball.

（もう一人いたら、野球ができるでしょう。）

⑥ I went by taxi, <u>otherwise</u> I would have been late.

（私はタクシーで行った。でなければ、遅れただろう。）

⑦ <u>Suppose</u> you were a cat, what would you do?

（もしあなたがネコだったら、何をしますか。）

⑧ A pen, <u>which</u> had no ink, would be useless.

（ペンは、インクが入っていなければ、役に立たない。）

8 「仮定法」は要らない

　さて、ここまで長々と、従来の「仮定法」についての説明や、それに関する私の意見も少し、とりあえず述べてきましたが、40年以上英語と付き合ってきた私の考えからすると、右ページPoint 1に示すようにどうも文法体系の中に「仮定法」という用語は要らないのではないか、という思いに至っています。

　えーっ？‼ ここまで小難しい説明をなんとか理解して読んできたのに、なんてこと言うんだ‼ と思われた方もいるかもしれませんが、「2. 基本時制」のところでも少し述べ、今までの仮定法の説明でも少し話したように、動詞の「原形」や「現在形」、「過去形」の名前を変えて、その意味するコアな部分を把握すれば、もっとすっきり、今「仮定法」と呼んでいるものが理解できるのではないか、と思うのです。そして、「直説法」「仮定法」と分けて考えなくてもよくなるのではないかと。ちなみに「直説法」というのは、簡単にいうと「仮定法ではない、ふつうの述べ方」のことです。

　加えて、なぜ「仮定法」が要らないかという理由は、さらにあります。

　Point 2にも示しているように一つは、英語を母国語としている人たち、いわゆるネイティブ・スピーカーの人たちは、英語を話したり聞いたり読んだり書いたりするときに、いちいち「仮定法」や「直説法」を意識してはいないだろう、ということです。
　そんな区別を考えなくても、過去形や過去完了形そのものに、事実ではない空想や可能性の少ないことを意味するものが含まれているのではないかということです。

　もう一つの理由は、従来からの「仮定法にするには、動詞の時制を一つ昔に戻さないといけない」という説明では、「では、なぜ時制を一つ前に戻さないといけないのか」という疑問が残ったままになるから、ということです。

　さらに、動詞の「原形」の本質もあわせて定義すると、suggestなどの後のthat節で「仮定法現在」（動詞の原形のことです）が使われる理由も理解できるし、「仮定法現在」という無用な用語も不要になるからです。

まとめ note

 「仮定法」は要らない

Point 1

「現在形」や「過去形」「過去完了形」の本質を理解すれば、
⇒「仮定法」は要らない

直説法…あることを事実として述べるときの動詞の形。
仮定法…あることを仮定のこととして述べる動詞の形。

Point 2

「仮定法」が要らない理由

1. 「現在形」や「過去形」の名前を変えて、その意味する本質的な部分を定義すれば、直説法と区別してわざわざ仮定法を定める意味がなくなるから。

2. 英語を母国語としている人たちは、英語を使っているときに、いちいち「仮定法」や「直説法」を意識しているとは思われないから。

3. 仮定法という用語を使った枠組みの中で「仮定法にするには、動詞の時制を一つ昔に戻さないといけない」という説明では、「なぜ時制を一つ前に戻さないといけないのか」という疑問が残されたままになるから。

4. 動詞の「原形」の本質もあわせて定義すると、suggest などの後の that 節で「仮定法現在」（動詞の原形のことです）が使われる理由も理解でき、「仮定法現在」という無用な用語も不要になるから。

14 仮定法

従来、仮定法を説明するのに、ほとんどの参考書は右ページの Point 3 のような図で説明しています。

　しかし、これは、どうしても人間の思考の性癖の一つなのか、「現在、過去、未来」といった時系列で考えようとしてしまうところからきているようです。私が思うに、これがそもそも間違いの始まりです。

　この時系列の考え方でいくと、先程も述べましたが、「なぜ仮定法にするには時制を一つ戻さないといけないのか」という疑問が解決されないまま残ってしまうのです。

　では、どういうふうに考えて「仮定法」をなくすのかということですが、それは、右の Point 4 のような動詞の変化のイメージが根底にあります。

　時系列ではありません。心の中、または頭の中をイメージした図です。

　つまり、現在形は、心の中心にはっきりとあるイメージです。話者がはっきりした事実だと確かに思っていることを表すのです。なので、過去・現在・未来にもあてはまる習慣や事実を表すのに使われます。

　ですから、「確実形」とか、「確証形」、「確信形」などに名前に変えたほうがいいと思います。

　過去形は、頭の中に思い浮かべていることがらで、目の前にないようなイメージのことを表します。そして現在形よりもはっきりせず、心の中心より少し離れたところにあるイメージです。一週間前の昼ごはんは何だったかと思い出す感じです。確証的でも断定的でもなくて曖昧な感じ、ぼんやりした感じです。なので、過去のことも表すし、現在の事実と違う空想のことも表すし、控えめ・丁寧なことがらも表すのです。「想念形」や「曖昧形」、「非確信形」などの用語に変えたほうがいいと思います。

　過去完了形は、過去形よりもさらに心の中心から離れて、よりはっきりしない、ぼんやりした感じ。なので、過去のある時点よりもさらに前の過去のことを表すのに使われるし、過去の時点の空想にも使われるのです。

　原形は、こうあるべき、といった感じで、ガチッとした硬い規範的な思いを含んだ感じ。なので、命令文で使われますし、suppose などの提案などの従属節でも使われます。「概念形」、「観念形」、「規範形」、「不変形」などの名前が考えられます。

Point 3

〔従来の主な仮定法の説明図〕

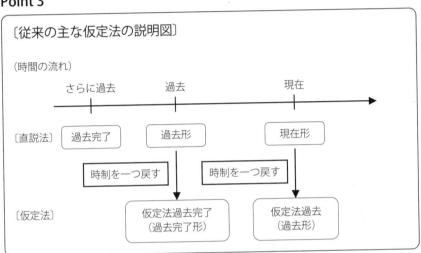

Point 4

〔心の中の動詞の変化形のイメージ図①〕

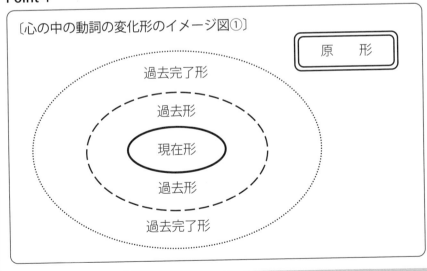

もう一つ、動詞の変化形のイメージ図は、右ページの Point 5 のようにも考えられます。時系列ではありません。これも心の中のイメージですが、原形が一番確定性や規範性が強くて、過去完了形が最も曖昧で控えめで確信していないことを表しています。

　原形は、すでに述べたように、命令文や suggest、demand、insist などの後の that 節中に用いられることから、心の中で一番ガチッとした規範性、強制性、義務性の強い性質を持っていると考えられるのです。

　次に現在形は、現在の習慣や事実、確定した未来などに使われるので、原形に次いで心の中に確定性、明確性の気持ちがある変化形だと考えられます。「劇的現在」やスポーツの実況中継、料理や物品などの実演販売でも現在形が使われますので、「目の前にある」ようなイメージがあります。
　そして、歴史的に原形が使われていたところに現在形が使われたりしてきたことや、単語の綴りも 3 人称単数現在形の s（es）を付ける以外は同じですので、わりと原形と近い感じがうかがえます。

　過去形は、過去の出来事や現在の空想、控えめな丁寧表現に使われるので、心の中では断定的ではなくぼやかした、少し曖昧な、ぼんやりした映像が心に浮かぶような、したがって「目の前にない」ようなイメージを持った変化形だと考えられます。現在形とは対比的でもあります。

　最後に過去完了形になると、ある過去の時点よりも前のことを表すときに使われることや、過去の事実に反する空想を述べるのに使われるので、過去形よりも心の中でさらにはっきりしない、ぼんやりした、確信性のないイメージを持った変化形だと考えることができます。

　こうした現在形と過去形の違いは、助動詞にも当てはまります。

　時系列ではなく、こうしたそれぞれの変化形のイメージをつかんでいると、仮定法を理解するのにとても役立つと私は思いますし、実際に英語を読んだり聞いたりするときに、これは仮定法過去、これは仮定法過去完了などと考えることなく、そうしたことを意識せずに読んだり聞いたりすることができるようになるのではないかと思うのです。いや逆に、そうなるためには、こうした考えは絶対に不可欠だと思うのです。

Point 5

〔心の中の動詞の変化形のイメージ図②〕

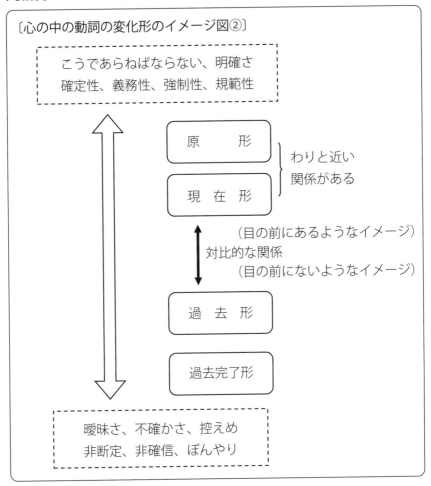

※劇的現在…物語などで、過去のことがらをあたかも目の前のできごとのように伝える場合、
下の例文のように現在形が使われること。

Lincoln <u>stands</u> with his head bowed. He <u>looks</u> up and <u>begins</u> to
speak.

（リンカーンは頭を垂れて立っている。彼は視線を上げて、話し始める。）

特に、Point 6 に示すように、過去形の本質を把握することが重要で、ざっくりした言い方ですが、先にも述べた「目の前にない」ようなイメージというのが過去形が表すことからの共通点のように思われるのです。

　ですから、過去形で、たとえば、knew という動詞があったならば、これは現在形より心の中心からは少し離れた、あいまいな、はっきりしていない、目の前にはないことを表していると考えるのが（考えるというより感じるというのが近いのかもしれませんが）、正しいのでしょう。

　つまり、knew だけがあったとすると、それは過去のことや現在の空想を表している、どちらの可能性も感じることになるのです。そして、

　I knew his address last year.

などと過去を表す last year などが文にあれば、過去の内容だと判断でき、

　If I knew his address, I would write to him.

などと、if 節があり would など助動詞の過去形を含んで主節で続けば、現在の空想や可能性が少ない意味だなと読み取ることができるのです。

　しかし、〈if ＋過去形〉の形になっていても仮定法とは限りません。

　If you knew her name, why didn't you tell it to me?
（彼女の名前を知っていたのなら、なぜ私に教えてくれなかった？）

　この例文では過去の実際の出来事を述べていて仮定法ではありません。こうした場合もありますので、やはり主節の文の意味から判断することになります。
　一つの基準としては、主節に would など助動詞の「過去形」があると、これらは動詞と同じように、過去を意味することもありますが、断定しない控えめ、丁寧な現在の気持ちも表しますので、今の文法でいうところの「仮定法」と考えることになります。しかし、できれば、「仮定法」という文法用語を意識せずに、断定していない曖昧な、ぼかした気持ちで述べた文だと感じたほうが自然でいいのだと私は思います。

Point 6

〔過去形が表す過去のことがらと空想の共通点〕

過去のことだから
<u>目の前にない</u>　＝　空想は頭の中で思い浮かべて
いるだけで<u>目の前にはない</u>

「過去形」があったら、「現在形」より心の中心からは少し離れた、あいまいな、はっきりしていない、目の前にはないようなイメージのことを表していると考える。

「過去形」があるとき、
　①過去を表す語句などがあったり、前後の文脈から過去の話とわかるとき　⇒　過去の内容
　②if節があったり、would など助動詞の過去形を含んで主節で続くとき　⇒　現在の空想や可能性が低い意味

〈if ＋過去形〉の形になっていても仮定法とは限らない。

主節に would や should、could、might などが続けば、現在の空想や可能性が少ない意味、断定していない曖昧な、ぼかした気持ちで述べた文だと判断する。

14 仮定法

303

さて、そんな勝手に「仮定法は要らない」と言っていいのかと思われる読者の方もおられるかもしれませんが、実は、イギリスやオーストラリアなどでは、「仮定法過去」や「仮定法過去完了」などとは教えていません。

　右ページの Point 7 に示すように、「ゼロ・コンディショナル」「ファースト・コンディショナル」「セカンド・コンディショナル」「サード・コンディショナル」という用語で教えているのです。
　しかも、「ゼロ…」「ファースト…」は日本で教える「直説法」にあたる条件文のことで、「セカンド…」が仮定法過去、「サード…」が仮定法過去完了にあたります。

　つまり、日本では区別して教えている「直説法」と「仮定法」をいっしょに「コンディショナル」という用語でまとめて教えているのです。
　ですから、日本で教えている「仮定法」という枠組みが唯一絶対正しいというわけでもないのです。

　加えて、もともと日本の英文法は、ざっと言うと幕末、1860 年あたり、つまり江戸時代末期に開国を迫る欧米列強に対抗するため、それまでのオランダ語中心から英語中心に転換する必要に迫られて、海外の英文法書を参考に作り出されたものです。
　その海外から輸入した文法書は、今の文法体系から見るととても貧弱なものだったということですが、それを、明治の英学者たちが漸次作り変えて、日本語を介在させ、和訳に役立つようにしたということです。
　しかし、それでも、明治中期においても、「使役動詞」「知覚動詞」「意味上の主語」「基本 5 文型」「形式目的語」などの概念はありませんでした。

　つまり、英文法を日本に取り入れた当初から、日本人にわかりやすいように、時代を経るにしたがって文法体系を変えてきた、ということです。
　とすると、今までの英文法に縛られることなく、どうも理屈に合わない、納得できないところは検証して、正しい筋道を見つけていくことは、何も横暴勝手なことではなく、そうすることが英語ぎらいの生徒や英文法に悩む人を一人でも少なくしていくことにつながるのではないか、と考えています。そして、それがまがりなりにも英語を教える者の責務でしょうし、英文法の発展にも少しばかりでも寄与することになると思うのです。

まとめ note

Point 7

〔コンディショナル ── 海外で教える仮定法〕

1. ゼロ・コンディショナル
   （If ＋動詞の現在形） ＋ （動詞の現在形）
   いつでも同じ結果になる不動の事実を表す。
   If you heat water to 100 degrees, it boils.
   （水を 100 度まで熱すると、沸騰する。）

2. ファースト・コンディショナル
   （If ＋動詞の現在形） ＋ （will など＋動詞の原形）
   十分起こりうる未来の仮定を表す。
   If it's sunny tomorrow, we will go to the beach.
   （明日晴れたら、浜辺に行きます。）

3. セカンド・コンディショナル（＝仮定法過去）
   （If ＋動詞の過去形） ＋ （would など＋動詞の原形）
   事実とは違う現在の仮定を表す。
   If I had much money, I could buy the car.
   （もしたくさんお金があるなら、その車が買えるのに。）

4. サード・コンディショナル（＝仮定法過去完了）
   （If ＋過去完了形） ＋ （would have など＋過去分詞）
   事実とは違う過去の仮定を表す。
   If I had had much money, I could have bought the car.
   （もしたくさんお金があったら、その車が買えたのに。）

前のページで、つい少し偉そうなことを述べてしまいましたが、「仮定法は要らない」という限り、あと少し解決しておかないといけないことがあります。

　それは、If I were you … （もし私があなたなら…）というような英文などですが、このとき、なぜ主語がIなのにbe動詞はwereを使うのか、という問題です。過去形ならwasだろう。これこそが、「直説法」と区別するために「仮定法」という用語が必要となる証拠だ、と思われる方もおられるでしょう。

　そうなんです。実は、大昔の英語である「古英語」（西暦449年〜1100年頃の英語）では、右ページの・参考・に示すように、動詞の変化は今よりとても複雑で、直説法過去とは別に仮定法過去の綴りが動詞にはあったのです。つまり歴史的には、もともと、直説法過去と仮定法過去では綴りが違う別物が存在していた、ということです。

　しかし、イギリスに他民族が侵入してきたことなどで、異なる言語を話す民族が意志を伝えあうために、難解なものは平易なものになり、時間の経過と共に、一般動詞の語尾が統一されたりして直説法と仮定法の綴りの区別がなくなりました。つまり、309ページの・参考・に示すように、中英語（1100年頃〜1500年頃の英語）、近代英語（1500年頃〜1900年頃の英語）の時代を経て、仮定法過去と直説法過去との見分けはつかなくなったのです。

　be動詞も古英語においては、右表のように別物の仮定法が存在していたのですが、これらも同様に消滅していき、ただ、この古英語の仮定法過去wære（ヴェーレ）とwæren（ヴェーレン）だけは同じ形に収束してæがeとなり、nが抜け落ちたりして、現代英語の仮定法過去wereとして生き残り、結果として、直接法過去のwereと同形となりました。
　つまり、If I were you … で使っているwereは、本当はその出自から言うと過去形のwereとは全く違うものだ、というのが真実なのです。

　しかし、しかしです。wereはwereであり、hadはhadであり、livedはlivedなのです。英文の中で、その語の形を見て意味を取るのであれば、直説法も仮定法も本来、ないはずです。

まとめ note

・参考・

〔古英語と現代英語の be 動詞の変化形〕

		人称	古英語	現代英語
不定詞（原形）			beon	be
直説法現在	単数	1人称	eom	am
		2人称	eart	are
		3人称	is	is
	複数		sind/beoþ	are
直説法過去	単数	1人称	wæs	was
		2人称	wære	were
		3人称	wæs	was
	複数		wæron	were
仮定法現在	単数		beo	be
	複数		beon	be
仮定法過去	単数		wære	were
	複数		wæren	were
命　令　法	単数		beo	be
	複数		beoþ	be
現在分詞			beonde	being
過去分詞			gebeon	been

※『英語の歴史から考える英文法の「なぜ」』より作成。

こうした語尾の統一や消失は、中英語や近代英語の時代において行われたということですから、少なくとも 100 年以上は前の話です。

　仮定法過去の were の先祖である wære や wæren が使われていたのは、およそ 1000 年前のことです。

　1000 年前の昔から現代に生き残った、古英語の仮定法過去を祖先に持つ were のために、「仮定法現在」「仮定法過去」「仮定法過去完了」という用語を残し、少し誇張的かもしれませんが、それと引き換えに数多くの英語ギライの生徒や英文法に悩み苦しむ多くの人たちを生み出して、はたしていいのでしょうか？

　さらに、仮定法過去の were は、口語では昨今、主語 I に対しては was にだんだん取って代わられてきており、他の古英語の仮定法過去の動詞が直説法に吸収されていったように、やがてはこの were も直説法に将来、置き換わっていくのではないかと言われているのです。

　仮定法過去の were が直説法の was や were に吸収されると、現代英語では、直説法過去と仮定法過去をその形から区別することはもう全くできません。

　さらには、「仮定法現在は原形と同じ形で、仮定法過去は直説法過去と同じ形で、命令法も原形と同じで、いったい現代英語に仮定法、命令法という動詞の形を立てる必要があるのか」と述べている学者もいるのです。

　こうした状況からも、先程から述べているように、直接法過去形の中に昔の仮定法の意味が今では含まれているとすれば、「仮定法」という用語は早晩、少なくとも実用的に英語を学習しようとする者にとっては不要なものになっていくのではないか、と私は考えているのです。

　こうしたことは、冒頭「はしがき」で述べた日本語の助詞「は」が、昔、使われていた「係助詞」との関係で「副助詞」に分類されていることと、何か少し相通ずるようなものがある気がします。

・参考・

〔英語の歴史的な区分〕

① 古英語（西暦 449 年〜 1100 年頃）

ブリテン島で話されていたケルト語とアングロサクソンの侵入によってもたらされたゲルマン語が混ざり合ってできた英語。

現代英語とはまるで違う言語で、複雑な語形変化が特徴になっている。名詞では、性・数・格を、動詞では直接法・仮定法、現在・過去、人称、数を読み解かねばならず、英語ネイティブでも古英語は外国語のように学ぶ。

単語語尾の変化を「屈折」と呼ぶが、「古英語は屈折の時代」と言われる。

② 中英語（1100 年頃〜 1500 年頃）

古英語とノルマンディー地方の人が話していたラテン語からなる英語。発音が今と大きく違い、ほとんどローマ字読みであるのが特徴。

古英語時代の語尾の複雑さが統一され、これを「屈折の水平化」と呼ばれることから、「中英語は水平化の時代」と言われる。

③ 近代英語（1500 年頃〜 1900 年頃）

キリスト教布教を目的として、文法や単語が洗練され、現代英語に近くなったもの。

中英語時代に統一された語尾が、この近代英語では消えてなくなり、この「語尾の消失」が最大の特徴。

④ 現代英語（1900 年頃〜現在まで）

近代英語をさらに簡略化した、現在、使われている英語。英語圏の拡大による、さらなる簡略化が特徴。

14 仮定法

15 特殊構文

1 ▶ 否定表現

「あなたは太ってない、…ことはない。」なんて言われたら、一瞬喜んで、その後がっくりして、また、ダイエットに励まなければ…と思ったり、こんな嫌なこと言う人とはあんまり付き合いたくないと思ったりするような、一瞬とまどう表現ですが、こうした一瞬わかりにくい「…ない」という否定語が一文の中に2つあり、それらが打ち消しあって肯定の意味になるものを「二重否定」といいます。否定表現の一つです。

　具体的には二重否定は、右ページの Point 1 のような表現になります。

　①では直訳は「～なしでは決して…ない」ですが、このままではぎこちない日本語訳になりますので、ふつうは「…すると必ず～する」と意訳したほうが自然になります。

　②の表現の but は「除外」を表して「～しないでは、～せずには」の意味の接続詞の働きをしています。直訳は「～せずに…は決してない」ですが、これも日本語らしくするには、ふつう「…すると必ず～する」と訳します。

　さて、「ほとんど～ない」や「めったに～ない」などの否定に近い表現を「準否定」といいますが、程度や頻度を表す準否定の表現には Point 2 のようなものがあります。

　「程度」と「頻度」って、どう違うんだ、と思う人もいるかもしれませんが、簡単にいうと、頻度は「回数で言えるもの」、程度は「回数で言えないもの」です。
　ですから、rarely や seldom「めったに～ない」は、100回のうち1回か2回かはわからないが、その回数でしか起こらない、ということです。
　一方、hardly や scarcely「ほとんど～ない」は回数では表せないことがらに使う、ということになります。
　これら準否定語は、一般動詞の前、be 動詞や助動詞の後に置かれます。

1 ► 否定表現

Point 1

〔二重否定〕
① never … without 〜 ing
「〜なしでは決して…ない」→「…すると必ず〜する」
② never … but S V
「〜せずに…は決してない」→「…すると必ず〜する」

① I <u>never</u> read this book <u>without</u> finding a new meaning.
（新しい発見をせずに私はこの本を決して読まない。
→この本を読むと必ず私は新しい発見をする。）

② It <u>never</u> rains <u>but</u> it pours.
（土砂降りにならずに雨が降ることは決してない。
→雨が降ると必ず土砂降りになる。）

Point 2

〔準否定〕
① 程度「ほとんど〜ない」: hardly　　scarcely
② 頻度「めったに〜ない」: rarely　　seldom

① I could <u>scarcely</u> recognize my old friend.
（私はほとんど旧友を誰だかわからなかった。）

② He <u>rarely</u> goes to the movies.
（彼はめったに映画を見に行かない。）

特殊構文

15

その他の否定表現や否定語を用いた主なものは右ページの Point 3 のようになります。

①の〈far from ～〉は「～からほど遠い」というのがもともとの意味で、そこから比喩的な意味で使って「決して～ではない」の訳語になっています。

②の〈the last … to ～〉は直訳では「～する最後の…」ですが、これも英語らしい比喩的な表現で、「決して…しない～」とするのが自然です。

③の fail は「失敗する、怠る」などの意味ですが、後に不定詞を伴って〈fail to ～〉で「～しない、～できない」になります。
関連表現で〈never fail to ～〉になると二重否定になって直訳は「決して～し損なわない」、つまり「必ず～する」という意味になります。

She <u>never failed to</u> write to him once a month.
（彼女は月に一度必ず彼に手紙を書いた。）

free は形容詞、動詞、副詞、名詞と多様な働きをしますが、形容詞の「（不快なもの・心配・苦痛などの）ない」という意味から、④の〈free from ～〉という形で「～がない」という否定表現になります。

⑤の〈beyond ～〉はもともと「～を超えて」という前置詞です。そこから「能力を超えて、限界を超えて」などに広がって、「～できない、～の及ばない」という意味になります。

⑥～⑧は、「～を除いて、～以外は」の but を使った表現です。
⑥の〈nothing but ～〉は「～以外の何もない」が直訳です。⑦の〈anything but ～〉は「～以外のどんなものでも」から「～では決してない」の意味になります。⑧の〈not … anything but ～〉は「～以外のどんなものでもない」から「～に過ぎない」になります。

⑨は、強調構文で〈It is not until ～ that …〉の形もあります。

<u>It was not until</u> he was six <u>that</u> Tom started to read.
（6歳になって初めてトムは字が読めた。）

312

Point 3

①	far from 〜	「決して〜ではない」
②	the last … to 〜	「決して…しない〜」
③	fail to 〜	「〜しない、〜できない」
④	free from 〜	「〜がない」
⑤	beyond 〜	「〜できない、〜の及ばない」
⑥	nothing but 〜	「〜以外の何もない、〜に過ぎない」
⑦	anything but 〜	「〜では決してない」
⑧	not … anything but 〜	
	「〜以外の何もない、〜に過ぎない」	
⑨	not … until 〜	
	「〜するまで…しない、〜して初めて…する」	

① His report was <u>far from</u> satisfactory.
（彼の報告書は決して満足できるものではなかった。）

② She is <u>the last</u> person to betray you.
（彼女は決してあなたを裏切らない人です。）

③ He <u>failed to</u> solve the problem.（彼はその問題を解けなかった。）

④ He is <u>free from</u> prejudice.（彼には偏見がない。）

⑤ Her beauty is <u>beyond</u> description.
（彼女の美しさは言葉では表現できないほどだ。）

⑥ It is <u>nothing but</u> a joke.（それはほんの冗談に過ぎない。）

⑦ She was <u>anything but</u> lazy.（彼女は決して怠惰ではなかった。）

⑧ He <u>didn't</u> do <u>anything but</u> watched TV.
（彼はテレビを見る以外何もしなかった。）

⑨ Tom <u>didn't</u> start to read <u>until</u> he was six.
（トムは 6 歳になるまで字を読めなかった。）

特殊構文

15

2 強 調

伝えたい内容を強調する表現の一つに、右ページ Point 1 の「強調構文」があります。

It is と that の間に強調したい語句を入れる構文ですが、これが〈It is 〜 that …〉の仮主語構文と形が同じなので、混同してしまう人がときどきいますが、見分け方は簡単です。

Point 1 に強調構文は「動詞、形容詞は強調できない」とあるように、逆に It is と that の間に形容詞があれば、それは仮主語構文だということです。

<u>It was</u> <u>unusual</u> <u>that</u> he played the guitar yesterday. 〔仮主語構文〕
（彼が昨日ギターを弾いたのは珍しいことだった。）
<u>It was</u> yesterday <u>that</u> he played the guitar. 〔強調構文〕
（彼がギターを弾いたのは昨日だった。）

強調する主語や目的語によっては、次の形の強調構文もあります。

①「人」の場合… that の代わりに who や whom も可。ただし、目的語のときは that を用いるのが一般的。
②「物」の場合… that の代わりに which も可。ただし、きわめて少ない。

①′ It was $\boxed{\text{Tomoko}}$ <u>who</u> visited Kyoto with me last summer.
②′ It was $\boxed{\text{Kyoto}}$ <u>which</u> Tomoko visited with me last summer.

なお、強調構文の that は次の例文のように省略されることがあります。

<u>It was</u> this window $_\wedge$ Alex broke yesterday.
　　　　　　　　that の省略
（アレックスが昨日壊したのはこの窓でした。）

強調構文には、疑問詞を強調する Point 2 の形もあります。

まとめ note

2 ▶ 強　調

Point 1

〔強調構文〕

> It is ＋（強調したい部分）＋ that ～「～なのは…である」

強調できるのは、①主語、②目的語などの名詞、③副詞（句、節）。
動詞、形容詞は強調できない。

① It was | Tomoko | that visited Kyoto with me last summer.
　（昨年夏に私と京都を訪れたのは、友子でした。）〔主語を強調〕

② It was | Kyoto | that Tomoko visited with me last summer.
　（昨年夏に友子が私と訪れたのは、京都でした。）〔目的語を強調〕

③ It was | last summer | that Tomoko visited Kyoto with me.
　（友子が私と京都を訪れたのは、昨年の夏でした。）〔副詞句を強調〕

Point 2

〔疑問詞の強調〕　　〈疑問詞＋ is it that ～ ?〉

Who was it that found this book in the room yesterday?
（昨日この本をその部屋で見つけたのはいったい誰でしたか。）

What was it that Tom found in the room yesterday?
（昨日その部屋でトムが見つけたのはいったい何でしたか。）

Where was it that Tom found this book yesterday?
（昨日トムがこの本を見つけたのはいったいどこでしたか。）

When was it that Tom found this book in the room?
（その部屋でトムがこの本を見つけたのはいったいいつでしたか。）

特殊構文 15

その他の強調の表現としては、右ページの Point 3 のようなものがあります。

　強調構文では動詞を強調することができません。ではどうするのか、というのが①です。do [does, did] を動詞の原形の前に置くという方法で動詞の意味を強めるのです。原形になるのがポイントだと私は思います。

　「本当に」「間違いなく」などと訳しますが、命令文で使われて、「こうあるべき」、といった感じで、ガチッとした硬い規範的な思いを含んだ、概念的・抽象的でもある「動詞の原形」を do [does, did]「する、した」という感じで強めていると思われます。
　例文で言うと「hope ということをしたんだ」という感じで強めているのでしょう。

　②の「very を用いた強調」は名詞を強調する一つの方法です。very を「とても」としか覚えていないと、こんなときに困ってしまいます。〈the very ＋名詞〉となっていたら、「まさに（名詞）」となることを知っていないといけません。

　③の「疑問詞の強調」は、疑問詞の後に on earth や in the world、ever などを置いて疑問詞を強めます。これらはそのままの単語の意味では日本語らしくなりませんので、「いったい」などと訳すことになります。

　④の「否定の強調」は、否定語よりも後に at all、a bit、in the least、by no means などを置いて、「まったく〜（ない）」の意味で強めます。

　⑤の「同一語の繰り返しによる強調」は例文の〈again and again〉などの他に〈ran and ran〉「走りに走った」なども含まれます。

　⑥の〈All S have [has] to do is (to) do〉では、is の後の不定詞の to が省略できることに注意してください。よく使われる表現だと、不定詞の to がだんだん時の経過とともに省かれていくことがあります。

　⑦の「主語になる関係代名詞 what の強調表現」もその一例です。is の後の不定詞の to が省略されています。

まとめ note

Point 3

〔その他の強調表現〕

① do [does, did] を用いた強調

② very を用いた強調

③ 疑問詞の強調

④ 否定の強調

⑤ 同一語の繰り返しによる強調

⑥ All S have [has] to do is ～ の強調

⑦ 関係代名詞 what による強調

① He <u>did</u> hope he had passed the test.
（その試験に合格していることを彼は本当に願った。）

② This is the <u>very</u> city that I wanted to visit.
（これはまさに私が訪れたかった都市です。）

③ Why <u>on earth</u> are you crying?
（いったいなぜあなたは泣いているのですか。）

④ He was not <u>in the least</u> interested in the subject.
（彼はその科目に少しも興味を持っていなかった。）

⑤ She sang the song <u>again and again</u>.
（彼女は繰り返し繰り返しその歌を歌った。）

⑥ <u>All you have to do is</u> read this book.
（あなたはこの本を読みさえすればよい。）

⑦ <u>What you have to do</u> is clean your room.
（君がしなければならないのは自分の部屋をそうじすることだ。）

特殊構文

15

③ ▶ 倒　置

　せっかくいろんな文法や構文を覚えたりしたのに、覚えた語順が変わるって
いったいどういうこと？だから英語はイヤなんだっておっしゃる方もおられる
かもしれませんが、整理してみると、それほどでもありません。たしかに簡単
ではありませんが、読んでもらえばわかるはずです。

　特定の語句を文頭に出したときに〈（助）動詞＋主語〉の語順に変わることを
「倒置」といいますが、実はあまり一般の参考書では触れていないのですが、こ
の倒置には右ページ Point 1 のように 2 種類あるのです。
　そして倒置になるのは、Point 2 に示すように 3 パターンあります。

　Point 2 の①では、場所や方向を表す副詞（句）が文頭に置かれた場合で、こ
のときは、一般動詞自体を主語の前に出す倒置になります。ただし、Point 3 に
示すように主語が代名詞のときは次の例文のように倒置にはなりません。

Down it came.（それが落ちてきた。）
副詞 主語 動詞

　加えて、there や here が文頭に置かれると倒置が起こりますが、このときも、
主語が代名詞の場合は倒置にはなりません。

Here comes Jane.（ジェーンがやって来る。）
副詞　　主語　　動詞

Here she comes.（彼女がやって来る。）
副詞　主語　　動詞

　Point 2 の②は、主語が長い文などで、補語を文頭に出したときの倒置です。
この場合、疑問文語順の倒置にします。ただし、この場合も、Point 3 にあるよ
うに主語が代名詞のときは倒置にはなりません。

Very happy we were.（私たちはとても幸せだった。）
補語　　主語　　動詞

　③は、never などの否定語を文頭に置いた倒置で、この場合、疑問文の語順
にする倒置になります。

3 ▶ 倒　置

Point 1

> ① 動詞自体を主語の前に出す倒置
> ② 疑問文の語順にする倒置

① <u>Down came</u> the <u>rain</u>. （雨が落ちてきた。）
　　　一般動詞　　　主語

② <u>Little did I think</u> that she would fail.
　　　　疑問文の語順

（彼女が失敗するだろうとはほとんど思いもしなかった。）

Point 2

> ① 副詞句が文頭にあるときの倒置（動詞自体を主語の前）
> ② 補語が文頭にあるときの倒置（疑問文の語順）
> ③ 否定語が文頭にあるときの倒置（疑問文の語順）

① <u>Out went</u> the <u>light</u>. （明かりが消えた。）
　副詞
　　　　　　動詞自体を出す倒置

② <u>Lucky was</u> the <u>man</u> who caught the ball.
　補語
　　　　　疑問文の語順の倒置　　　　　　　　　（そのボールを捕った人は幸運だった。）

③ <u>Never have we</u> been so lucky.
　否定語
　　　　　疑問文の語順の倒置
（私たちはこんなに幸運だったことは一度もない。）

Point 3

> 副詞句や補語が文頭に出ても主語が代名詞なら倒置にしない。

特殊構文

15

neverを含めた、倒置になる否定語には、右ページのPoint 4のようなものがあります。これらが文頭に出ると、疑問文語順の倒置になります。

なお、onlyも「〜しかない」という意味で否定に近い語なので、語句を伴って文頭にくると、しばしば倒置が起こります。

Only in this park can we play baseball.
（この公園でしか、私たちは野球をすることができない。）

また、目的語を強調するために文頭に出すことがありますが、このときの語順はPoint 5に示すように倒置にはしません。〈主語＋動詞〉の語順のままです。

さらに、倒置にはsoやneither、norを文頭に置いたPoint 6のようなものもあります。

なお、補足事項ですが、Point 6 ①の〈So＋（助）動詞＋主語 .〉と紛らわしいものに次のような表現があります。

> ③　So＋主語＋（助）動詞　　「（主語）は確かにそのとおりだ」

You have spilled your coffee.　　Oh, so I have.
（コーヒーがこぼれましたよ。）　　（あら、そうですね。）

この違いを「文末焦点の原則」で説明している参考書もあります。「文末焦点の原則」とは、「聞き手にとって新しい情報はできるだけ文末に置く」という原則です。
　この原則によると、①の〈So＋（助）動詞＋主語 .〉では、「主語」に焦点がいくので「（主語）もそうだ」となります。一方、③の〈So＋主語＋（助）動詞〉では「（助）動詞」に焦点があるので「（（助）動詞）はそうだ」、つまり「そのとおりだ」となる、ということです。

確かにこの2文の違いについては理解に役立つ説明ではありますが、英文の全てが「文末焦点の原則」になっているとは私は思えませんので、その点は注意が必要でしょう。

まとめ note

Point 4

〔否定を表す語句〕

never（一度も〜ない、決して〜ない）　　　little（ほとんど〜ない）

rarely、seldom（めったに〜ない）

hardly、scarcely（ほとんど〜ない）

under no circumstances（どんな状況でも〜ない）

on no account（決して〜ない）

Point 5

目的語を文頭に出しても倒置にはならない。

<u>That kind of story</u> <u>she</u> never <u>believes</u>.
　　　目的語　　　　　　主語　　　　　動詞

（その種の話を彼女は決して信じない。）

Point 6

① So ＋（助）動詞＋主語.　　　　　「（主語）もそうだ」
② Neither［Nor］＋（助）動詞＋主語.「（主語）もそうではない」

① He passed the test.　<u>So did I.</u>
（彼はその試験に通った。私もそうだ。）

She is a high school student.　<u>So am I.</u>
（彼女は高校生です。私もそうです。）

② He didn't pass the test.　<u>Neither did I.</u>
（彼はその試験に通らなかった。私も通らなかった。）

You can't play the violin.　<u>Neither can I.</u>
（あなたはバイオリンが弾けない。私も弾けない。）

特殊構文

15

4 省略・挿入・同格

右ページの Point 1 のような場合、語句を省略することがあります。

①は、when、while、if、unless、though、even if などの副詞節の中の主語と主節の主語が同じ場合、例文でいうと they が同じですが、このとき、副詞節の主語と be 動詞は省略されることが多くなります。

②は、同じ語を何度も繰り返すと冗長な文になるので、その反復をさけるために、既に出ている語を省略することがあるということです。
例文でいうと、succeed はすでに前に出ていますし、内容的にわかるので省略されています。

③は、2 つの英文で語句が共通しているとき、例文でいうと we ですが、この重複を避けて省略することがある、ということです。

①～③のいずれも、簡潔な文が望まれて、文意がわかるものは省略されるということです。

また、説明を加えたり、話し手の気持ちをより明確にしたりするため、前後にコンマを付けて、語や句、節を文の途中または最後に入れることを「挿入」といいます。挿入には Point 2 のようなものがあります。

①の「節の挿入」は、「節」、つまり〈主語＋動詞〉が下の例文①のように文中に加えられていることをいいます。
②の「語句の挿入」は、例文②のように語句が文の途中に挿入されることをいいます。

①　Mr. Green, <u>it seems</u>, has nothing to do with the matter.
　　（グリーンさんはその事件には全く関係がなさそうである。）
②　Her career is, <u>so to speak</u>, a kind of Cinderella story.
　　（彼女の経歴は、言わば、ある種のシンデレラストーリーです。）

まとめ note

4 省略・挿入・同格

Point 1

① 副詞節の主語と be 動詞の省略
② 既出語の省略
③ 共通語句の省略

① They talked about the test while∧going home on the bus.
they were の省略

（彼らバスに乗って家に帰る間、そのテストについて話した。）

② She said she would succeed, but she didn't∧.
succeed の省略

（成功するだろうと彼女は言ったが、成功しなかった。）

③ We imagined and∧talked about living in Kyoto.
we の省略

（私たちは京都に住むことについて想像したり話したりした。）

Point 2

① 節の挿入　　② 語句の挿入

①よく使われる挿入節
　　it seems「〜らしい」　　　　I'm afraid「残念ながら」
　　I suppose「思うに」　　　　　as you know「ご存じのとおり」
　　I hear「聞くところによると」　I'm sure「きっと」
②よく使われる挿入句
　　so to speak「言わば」　　　　after all「結局」
　　as a result「結果として」　　in fact「実際は、要するに」
　　by the way「ところで」　　　for example「たとえば」
　　in other words「言い換えると」

特殊構文

15

「同格」とは、ある名詞などにさらに詳しい説明を加えるとき、その後にその名詞などを説明する名詞（句・節）を置くことがありますが、こうした名詞どうしの関係をいいます。つまり、平たく言えば、「イコールで結べる関係」と述べることができるでしょう。

　この「同格」は英文によく出てきて構文を複雑にしますので、しっかり理解しておくことが必要です。

　さて、同格には右ページの Point 3 のようなものがあります。

　まず、①の「同格語（句）の並列」は、名詞の後に、例文①のようにさらに具体的に説明する語句を置くパターンです。例文では、「We = the players」で同格になっています。

　②の「同格を表す that 節」は、接続詞 that で同格の語句を導くことをいい、〈A that 〜〉で「〜という A」となります。that 節の内容がその前の名詞とイコールの関係になっています。例文②では、「the news = that I'm going to Kyoto」です。

　③の「同格の of」は、前置詞 of で同格の語句を導くパターンです。〈A of 〜〉で「〜という A」となります。例文③でいうと「the fact = her meeting him」で、これをつないでいるのが of になります。

　of がこうした「同格」の役割を果たすのは、下図のような of のイメージから考えられます。

　前置詞 of は、もともと、左図のように「本体に付随・所属」しているイメージで、しかもその距離が短い感じです。その付随・所属している部分が本体と同じ大きさになったイメージが「同格の of」だと考えられます。

〔of のイメージ〕　　　　　　　　〔同格の of のイメージ〕

本体からあまり
離れていない。
本体に付随・所属
している。

本体と同じ
ぐらいの
イメージに
なって同格
になる。

まとめ note

Point 3

① 同格語（句）の並列
② 同格を表す that 節
③ 同格の of

① <u>We</u>, <u>the players</u>, promise to do our best in the game.
（我々選手一同は、全力を尽くして試合をすることを誓います。）

② He will be happy about the news <u>that</u> I'm going to Kyoto.
（私が京都に行くという知らせに彼は喜ぶでしょう。）

③ We didn't know the fact <u>of</u> her meeting him.
（彼女が彼に会ったという事実を私たちは知らなかった。）

特殊構文

おわりに

最後までお読みいただき、ありがとうございました。

40 年以上英語と付き合ってきた中で、ぜひともこれだけは言っておきたい、書いておきたい、ということをこの本に詰め込んだつもりです。

できるだけわかりやすく書いたつもりですが、動詞の現在形や過去形、特に仮定法に関する部分は、小難しい理屈が続いたりして、だいぶとまどうところがあったかもしれません。お疲れ様でした。

しかし、私自身もいろんな大学入試の英語長文を読んできた中で、結局、複雑な構造をした現状の英文法を超えて、こんな感じで読むのが自然なのではないだろうか、といった思いもこの本には書かせてもらいました。

特に、昨今の大学入試や資格試験では短い時間の中で、大量の英文を読ませるものが主流になっています。そんな中では、なおさらそれに見合った英文法の在り方が必要なのではないかと思います。

考えるに、現状の英文法は和訳に役立つものだと思いますが、これからは直読直解、直聴直解に役立つ英文法が求められるのではないかと。

少し適切な例ではないかもしれませんが、たとえば、英語で「3 分の 1」は one[a] third、「3 分の 2」なら two thirds といいますが、これを従来、ほとんどの参考書では、「分数は〈分子＋分母〉で表す。分子には one, two, three などの基数を、分母には third, fourth, fifth, sixth などの序数を使う。分子が 2 以上のときは分母を複数形にする。」などと説明しています。今もこんな説明をしている参考書が多いです。

確かにこれで合っています。間違いではありません。現象は描写できています。しかし、わかりにくい。これを初めて一回読んで分数表現を使いこなせる人は頭脳明晰な人です。私も含めて普通の人にはわかりにくいと思います。

これは実は、辞書などを引いてもらえばわかるのですが、third には「3 番目」

や「3番目の」という意味がもちろん載っていますが、「3分の1」という意味もちゃんと掲載されているのです。

　つまり、book（本）が一冊なら one[a] book、2冊なら two books となるのと同じで、「序数には分数の意味があり、「3分の1」なら third（3分の1）が一つなので one[a] third、「3分の2」なら third（3分の1）が2つなので、複数形の s を付けて two thirds となる。以下、fourth（4分の1）、fifth（5分の1）、sixth（6分の1）なども同じように分数を表す。」と説明されたほうがわかりやすいのではないでしょうか。

　このように、同じことがらでも、見る角度を変えることで難しいことでもわかりやすい説明になるのではないかと私は考えます。

　それはなかなか難儀なことだと思いますが、難しいことをより難しく書くのは愚の骨頂（手厳しい言葉ですね）。難しいこともみんなにわかるように平易に理解しやすく説明することこそが、真の書き手だ、と何かの本に書いてありました。

　もちろん、私がこの本でそれを達成できたとは、微塵も思っておりませんが、ほんのわずかでも難しいものがわかりやすく書けていると読者の方に思っていただけたら幸いです。

　いろいろなご意見、お叱りがあるかもしれませんし、一人の凡人の戯言だと思われるかもしれませんが、英語を学習されている方にとって一つのヒントになるのであれば、それは著者としては望外の喜びです。（「はじめに」もだいぶ長かったけど、「おわりに」も長いぞー、とご批判の声が聞こえてきましたので、ここらで終わりにします。）

　最後になりましたが、このように出版の機会を与えてくださったベレ出版の皆さん、最初の企画段階から紆余曲折ありましたが、その度に貴重なアドバイスをしてくださった担当編集者の方に、この場をお借りして厚く厚く御礼申し上げます。有難うございました。

坂本　訓隆

著者紹介

坂本 訓隆（さかもと・くにたか）

大阪府立大学（現大阪公立大学）経済学部卒業後、大阪府庁に入庁。
港湾局や企画室で地域行政に数年間携わった後、学習塾講師、予備校講師に転身。その後、
個別指導の学習塾を主宰。30年以上の間、多数の様々なレベルの中・高・浪人生の英語
を指導する中で、現場の生徒の反応を通して効率的な指導法・学習法を追究している。
現在、塾・予備校などでプロ講師として医学部や国公立大・有名私立大志望の受験生から
基本がわからなくなって困っている中学生まで、あらゆるレベルの生徒に英語を指導、成
績向上に貢献中。
〔著書〕『徹底練習 しっかり学ぶ中学英語』『必ず身につけておきたい中学英語の基本語句・
構文・熟語』『時間がない人のための中学英語やりなおし』『ならべかえ中学英語』（以上
小社刊）

● ── カバーデザイン　　都井 美穂子
● ── DTP　　　　　　　スタジオ・ポストエイジ
● ── 本文イラスト　　　いげた めぐみ

理屈でわかる英文法講義&まとめnote

2023年 9月 25日　　初版発行

著者	坂本 訓隆
発行者	内田 真介
発行・発売	ベレ出版 〒162-0832　東京都新宿区岩戸町12 レベッカビル TEL.03-5225-4790　FAX.03-5225-4795 ホームページ　https://www.beret.co.jp/
印刷	モリモト印刷株式会社
製本	根本製本株式会社

ISBN 978-4-86064-738-4 C2082　　　　　　　　　　　編集担当　綿引ゆか